novum
VERLAG

H. B. Flöttmann

Steuerrecht des Lebens

novum
VERLAG

Bibliographische Information der Deutschen Bibliothek:
Die Deutsche Bibliothek verzeichnet diese Publikation in der Deutschen Nationalbibliographie. Detaillierte bibliographische Daten sind im Internet über http://www.ddb.de abrufbar.
ISBN-10 3-902514-53-1
ISBN-13 978-3-902514-53-0

Lektorat: Mag. Eva Magin-Pelich
Umschlaggestaltung: Holger Bertrand Flöttmann
Printed in the European Union

Gedruckt auf umweltfreundlichem, chlor- und säurefrei gebleichtem Papier.

www.novumverlag.at **www.novumverlag.de**

Inhaltsverzeichnis

Vorwort

Wer das Dunkel lichten will,
schaut tief in sich hinein.
Wer das Schiff fest steuern will,
muß leiderfahren sein.

Steuerlos treiben Menschen durch ihr Leben. Sie kennen ihre Träume nicht. Sie haben keine innere Richtschnur, weil sie Gott verspotten. Sie finden sich aufgeklärt und fortschrittlich, doch sie haben wenig inneren Halt. Wichtige Werte, die ein Volk zusammenhalten, sind unter dem Druck der weltweiten 68iger- und Feministenbewegung abgetaucht. Dementsprechend nehmen Verhaltensauffälligkeiten und psychiatrische Störungen zu. 2 bis 4% aller jungen Frauen erkranken an Bulimie[1]. Knapp 17 Millionen Deutsche sind Raucher. Die Deutschen trinken pro Kopf 20 Liter reinen Alkohol im Jahr. Jährlich sterben 40 000 Deutsche an den Folgen ihres Alkoholmißbrauchs[2]. In Deutschland haben mehr als 9 Millionen Menschen Erfahrungen mit Cannabis im Jahr 2004 gehabt[3]. Der Anstieg bei Kokain und Crack liegt in den letzten fünfzehn Jahren bei 270 Prozent[4].
Wer kommt so dicht heran an die Seele der Menschen wie der Seelenarzt? Er behandelt die innersten Schwierigkeiten vieler Menschen. Brennspiegelartig finden sich die Probleme eines Volkes in den psychotherapeutischen Praxen. Hierher kommen diejenigen, welche an Scheidungsfolgen, an Vernachlässigung, an Kälte, an zu starker Bindung, an emotionalem oder sexuellen Mißbrauch seelisch oder psychosomatisch erkrankt sind.

Tiefenpsychologische Erkenntnis ist politischer Natur, wenn sie über das Individuum hinausschaut und die Polis*, die Stadt und den Staat einbezieht. Meine Aussagen beruhen auf

---

* Polis (griechisch): Stadt, Staat.

einer fünfundvierzigjährigen Erforschung der menschlichen Seelen samt ihrer Träume.

Der Arzt ist in Dir

Seit alters her sucht der Mensch Hilfe, wenn er nicht zurecht kommt. Der Weg zu sich selbst führt über die Erkenntnis zur Handlung. Bereits um 1300 hat Dante in seiner Göttlichen Komödie den Weg des angstbedrängten und suchenden Menschen eindrücklich geschildert. Dante begibt sich auf die Fahrt durch die höllenartige Welt des Unbewußten, um sich in einem langdauernden Prozeß zu einer reifen Persönlichkeit zu läutern. Dante erlebt sich als von grauenvollen Traumbildern geplagter Mensch, der nicht weiter weiß. Er sucht den Beistand des Dichters Vergil – des Arztes –, um den inneren Frieden zu finden. Das Bild des Arztes, des Heilers, des Psychotherapeuten, der Anweisungen gibt, ist wie ein Spiegelbild doppelt angelegt: Der Arzt ist als innere Seelenfigur in einem selbst. Sie übernimmt die Fürsorge im Heilungsprozeß. Sie leitet den Suchenden durch alle seelischen Tiefen und Zweifel sicher hindurch wie auch der Arzt als realer Helfer. Ich sage: Der Arzt ist ein Spiegelbild Deiner Seele. Daher achte den Arzt in Dir und in Deinem Gegenüber.

Zehn Lebensgebote

1. Liebe Gott, die Menschen und die Natur.
   Sie geben Dir Kraft und Leben.
2. Achte die zehn Gebote.
3. Ehre Mütter, Väter und Kinder.
4. Achte das Institut der Ehe.
5. Zügle Deine Begierden.
6. Widme Dich den Träumen.
7. Wisse um Deine Vergangenheit,
   arbeite an Deiner Reife.

8. Löse Dich von den Eltern, innen wie außen.
9. Heirate dann, wenn Du treu bist.
10. Die Liebe ist eine Pflicht.

Innerer Wegweiser

Jeder Mensch hat einen Wegweiser in sich. Er ist ihm von Geburt an mitgegeben. Die Natur, die Seele weiß, was gut und was schlecht für sie ist. Das Richtige kann durch zuviel, harte oder vernachlässigende Erziehung verschüttet werden. Dann ist der Mensch orientierungslos oder psychisch krank. Aufdecken kann er das Verborgene durch Träume und Psychotherapie.

Gottes Hilfe

Es gilt, innere Krisen zu meistern,
doch oft genug bleibt es beim Kleistern.
Die wahre Kunst darin besteht,
wenn alles nicht mehr weitergeht,
die Welt der Träume einzubinden,
mit Gottes Hilfe den Weg zu finden.
Vor allem ändere Dein Verhalten,
sonst bleibt alles beim Alten.

Literatur

1 www.abas-stuttgart.de: Anlaufstelle für Eßstörungen (31.1.2006), S. 1
2 Die Welt: www.Welt.de 1995–2006 (11.1.2006)
3 Frankfurter Allgemeine Zeitung: Nr. 280, (30.11.2004), S. 3
4 Die Welt: Nr. 90-16 (19.4.2005), S. 4

1. Die Ehe – Himmel oder Hölle?

Liebe und Macht

Wer sich und den anderen liebt,
hat die Macht, füreinander zu kämpfen.
Doch ein Machtkampf gegeneinander ist ihm fremd.

Fehlende Ehekultur

Ehen zerbrechen. Wertvolles zerspringt. Ehen bersten aus Not. Eheleute verrichten unbewußt ihr zerstörerisches Werk. In unserer Kultur kommt ein wichtiges Unterrichtsfach zu kurz: Partnerschaft leben. Daß es z. B. an einer Streitkultur in der Ehe mangelt, davon zeugen die 2,2 Mill. Scheidungskinder[1]. Der Professor, die Lehrerin, der Werftarbeiter, die Sekretärin – jeden kann die Infantilität in die Ehekrise treiben. Infantile Haltungen gibt es in allen Gesellschaftskreisen. Auch ein Lehrerpaar vernichtet seine Ehe, obwohl ihm von der Bildung her jeder psychologische Ehe-Ratgeber zur Verfügung stünde. Sie schaffen es nicht, aus ihren Flüchen und aus ihrer Verzauberung zu entweichen. Blind für ihre innere Welt, zerstören sie die Ehe.

Nicht jedem ist es gegeben, von Anfang an eine glückliche Ehe zu führen. Der ewige Bund zu zweit wird zu einem Tal der Tränen, der Traurigkeit und der Hölle, wenn die persönliche Entwicklung ausbleibt. Das Glück gehört dem Tüchtigen, demjenigen, welcher sich dem Fluch einer zerstörerischen Elternbindung stellt.

Wenig ist mit der Trennung gewonnen. Du bist herausgefordert, das Trennende wahrzunehmen, in Worte zu fassen und zu prüfen, ob Euch in der Tiefe nicht die Eltern trennen. Anschließend grenze Dich dort ab, wo es für Dich wichtig ist. Der Fluch besitzergreifender Eltern, die ihre Kinder nicht zueinanderfinden lassen, ist der häufigste Trennungsgrund. Er ist jedoch selten bewußt.

Die Ehe ist eine tägliche Herausforderung. Wenn der Ehekrieg in Euch tobt, verzweifelt nicht. Führt ihn. Haltet Euch an das 6. Gebot: „Du sollst nicht ehebrechen." Nur, wenn es eine Pflicht ist zu lieben, nur dann ist die Liebe gegen Verfall und Zerrüttung gesichert. Nur, wenn Ihr, Frau und Mann, hart kämpft, Eure Weichheit und Unbewußtheit abschüttelt als Last aus Eurer Kindheit, wird Eure Liebe Früchte tragen. Oder die Ehe verendet als Opfer auf dem Altar der Eltern und der Infantilneurose. Der Psalm: „Und ob ich schon wanderte im finsteren Tal, fürchte ich kein Unglück, denn Du bist bei mir, Dein Stecken und Stab trösten mich" sei Euch eine Stütze in den Wirren und Zweifeln des Ehekampfes[2].

Wie stellen wir uns die ideale Ehe vor?

Es gibt Harmonie, Liebe, Zärtlichkeit, Geborgenheit, Verständnis auf beiden Seiten. Der eine nimmt den anderen so, wie er ist. Frau und Mann sind sexuell erfüllt und befriedigt. Beide strahlen Glück und Liebe aus. Das Paar heiratet, weil ein Kind unterwegs ist. Es freut sich auf das erste Kind, alle sind gesund. Das zweite Kind kommt. Doch hier fängt es bereits oft an zu kriseln. Warum?

Warum fängt der Himmel an, sich zu verdüstern? Warum fallen die Geigen aus dem siebten Himmel herunter und zerschellen am Boden? Viele Paare schaffen es nicht, sich den Himmel ab und zu auf die Erde zu holen. Für sie wird die Ehe zur Hölle. Sie folgen dem Lied: „Es waren zwei Königskinder, die hatten einander so lieb. Sie konnten einander nicht finden, das Wasser war viel zu tief." Was steht hinter den Enttäuschungen und Zerwürfnissen? Was macht es diesen Menschen unmöglich, zueinander zu finden? Wie sehen die Träume von Ehepaaren aus, die im Streit leben?

Die Geigen fallen aus dem Himmel

Es gibt zahlreiche Gründe, die zu Eheproblemen führen:

- Abwertungen, Meckern im unbewußten Auftrag der Eltern
- Angst vor Nähe und Verschlungenwerden
- Aggressive und sexuelle Bedürfnisse werden nicht angemessen geäußert
- Infantile Riesenansprüche
- Daraus folgende Enttäuschung und unterdrückte Wut
- Langeweile und Überdruß durch zuviel Nähe und Zweisamkeit
- Sexueller Frust: zuwenig oder zuviel Harmonie
- Keine gemeinsamen Tätigkeiten
- Zuwenig Kontakt nach außen
- Zuwenig Aufmerksamkeit, Streicheleinheiten vom Partner
- Unterdrückter Ärger
- Untreue
- Suchtverhalten

Der eigentliche Trennungsgrund liegt häufig darin begründet, daß sich beide Ehepartner auf einem unbewußten, infantilen, oft symbiotischen Niveau befinden. Sie haben sich nicht zu erwachsenen, reifen Persönlichkeiten entwickelt, nicht von den elterlichen Bindungen und Einschärfungen getrennt. Das unbewußte Zerstörungswerk – die Scheidung – geschieht im Auftrag der Eltern. Es fehlt die innere Erlaubnis zur Ehe. Alle anderen Gründe sind vorgeschoben, äußerlich. Der Fluch der Eltern, der Infantilneurose greift unbewußt zu – oft bei beiden Ehepartnern.

Klagen der Ehepartner

Mein Mann geht fremd

Eine 44jährige Lehrerin klagt: „Mein Mann geht fremd. Er tut das schon seit Jahren. Er kommt von dieser Frau nicht los. Mal zieht er ein, mal zieht er aus. Ich mache das nicht mehr mit. Ich halte das nicht mehr aus. Was soll ich tun, Herr Doktor?" Meine Antwort ist: „Sie sollten regelmäßig hierher kommen und eine Ehetherapie machen. Fragen Sie Ihren Mann, ob er auch will."

Mein Mann klammert

Eine 70jährige Frau sucht wegen Ehekummer meine Praxis auf. Sie sagt: „Ich habe ein Leben lang den Mund gehalten. Ich bin streng erzogen worden. Meine größte Schwäche ist, daß ich mich nicht entschließen und mich nicht wehren kann. Mein Mann klammert. Er ist eifersüchtig. Es gibt deswegen in den letzten Jahren immer Streit. Ich lasse mir nicht mehr alles gefallen. Ich fühle mich traurig darüber. Ich will so nicht weiterleben. Mein Mann hält mich wie eine Sklavin. Ich wünsche mir etwas innere Ruhe und mehr Gelassenheit."

Diese Frau wehrt sich nicht. Sie nimmt an einer Gruppentherapie teil. Sie lernt, zu sich selbst zu stehen, ihre Enttäuschung und ihren Ärger auch gegenüber ihrem Ehemann zu äußern. Träume und die Gruppe helfen ihr bei dem Erkenntnisprozeß. In ihren ersten Träumen sieht sie sich häufig als junges Mädchen. Nach einem Jahr Therapie tritt sie im Traum als Frau mittleren Alters auf, die in der Gegenwart eines anderen, gleichaltrigen Mannes glücklich ist. Der Traum zeigt der Ehefrau, daß sie ohne Schuldgefühle ihr Durchsetzungsvermögen annimmt. Der Mann versinnbildlicht ihre Männlichkeit, der sie sich liebend annähert.

Wir streiten uns nur noch

Ein 38jähriger Apotheker fürchtet das Ende seiner Partnerschaft: „Ich bin seit 12 Jahren mit meiner Freundin zusammen. Wir haben aber nie zusammen gewohnt. Seit 2 Monaten führen wir eine Apotheke und wohnen auch zusammen. Nun läuft alles schief. Ich streite viel mit ihr. Sie will alles harmonisch. Sie wirft mir eine zu starke Mutterbindung vor. Sie sagt: ‚Deine Mutter ist an allem Schuld!' Sie selber hat eine starke Vaterbindung. Sie ist von ihm sehr verwöhnt worden. Neulich habe ich meiner Freundin sogar eine Ohrfeige gegeben. Seitdem droht sie mit Trennung. Ich habe einen Wiederholungstraum. Ich träume oft, daß ich noch einmal mein Abitur machen muß." Der Apotheker muß seine innere Reifung nachholen, indem er sich von seiner Mutter löst.

Mein Mann will keinen Sex

Ein 25jähriger Autoverkäufer leidet unter Angstzuständen. Er wohnt im Anbau seines Elternhauses. Er sieht seine Eltern täglich. Seine Frau, die gleichfalls in die Therapie wegen Spannungskopfschmerzen kommt, klagt darüber, daß er kaum Sex mit ihr mache. Er finde immer wieder eine Ausrede: „Ach, ich bin so müde! Ich habe Sorgen wegen der Firma. Jetzt geht es nicht." Die Ehe wankt, weil sich beide Ehepartner nicht der Ablösungsproblematik vom Elternhaus gestellt haben.

Wir machen Sex und meine Eltern treten ein

In der Therapie erzählt die Ehefrau einen Traum: „Ich liege mit meinem Mann in meinem alten Jugendzimmer im Bett. Wir schlafen miteinander. Plötzlich geht die Tür auf. Meine Eltern stehen im Flur und sehen uns. Ich erstarre in der Bewegung und verharre regungslos. Ich wage nicht, mich zu bewegen. Mein Vater steht im Türrahmen, meine Mutter schaut ihm über die Schulter. Mein Vater sagt etwas Mißbilligendes zu uns. Die ganze Zeit über bleibe ich wie erstarrt liegen. Ich hoffe, daß sie die Tür wieder schließen und dieser Alptraum vorübergeht." Deutung der Ehefrau: „Meine Eltern blockieren meine Sexualität." In der Therapie lernt die Frau, sich gegenüber ihren Eltern abzugrenzen.

Die Verschmelzungsehe

Die glücklich-harmonische Zweisamkeit gibt es vor allem zu Beginn der Ehe. In der Zeit der hohen Verliebtheit ist das Paar sehr mit sich beschäftigt. Es pflegt wenig Kontakte nach außen. Da beide zu sehr aufeinander bezogen und symbiotisch leben, kommt es zu einer schleichenden Aushöhlung der Ehe.

Meine Mutter hat mich terrorisiert mit Liebe

Ein 50jähriger Hauptschullehrer sucht meine psychiatrische Hilfe, weil er in einer tiefen Krise steckt: „Ich fühle eine tiefe Sinnlosigkeit in der Beziehung. Äußerlich ist alles perfekt. Ich stand neben mir, als ich diese Ehe einging. Das hier ist nicht mein Leben. Es existiert nur eine symbiotische Nähe zu meiner Frau. Meine Kindheit ist die Hölle gewesen. Ich habe nie alleine gelebt. Ich habe die Schnauze voll. Ich habe immer mit Frauen zusammengelebt. Das Liebesobjekt meiner Mutter bin ich gewesen. Sie hat mich mit ihrer Liebe und Suche nach Nähe zu mir terrorisiert. Die Folgen des Terrors sind Asthmaerkrankung und Eheprobleme. Das Leben ist für mich nur leere Sinnlosigkeit. Was soll das überhaupt?"

Zu seiner Familiengeschichte berichtet der Lehrer: „Mein Vater ist aus dem Krieg nicht zurückgekehrt. Meine Mutter ist eine Frau, an der ich schwer zu tragen habe. Meine Mutter und ich sind miteinander tief verbunden und verfeindet. Meine

Frau behauptet zwar, sie unterstütze mich, doch in Wirklichkeit aber siegt ihr alltäglicher Egoismus, ihr Interesse an einem schönen, sinnlich ausgefüllten Leben mit mir, an der egozentrischen Inanspruchnahme meiner Person für dieses außengelenkte komfortable Leben, über ihre Fähigkeit zur Förderung meiner ehrgeizigen Pläne. Mein Lesen, Schreiben und Orgelspielen waren für sie immer die ersten außerehelichen Geliebten und Rivalinnen, gegen die sie sich glaubte, zur Wehr setzen zu müssen. Sie ist schon manche Kompromisse eingegangen. Eine innere Zustimmung zu diesen ‚Rivalinnen' kann sie aber nicht geben. Dies ist einer der Hintergründe, weshalb ich daran denke, meine Familie zu verlassen und eine eigene Wohnung zu nehmen."

Meine Frau will alles mit mir tun

„Meine Frau ist am liebsten vierundzwanzig Stunden am Tag mit mir zusammen. Alles, was sie schön findet und tun möchte, will sie mit mir tun. Sie behauptet, in der Ehe tue man das so. Meiner Ansicht nach ist dieses Verhalten symbiotisch. Sie will alles zusammen mit mir erleben. Ihre Unselbständigkeit nimmt zum Teil kuriose Formen an. Sie ist bis heute nicht mal in der Lage, etwas allein mit ihrem Sohn zu unternehmen. Sie duldet aber auch nicht, daß ich allein mit meinem Sohn Rad fahre oder Computer spiele. Sie duldet prinzipiell nicht, daß ich etwas allein außerhalb des Hauses unternehme, z. B. daß ich Freunde, die ich mir allein aussuche, besuche. Alles, was ich allein mache, kostet Kämpfe, und sei es nur eine Fahrt in die Stadt, um in Buchläden nach den neuesten Buchangeboten zu sehen. Der psychische Streß, den sie verursacht, ist so groß, daß ich im Sinne einer Vermeidungshaltung inzwischen eine Mauer im Kopf habe. Mir fällt oft schon gar nicht mehr ein, was ich eigentlich will. Ein Zustand, den ich nicht mehr dulden will. Bis heute ist meine Frau nicht in der Lage, mich allein in einen Urlaub fahren zu lassen, ohne einen ehelichen Budenzauber anzufangen. Im gemeinsamen Urlaub klebt sie an mir. Sie kann nichts allein machen oder mich allein machen lassen. Ich liebe es z. B. eine Stadt schlendernd, allein, einen Notizblock in der Tasche, ohne genaue Zielvorstellung zu erobern.

Ein zentrales Problem sind meine Kontakte zu anderen Menschen, besonders zu denen, die sie nicht kennt. Meine Frau hat sogar Schwierigkeiten zu akzeptieren, daß ich überhaupt Menschen brauche, denen ich allein begegnen will, die sie nicht kennt, die ich sie manchmal auch gar nicht kennenlernen lassen will.

Im Zusammenhang hiermit steht natürlich ihr Kontrollbedürfnis über jede Minute meines Tages. Sie will stets genau wissen, was ich tun will und getan habe. Stößt sie dabei auf meinen Widerstand, spielt sie ‚Opfer', die ‚Betrogene'. Auf der anderen Seite tut sie auch nichts allein. Sie geht nicht allein zu Freunden. Eine wirkliche Freundin hat sie nicht. Ihr Bedürfnis nach Gesprächen konzentriert sich ausschließlich auf mich. Wenn sie allein ist, weiß sie nicht, was sie tun soll. Sie kann nicht einmal allein schlafen. Ohne mich neben sich im Ehebett überfällt sie eine qualvolle Schlaflosigkeit.

Dies ist einer der Gründe, weshalb ich das Ehebett verlassen habe und auf die Couch in meinem Arbeitsraum gezogen bin. Ich empfinde ihre Schlaflosigkeit, für die sie mich stumm anklagt, als eine Form der Erpressung. Alleinsein und Freizeit lösen bei meiner Frau Abwehr, Protest, Angst und Anklammerung aus. Sie weiß allein nichts mit sich anzufangen. Sie muß alles, was sie tut, *für* jemanden, am liebsten für mich tun. Es ist keineswegs so, daß es mir grundsätzlich mißfällt, mit meiner Frau zusammen zusein. Im Gegenteil: was sie für mich und die Familie tut, ist kreativ, sinnlich, großartig.

Ich selber muß natürlich ebenfalls meine Neigung, mich von ihrer Symbiosesucht hineinziehen zu lassen, aufgeben, auch wenn das Streß für mich bedeutet. Ich gehe dem gern aus dem Wege, passe mich an, verziehe mich in mein Zimmer, in die innere Emigration, die ich als Kind so gut gelernt habe.

Schlimm ist für mich, daß auf diese Weise meine Frau für mich in eine Mutterrolle hineingewachsen ist. Das provoziert meine Ausbruchsneigung in Richtung Affären mit anderen Frauen, ohne daß ich grundsätzlich geneigt war, die Ehe zu verlassen. Heute ist das anders. Ich glaube, ich kann auch allein leben, ohne in eine destruktive Einsamkeit zu fallen."

In der Therapie lernen der Lehrer und seine Frau, eigene Wege zu gehen, ohne Schuldgefühle zu haben. In der Getrenntheit finden sie wieder zueinander.

Die Streitehe

Immer wenn aus heiterem Himmel ein Streit aufzieht, stecken unbewußte Mechanismen dahinter, damit das Ehepaar sich entzweit. Streit schafft zwar Nähe, er ist jedoch auf Dauer zerstörerisch. Anstatt einen Urlaub oder Weihnachten zu genießen, wird ein Streit vom Zaun gebrochen. Beide wissen nicht, worum es geht, denn der innere Sinn dieses Streites bleibt ihnen unbewußt. Der Fluch des Elternhauses: „Kind komm zurück, werd' nicht erwachsen!" wirkt sich auch hier aus. Der Fluch der Bindung ist zerstörerisch, umfassend und deswegen so tückisch, weil er in voller Tarnung, nämlich unbewußt, seine klebrigen Fäden spinnt. So dient der Ehekrach dem Abstand. Besonders wenn sie vor oder nach einem schönen gemeinsamen Erlebnis auftreten.

Streiten schafft Nähe. Streiten zerstört Nähe. Streiten verbindet und entzweit. Weniges ist so sehr mit Verboten, schlechtem Gewissen und Schuldgefühlen belegt wie Streit. Gewitter reinigt die Luft. Schweigen vergiftet das Paar. Schweigen ist schlimmer als Streiten. Streit befreit, löst Spannung. Im Streit springt der Panzer des Schweigens entzwei. Doch Streit ohne Liebe ist wie ein Messer, das – im Haß geführt – zerstört. Oft ist die Wut zu Beginn der Persönlichkeitsentwicklung heftig. Die Wut weicht der ruhigen Abgrenzung, je nach Temperament und Grad der Infantilität.

Formen des Streites

- Sachlich.
- Ironisch, spöttelnd.
- Gefühlvoll.
- Laut.
- Erregt.
- Schlagen.
- Haßerfüllt mit Allmacht.

Dauerstreit vergiftet wie die Pest die Ehe. Die emotionale Pest hat ihren Geburtsort im Haus der Eltern. Dauerstreit vermiest einem das Leben. Mit der beidseitigen Reifung der Persönlichkeit wächst die Harmonie.

Der Balken im eigenen Auge

Den Balken sieht man immer im Auge des anderen. Alles, was man am anderen bemeckert und an ihm bekämpft, trifft auch für einen selber zu. Beispiel: „Ich werfe meinem Mann vor, daß er zuviel an mir herummeckert. Das ärgert mich schon lange und fällt mir immer wieder auf. Dabei kritisiere ich ihn selber oft."

Sätze wie: „Das werde ich dir schon zeigen!", „Du hast mich nicht lieb", „Du willst nicht tanzen", „Der Sex ist nicht gut mit dir!", „Du bist nicht zärtlich!" spiegeln oft die eigene Unfähigkeit, die bemängelten Eigenschaften bei sich wahrzunehmen. Das Ausmaß der Störungen auf beiden Seiten hält sich nahezu immer die Waage.

Die Treue

Bleib treu, trotz folgender Widrigkeiten:

- Streitsituationen.
- Kränkungen.
- Grenzüberschreitungen.
- Vorwürfe der Lieblosigkeit.
- Unerfüllte Sexualität auf Grund neurotischer Hemmungen oder Bindungen an das Elternhaus.
- Erlahmen und Erlöschen der Liebe.
- Fremdgehen.
  Fremdgehen ist kein Scheidungsgrund. Doch Einsicht und Schuldfähigkeit soll der Ehebrecher zeigen. Erziehe Dich oder Deinen Partner zur Treue.
- Lügen.

Ich trenne mich vorübergehend

Wer die Liebe schmälert
und ihr mißtraut,
züchtet die Spaltung.

Die vorübergehende Trennung ist der Anfang vom Ende. Man entwickelt sich miteinander, sonst geht es auseinander. Das Alles-Oder-Nichts-Prinzip „Ich entwickle mich allein weiter, sonst gehe ich in der Ehe unter" beruht auf Schwäche und Unbewußtheit.

Das Thema Scheidung

Eine Scheidungsdrohung mag sinnvoll sein. Ein wiederholter Vorwurf ist jedoch wenig glaubwürdig, er verletzt den anderen nur und bringt ihn noch mehr in Rage. Der Satz: „Ich lasse mich scheiden!" zerstört die Ehe innerlich und äußerlich, wenn er zu oft vorgetragen wird. Der Scheidungsgedanke erstickt die Liebe und das Gefühl der Zusammengehörigkeit. Mit diesem Satz wird dem Auftrag der Eltern, zu ihnen zurückzukehren, stattgegeben. Wird die Scheidung vollzogen, so bleibt man trotz Trennung oft auf Lebenszeit miteinander verbunden, zumal wenn Kinder da sind.

Scheidung in den Medien

Viele Menschen, allen voran die Medien, benutzen die Ehe als Spielball ihrer neurotischen Sehnsüchte. Die Ehe wird nicht als Herausforderung, als Reifungsprozeß begriffen, nein, sie wird mißbraucht, um sich kurzfristig aufzuwerten und teilzuhaben an einer Einrichtung, die wie keine andere das höchste Ziel der Liebe verkörpert. Der Satz „Bis daß der Tod Euch scheidet" wird bedeutungslos, wenn die Ziele der Ehe von vornherein niedrig angesetzt sind. Der Wert einer Ehe besteht nicht in der Eheschließung als formalem Akt, nicht in dem vorübergehenden Glanz der Verliebtheit und des Liebesrausches, sondern darin, daß sie den Menschen in seiner Entwicklung durch Kinder und Krisen fördert. Ehefrau und Mann sind dazu aufgerufen, in der Ehe auch die dunklen Seiten ihrer Seele zu beleuchten, diese zu bearbeiten, zu fördern oder zu beherrschen.

Nicht nur die Liebe und der Sex, der Wunsch nach Kindern sind die treibenden Kräfte, sondern auch Haß gestaltet die Ehe. Erst das Streiten sorgt dafür, daß eine Ehe lebendig bleibt. In der Liebe und im Streit überwinden die Eheleute ihre Probleme, indem sie tiefere Schichten ihrer Seele erarbeiten. Wie Dante in der „Göttlichen Komödie" die Hölle durchschreitet, anschließend die neun Läuterungsberge besteigt, um zur umfassenden Liebe zu gelangen, so ist auch die Ehe ein mühsames Durchleben und Heben auf höhere Entwicklungsstufen.

Wann ist es dennoch sinnvoll, eine Ehe zu beenden?

Therapieresistente, zerstörerische Süchte rechtfertigen die Auflösung der Ehe.

Erkläre die Ehe aus echten oder taktischen Gründen für beendet. Zum Beispiel wenn sich der Partner bei Ehebruch gänzlich uneinsichtig und abweisend verhält. Manchmal kommt er zur Besinnung. Er kehrt zu Dir zurück und Du zu ihm.

Die Trennung zwingt manchen zur Einkehr nach innen.

Es drehte sich um grünen Salat

In Strindbergs Theaterstück „Ein Traumspiel" sagt der Rechtsanwalt: „… aber weißt du, was das Allerschlimmste ist? … Das sind Ehescheidungen! – Da ist es einem, als schriee es Verrat gegen die Urkraft, den Quell des Guten, gegen die Liebe … Und, siehst du, wenn ganze Papierberge voll sind mit ihren gegenseitigen Anklagen, wenn dann schließlich ein liebevoller Mensch sich den einen Teil unter vier Augen vornimmt, ihn ans Ohr kneift und ihm lächelnd die einfache Frage stellt: Was habt Ihr eigentlich gegen Euren Mann – oder gegen Eure Frau? – da steht dann er – oder sie – sprachlos da und weiß keinen Grund anzugeben. Ein Mal – da, da drehte es sich gerade um grünen Salat, ein anderes Mal um ein Wort, meistens um nichts. Aber die Qualen, das Leiden! Die muß ich tragen"[3]! Strindberg schildert das Alltagsleben von infantilen, elterngebundenen Menschen: Sie streiten um des Streitens willen. Der Psychiater weiß um die Vordergründigkeit häufigen und scheinbar sinnlosen Streitens: Das Ehepaar streitet im Auftrag der Eltern, damit es einander nicht nahekommt.

Seitdem haben wir nur noch Streit

Ein 35jähriger Physiker erlebt Ähnliches: „Neulich habe ich mich mal wieder verpflichtet gefühlt, meine Eltern zu besuchen. Seitdem geht es mir schlecht und ich verstehe mich mit meiner Frau nicht mehr. Seitdem haben wir nur noch Streit. Es ist, als hätten meine Eltern mit unserem Streit zu tun. Alles wird aufgebauscht bis zum letzten. Ich kann mich nicht gegen meine Frau durchsetzen. Ich fühle Angst in mir. Ich ziehe mich zurück. Manchmal denke ich, das Beste wäre die Scheidung." Das haben die innerlichen Bindungskräfte an die Eltern zum Ziel: „Trenne Dich vom Partner, damit Du unser bleibst!"

Die Selbsterziehung hat die führende Rolle zu übernehmen. Der Streit wird erträglich, wenn die Liebe, der Wille zum Sieg über die eigenen Fehler und die des anderen und das Wissen um die elterlichen Flüche gefördert werden.

Die Liebe eint und bindet das Paar. Haß und Liebe gehören als Gegensatzpaar ausgelebt, solange die Ehe überschattet wird von zerstörerischen Verhaltensweisen. Der Haß verblaßt im Laufe erfolgreicher Entwicklungsjahre. Die Liebe wächst.

Kämpfen oder aufgeben?

Es ist kein Generalkrieg zu führen; es ist vielmehr wichtig, die einzelnen Ärgernisse zu benennen und eins nach dem anderen mit taktischem Geschick an sich und am Partner zu verändern. Es ist ein Kampf der Geschlechter, sprich der Elternhäuser, gegeneinander. Ziel jeden fruchtlosen Ehestreites und ungelösten Konfliktes ist es, die Ehe auf Dauer zu zerstören. Immer wieder ist zu hören: „Ich habe alles getan, ich habe alles versucht. Es hat keinen Sinn. Ich lasse mich scheiden." Selten ist wirklich alles versucht worden. Das Ehepaar steckt vielmehr fest in der Krise, in der Hölle. Man verletzt sich nur noch und diskutiert viel, ohne die Hintergründe der drohenden Entzweiung zu erkennen.

Hexe und Zeus

Die Frau soll auch die Hexe ausleben und der Mann den donnernden Zeus. Dabei kann man auch mal erheblich überziehen, um dem anderen die Maske der Grandiosität vom Gesicht zu reißen. Es geht darum, den ehezerstörenden Fluch der Eltern: „Du bleibst für immer unser Kind!“, zu brechen und die Eltern nicht siegen zu lassen. Aus taktischen Gründen kann man die Dinge bis auf die Spitze treiben, damit der andere einsichtsfähig wird. Es geht in der Partnerschaft darum, Grenzen neu zu stecken und so wieder zueinander zu finden. Das funktioniert nicht nur mit Liebe, Harmonie, sondern vor allem mit der Fähigkeit, sich zu streiten, zu verletzen, wo es hilfreich ist im Dienst für die Ehe. Es ist dabei wichtig, die Liebe – das alles verbindende Band – nicht erkalten zu lassen. Die Liebe ist der Lebensgrund der Partnerschaft, auf dem die Ehe ruht.

Liebling, schau mal!

Wenn eine Frau ihren Mann stets korrigiert und etwas an ihm herumzumäkeln hat, sollte er diese als erstes darum bitten, es sein zu lassen. Wenn sie es nicht befolgt, kann er z. B. sagen: „Liebling, du hast einen Fleck auf deinem Pullover, schau mal.“ Natürlich ist dort kein Fleck, der Liebling fühlt sich ertappt und beschämt. Ihr ist es unangenehm, korrigiert zu werden. Er spürt, daß der kategorische Imperativ auch im ehelichen Miteinander gilt. Die Tabu- und Schamgrenzen des anderen sind im Einzelfall zu überschreiten, damit dieser aus dem elterlichen Nebel tritt.

Ziel eines aufbauenden Streits ist, die Angst vor Nähe zu überwinden und den Kontakt zum anderen wieder herzustellen. Beide sollten wissen, daß sie fremdgesteuert handeln, unbewußt die Partnerschaft zerstören, sobald sie den Streit siegen lassen und keine innere Änderung und Annäherung erfolgen.

Zweifel an der Liebe

Der Zweifel am anderen oder an der eigenen Liebe zum Partner vergiftet die Ehe. Der Zweifel ist das mütterliche oder väterliche Gift, das stetig aus dem Hirn träufelt. Es vergiftet die Partnerschaft. Den Zweifel in sich zu töten und zu überwinden, ist ein wichtiges Ziel der Selbsterziehung oder der Therapie.

Nachgeben und vergessen

In vielen Ehen gehört es dazu, daß sich einer der Partner beleidigt zurückzieht. Er spricht nicht mehr, er ist verblockt, an ihn ist kein Herankommen. Das Maulen entspringt dem Gekränktsein. In manchen Ehen dauert dieser Zustand bis zu mehreren Tagen, Wochen, ganz selten auch bis zu mehreren Jahren. Das Maulen ist eine infantile Verhaltensweise. Der Maulende zeigt sich grandios im Schweigen. Er will die Symbiose mit Mutter oder Vater aufrechterhalten.

Wer zum Maulen neigt, weiß, daß es sich schlagartig beseitigen läßt. Tritt nämlich jemand hinzu, verhält sich der Maulende plötzlich dem Fremden gegenüber normal.

Auch das Vergessen will gelernt sein, das Nachgeben und Verzeihen. Stehen beide am Anfang ihrer Beziehung, sollten sie sich spätestens nach zwölf Stunden wieder vertragen. Denn sonst droht ein dauernder, innerer Kontaktabbruch. Besser ist es, nach Sekunden mit dem Maulen aufzuhören.

Eheliche Langeweile

Der Wechsel zwischen Nähe und Distanz ist wichtig. Langeweile ist der Ehe Untergang. Das gilt sowohl für das Sexuelle als auch für das tägliche Leben miteinander. Die Partner sollten nicht zu sehr aufeinander hocken, jeder sollte seinen Interessen nachgehen. Ausgehen auch unter der Woche, wenig

Fernsehen, so bleibt eine Ehe lebendig allein dadurch, daß man sich nicht anödet und auf die Nerven geht. Zuwenig Sex erzeugt Einsamkeit und Fremdgehgedanken. Das Minimum an Sex ist 1 x pro Woche.

Reden ist Silber

Außerdem sollte man nicht zuviel reden in der Ehe. Viel Reden heißt: Kontakt vermeiden. Probleme beim Namen nennen; sagen, was Sache ist, was man will und dann ist auch Schluß. Der Partner kann sich mit den Wünschen oder Forderungen auseinandersetzen. Die Wünsche zu zerreden, ist kontraproduktiv.

Träume erzählen

Träume am Morgen zu erzählen, fördert den Kontakt zum Partner und zu sich selbst. Eine Ehe leidet oft darunter, daß die Partner nicht wissen, welche unbewußten Konflikte ihnen das Leben schwer machen. So läßt sich im Erzählen und Deuten der Träume das Frühstück interessant gestalten.

Die gelungene Ehe

Die Partnerschaft muß ein Leben lang gestaltet werden, damit sie lebendig bleibt. Themen gibt es genug und das Ziel einer jeden Partnerschaft ist: Nähe und Liebe erleben im Beisein des anderen. Jeder sollte frei dafür sein, eigene Wege zu gehen.

Hüte Dich vor dem Fluch der Infantilneurose. Ausgelebter Haß zerstört die Ehe, wenn der Haßerfüllte nicht innehält und den Spiegel der Selbsterkenntnis erblinden läßt.

Über lange Zeit ist die Ehe für manchen ein Leben zwischen Himmel und Hölle. Mit zunehmender Reife gerät sie in ruhigere und harmonische Fahrwasser. Streit und Liebe sind der Einsatz für eine gute Ehe. Die Hölle muß manch einer durchschreiten, damit er auf Erden zufrieden wird. Wenn nicht Krankheit, psychosomatische Störung oder Neurose zum Unglück in der Ehe werden sollen, sind Auseinandersetzung und Liebe vonnöten. Liebe heißt einander zugetan sein, auch verzeihen. Der Spruch in Korinther: „Glaube, Liebe, Hoffnung, diese drei, die Liebe ist aber die größte unter ihnen“, trägt zum Gelingen einer glücklichen Ehe bei.

Tips für die Ehe

- Geh außer Haus.
- Hab Zeit für Dich,
- Deine Frau, Deine Kinder.
- Pflege Deine Hobbys.
- Sei treu.
- Lade Freunde ein.
- Mache Sex.
- Nimm Kränkungen zurück.
- Gib Komplimente.
- Streite.
- Zeige Deine Liebe.
- Laß Nähe zu.

Streichel-Regeln

- Streichle Dich selbst.
- Verweigere Streicheln.
- Nimm Streicheln an.
- Streichle andere.
- Frage um Streicheln.

Streicheln heißt: Sich alles gönnen, was einem guttut.

Literatur

1 Statistisches Bundesamt: Mikrozensus 2003: Pressemitteilung vom 12.5.04. Alleinerziehende Mütter und Väter. Fast jedes siebte Kind wächst bei Alleinerziehenden auf. www.destatis.de
2 Bibel: Der Psalter, Kapitel 23, Vers 4.
3 Strindberg, A.: Ein Traumspiel, Philipp Reclam jun. GmbH & Co., Stuttgart (2002), S. 20–21

2. Junge Liebe

Die Liebe der Jungen wirft die längsten Schatten und das schönste Licht. Wenn die Sonne am frühen Morgen aufgeht, wärmt sie wenig, doch die Freude auf einen schönen Tag ist groß. Ihre Schatten sind lang. In der Jugend und über weite Zeit auch im Erwachsenenalter verdunkelt Elternbindung die Macht der Liebe. Gib der Liebe zu Deinem Partner mehr Macht als zu Deinen Eltern. Mach Deine Liebe zu Dir mächtig, die Liebe zu Deiner Frau und zu Deinen Kindern. Die Träume und die Schatten der Liebe zeigen Dir den Weg.

Beidseits verdunkelte Liebe

Nach der Geburt Deines Sohnes verweigerst Du Dich jahrelang Deinem Mann. Er ist traurig, ärgerlich. Beleidigt zieht er sich zurück. Kampflos überläßt er Dich Deiner Kälte, für die Du nichts kannst. Denn Du bist verzaubert durch Deine Eltern, die Deine Nachbarn sind. Dein Mann bittet um mehr Sex. Doch Du bist taub. Er verläßt das Ehebett. Er schläft auf dem Sofa. Er will sich von Dir trennen. Da wirst Du wach aus Deinem Schlaf des Dornröschens. Du suchst ärztliche Hilfe. Du treibst den Teufel – die dunkle Macht Deiner Eltern – aus Dir aus. Du gibst die geforderte Liebe und den Sex Deinem Mann. Doch da geschieht Ungeahntes. Er will keinen Sex. Verwundert, doch sprachlos wird er sich seiner Erstarrung bewußt. Auch er kann nicht lieben. Er hat die Liebe gefordert, ohne geben zu dürfen. Jetzt entzieht *er* sich, weil *er* das Bedürfnis nach Sex und Liebe verbirgt – im Auftrag *seiner* Eltern. Spärlich läßt er Tropfen der Liebe auf seine Frau rinnen. Zugedreht hat er den Wasserhahn der Liebe. Was ist zu tun? Die Frau wird mit allen Mitteln der List und des Kampfes der Geschlechter den Meißel des Wortes durch die versteinerte Haut des Gatten stoßen. Ihre wärmende Liebe wird diesen Aufruhr beschützen. Ihre Träume und der Therapeut weisen der Gattin den Weg. Endlich trifft sie sein Herz – mitten hinein. Sein vergälltes Blut strömt hinaus, er stirbt als der Erstarrte. Das Alte vergeht, das Neue wächst. Eigenes Blut beginnt, die Liebe der beiden zu erwärmen. Jahre dauert dieser Prozeß. Findet er ein Ende? Ein Einzelfall? Nein. Es trifft viele, mehr oder weniger.

Der Zweck des Fremdgehens

Ein Mann ist auf Kur. Er geht mit der Bäuerin ins Bett. Ein berauschendes Abenteuer. Er ist fassungslos. Tief und schön ist die Vereinigung mit dieser Frau. Dich, Ehefrau liebt er mit sparsam zuckender Flamme. Seiner Mutter ist er hörig. Er besucht Mama und Schwester pflichtgemäß. Er darbt – ausgemergelt vom täglichen Kilometerlauf. Sein Laufrausch ist Ersatz für tiefes Erleben zu zweit. Er meidet die Menschen und das Leben. Zähren um die komakranke Schwester zehren an seinen Kräften.

Der Kurschatten aber hat ihn durchgeschüttelt, aufgerüttelt. Dunkel legt sich auf sein Hirn. Er zweifelt an seiner Ehe. Er träumt von der sanften, verführerischen Bäuerin, die wie Opium seinen Leib durchzieht. Er verzweifelt.

Er sucht ärztliche Hilfe. Er lernt, Abstand zu nehmen von seinen Verwandten. Er fängt an zu leben und zu lieben, sich selbst und seine Frau. Der Kurschatten hat dem Mann geholfen. Doch das Spiel mit dem Rausch des Fremdgehens ist gefährlich. Nur wer die Begierde in sich zügelt und diese wieder ganz auf seine Frau richtet, rettet seine Ehe. Vernichte das Infantile in Dir. Laß das Kindische in Dir sterben. Werde erwachsen. Löse Dich von Deinen Eltern. Befreie Dich von Fron und Pein der Verliebtheiten. Laß Sonne in Dein Leben.

Elternbindung tötet die Liebe

Viele meinen zu lieben. Die Hälfte der Ehen in Deutschland wird geschieden[1]. Die Liebe zerrinnt ihnen wie Sand zwischen den Fingern. Dann heißt es: „Ich habe den Richtigen noch nicht gefunden." Doch sie haben keine Erlaubnis zu Nähe und Liebe. Ihre Angst vor dem Nahesein wirkt sich aus wie ein Fluch. Weite und Enge, Anziehen und Abstoßen, Abhängigkeit und Selbstbestimmung, Ich und Du sind die Pole, an denen der Infantile, der Symbiotiker scheitert. Es gelingt ihm nicht, ein ausgewogenes Verhältnis zwischen Mein und Dein, Weiblich und Männlich, Nähe oder Abstand zu finden. Entweder zieht er sich zurück, weil er sich verschlungen glaubt oder er unterwirft sich – Nähe suchend. Der Fluch der Eltern lautet: Laß die Liebe zu Deiner Frau versiegen. Es siege die Bindung an uns!

Menschen neigen dazu, die Liebe romantisch zu verklären. Während der unreife Mensch glaubt, die Liebe falle über einen her wie ein Blitz, weiß der Reife, daß Liebe jeden Tag zu üben ist. Er hütet sie wie einen Schatz.

Zwischen stark Elterngebundenen rinnt die Liebe zäh wie erkaltendes Pech. Wie kann die Liebe auch feurig und flüssig bleiben, wenn die Eltern ihre unsichtbaren Schwingen wie Ketten um ihre Kinder geworfen haben? Elterngebundene zeugen ängstlich und zimperlich ein Kind. Die Liebe und die Verantwortung für Kinder fließen spärlich. Sie haben keine Erlaubnis, als Vater und Mutter erwachsen zu sein. Auch Vernachlässigte sind unsicher in der Liebe.

Wer andere nicht lieben kann, wer alleine ist, wer meint, er sei liebesfähig, doch habe den Richtigen nicht gefunden, liebt seine Infantilität mehr als den Menschen. Er ist in der heutigen Zeit zumeist Scheidungsopfer seiner Eltern. Er ist gefangen in deren Spinnennetz. Er stülpt dieses Netz gern anderen über, die ihm als Sündenbock dienen: „Sie mag mich nicht. Ich liebe ihn, aber er liebt mich nicht." Oder: „Ich liebe ihn nicht." Hier irrt der Elterngebundene, der Liebesunfähige. Hätte er sein Herz von den Spinnweben, den Bindungsmechanismen und den Fesseln der Kälte befreit, sähe die Welt für ihn anders aus.

Er könnte sich gegenüber den Menschen öffnen, echte, tiefe Freundschaften aufnehmen. Er käme aus der Höhle der Einsamkeit heraus und würde sich des Lebens freuen, vor allem an der Liebe zu anderen.

Eine 25jährige Ökotrophologin leidet unter dem zwanghaft auftretenden Gedanken: „Ich liebe meinen Freund nicht." Sie findet es furchtbar, daß sie an der Liebe zu ihrem Freund zweifelt. Sie weiß weder ein noch aus, weil sie meint, sie liebe ihn wirklich nicht. Doch sie sind nett zueinander, sie sind zärtlich, küssen und lieben sich. Welch ein Widerspruch. Diese Frau ist gebunden an eine übermächtige, klammernde, einengende und infantilisierende Mutter.

Die Bindungsenergie an die Mutter speist den Zwangsgedanken. Sie ist besessen von der Mutter – sprich dem Gedanken, daß sie ihren Freund nicht liebe. Doch einen anderen will sie nicht. Sie spürt das Hexenartige, das Fremde, Eingeflößte ihres Gedankens.

Jede Art von zwanghaftem Denken und Tun ist Besessenheit durch ein allmächtiges Objekt. Hast Du Zweifel an Deiner Liebe, töte den giftigen Zweifel. Stelle Dich Deiner Reifung.

Die Liebe hat viele Quellen

Nach der Pubertät treibt die Sexualkraft Mann und Frau stürmisch zueinander. Lassen im Laufe der Zeit Trieb und Verliebtheit nach, verliert die sexuelle Bindung bei manchen an zusammenführender Kraft. Zerstörerische Mächte können nun die Oberhand gewinnen. Sie lassen den restlichen Sex versiegen. Die Liebe verdorrt, Ablehnung und Haß wachsen. *Je mehr die Liebe ein Gebot ist, je höher sie im Ansehen steht, die Treue geachtet wird, je mehr die Heirat geehrt wird, desto eher ist der Gestörte bereit und gezwungen, eine gescheiterte Ehe zu fürchten und zu meiden. Deswegen ist das Ideal der Heirat, der Liebe und der Treue von höchstem, sittlichen Wert.* Läßt die sexuelle Anziehung nach, sei wachsam. Fördere die Ehe, indem Du Deine inneren Ablösungskonflikte löst. Laß die Liebe wachsen. Stärke Deinen Willen zur Ehe und zu Deinem Selbst. Schluß mit jeglicher Unterdrückung, mit den Kränkungen, die Du nicht zurückgewiesen hast. Laß Dir Deine Ehe, Deine Liebe zu Deinem Mann, zu Deiner Frau nicht vernebeln! Die Liebe ist wie ein Wasserhahn. Man kann sie auf- und zudrehen. Laß den Hahn der Liebe stets geöffnet. Achte auf eine fließende Liebe in Dir zu dem Anderen. Überwinde den Zweifel, stärke die Liebe.

Die Sexualität erzeugt größtmögliche Nähe, doch auch andere Formen des Zusammenseins lassen Menschen untereinander vertraut werden. Der reife Mensch wird Energiefelder der Bindung und der Liebe außerhalb der Sexualität zulassen: Gemeinsames Tanzen, Philosophieren, Wandern, Radfahren, Segeln, Erlebnisse mit Freunden.

Pflege die Liebe

Die Liebe richtet sich auf unterschiedliche Personen, auch auf Gegenstände und Tiere. Die Liebe ist eine bejahende Kraft und Einstellung dem Leben gegenüber. Schuldgefühle können die Liebe erdrücken. *Befreie Dich von Deinen Schuldgefühlen, stärke die Kraft Deiner Liebe.* Streite um Deine Wahrheit und liebe. Die Liebe schlichtet jeden Streit, so schlimm er auch sein mag. Verzeihe.

Damit es Dir wohl ergehe, sei Dir die Liebe eine Aufgabe, ja eine Pflicht. Pflege und erhalte die Liebe.

Literatur

1 Statistisches Bundesamt Deutschland: www.destatis.de

3. Das Sexuelle

Das Sexuelle schafft Nähe. Der sexuelle Akt mit seinem Höhepunkt läßt Mann und Frau eins sein. Von dieser zeitweiligen Verschmelzung zweier Körper und Seelen lebt die Partnerschaft. Die Sexualität ist eine der bewegendsten Kräfte im Reich der Lebewesen. Der Sexualtrieb ist nach dem Aggressionstrieb der mächtigste aller Triebe. Aggression und Sexualität begründen das Leben. Die Sexualität liebt die Abwechslung. Sie liebt die Steigerung und den Höhepunkt. Viele Menschen klagen jedoch über sexuelle Langeweile in Ehe oder Partnerschaft. „Unser Sex ist wenig berauschend. Bei uns herrscht die Eintönigkeit. Sex ist bei uns tote Hose."

Sex gibt Freude. Ist der Eine jedoch zu nett, vermeidet er Streit, ist sie dem Manne untertan, haben sie sich von ihren übermächtigen Eltern nicht befreit, leidet auf Dauer der Sex. Die Trennung von Mutter und Vater ist für viele kein Thema. Sie trennen sich eher vom Partner. Die sexuelle Lust zieht sich immer mehr zurück, wenn der Sack mit Enttäuschungen gefüllt wird.

Gewisse Bereiche der Sexualität sind trotz Aufklärung und sexueller Revolution der 68iger im letzten Jahrhundert tabuisiert. Das Tabu stammt aus der persönlichen Entwicklungsgeschichte eines Jeden. Hat er sexuelle Probleme, muß er an die Tabus heran, an die Schuldgefühle, Kränkungen und Grenzverletzungen, um Nähe zu empfinden.

Szenen um den Sex

Eine Friseuse

Während einer eineinhalbjährigen Psychotherapie erinnert eine 30jährige Friseuse 130 Träume. Sie ist an einer Angstneurose erkrankt. In 39 Träumen taucht ihre Mutter direkt als eine

Person auf, die sie bedrängt, manipuliert und Schuldgefühle einimpft. Die Friseuse hat erhebliche Probleme beim Sex. Sie schreibt:

- Ich habe oftmals Schwierigkeiten, mich fallenzulassen. Ich kann mich nicht entspannen und genießen, obwohl ich es möchte.
- Wenn wir Sex haben oder auch vorher, mache ich mir Gedanken wie: „Wir müssen morgen früh raus!" oder „Es ist schon so spät!"
- Wenn ich Lust auf meinen Mann habe und mich darauf freue, daß er nach Hause kommt, ist diese Lust wie weggeblasen, sobald er dann da ist. Ich bin plötzlich wie blockiert, obwohl ich ihn verführen wollte.
- Manchmal mache ich Bemerkungen, die meinem Mann alle Freude zunichte machen. Statt Sex gibt es dann Streit.
- Plötzlich kann ich die Zärtlichkeiten meines Mannes kaum aushalten, weil ich kitzelig werde und kichern muß. Ich habe dann eine Abwehr gegen Zärtlichkeiten.
- Gelegentlich finde ich mich auch unattraktiv. Ich mag mich dann nackt nicht zeigen.
- Ich habe auch schlechte Gedanken wie: „Heute wirst Du sowieso nicht naß." oder „Er ist gar nicht scharf auf mich, sondern nur auf seine Befriedigung."
- Paß auf das Bettlaken auf, daß es nicht schmutzig wird.
- Nach dem Sex fange ich an zu weinen. Ich bin dann plötzlich traurig.

Eine enge Bindung an ihre Mutter hat bei ihr dazu geführt, daß sie unter Angst leidet und dem Sexuellen gegenüber zutiefst abgeneigt ist.

Eine Studentin

- Mit meinem früheren Freund hatte ich das Problem, daß ich immer mehr Sex haben wollte als er. Mit meinem neuen Freund Wolfgang ist es manchmal so, daß er mehr Sex will. Ich weise ihn dann ab. Manchmal denke ich, daß Sex zu sehr im Vordergrund unserer Beziehung steht. Ich will dann nur in seinem Arm einschlafen.

- Ich habe Probleme mit dem männlichen Orgasmus. Ich ekle mich vor der Feuchtigkeit, dem Samenerguß.
- Ich habe Probleme, meine Liebe auszudrücken. Ich habe Phantasien und kann sie nicht umsetzen. Das beginnt beim Einander-Auskleiden und endet dabei, zu streicheln oder sein Glied in den Mund zu nehmen. Bevor ich die neue Beziehung eingegangen bin, habe ich mich häufig selbst befriedigt. Das mache ich jetzt weniger. Ich vergesse manchmal, die Pille zu nehmen. Dann haben wir keinen Verkehr mehr. Wir sind dann nur zärtlich miteinander.
- Vor dem Verkehr habe ich das Gefühl, daß es mir viel zu anstrengend ist. Ich habe Angst. Wenn er dann eingedrungen ist, ist es aber schön.
- Ich habe Angst vor einer Blaseninfektion. Die habe ich noch viel zu oft, vor allem, wenn wir guten Sex miteinander gehabt haben.
- Manchmal habe ich auch eine Pilzinfektion in der Scheide.
- Ich spiele eher die passive Rolle, mein Freund ist aktiv.
- Ich mag nur unten liegen und nichts Neues ausprobieren.
- Wenn meine Mitbewohnerin zu Hause ist, habe ich große Hemmungen, Sex zu machen.

Diese Frau ist stark an Vater und Mutter gebunden.

Für den Gehemmten

Zum Sexuellen gehört Eroberungssicherheit. Die Gewißheit, daß Du siegreich bist, ist für den Sieg entscheidend. Dein Zweifel vergiftet auch Dein Gegenüber. Es soll sich für Dich begeistern, sich von Dir verzaubern und einfangen lassen, indem Du Deinen Siegeswillen einkleidest in Schmeicheleien und Liebkosungen. Sexuelle Eroberung beruht auf Selbst- und Triebsicherheit. Töte den Zweifel. Befreie Dich von besitzergreifenden Eltern. Sei strebsam, dann bist Du erfolgreich.

4. Heirat

Hochzeitswunsch

Lebt, liebes Paar, mit Gott; lebt, liebes Paar, mit Segen;
Lebt, liebes Paar, im Glück, daß Neid Euch könnt erregen;
Ich sage noch einmal: lebt hin in süßer Ruh,
Bis Kindes-Kindeskind drück Eure Augen zu[1]!

Heiraten aus Liebe? Heiraten, wenn der Richtige kommt? Oder heiraten, weil einer viel Geld hat? Ich sage, Hauptsache es wird sich benommen und geliebt. Frage Dich vor der Heirat, was für Dich am wichtigsten ist. Schönheit? Dann heirate eine Schöne. Eine Frau, mit der Du Dich unterhalten willst? Wahrscheinlich weißt Du nicht, warum Du jemanden aussuchst. Es lohnt sich hinzuschauen und zu prüfen: Den Stand, das Alter, das Treuevermögen, Trink- oder Rauchgewohnheiten, Arbeitshaltung. Familienwilligkeit. Mann oder Weichei. Fruchtbar oder nicht?

Einen Mann ohne Buckel und eine Frau ohne Beule gibt es nicht. Frage Dich, was Du an die höchste Stelle setzt, was Du willst und kaufe die Fehler mit. Gleich und gleich gesellt sich gern, Gegensätze ziehen sich an. Was trifft für mich zu? Ist der Mann ein Hallodri, sollte die Frau sehr anständig sein und ihn heftig erziehen – und umgekehrt. Redet er gerne, sollte sie zuhören können. Doch alles hat seine Grenzen. Wer nur zuhört, wird auf Dauer depressiv. Also muß der Narzißt lernen zuzuhören, auch wenn es ihm schwerfällt. Sonst kriegt er Ärger. So ist das Eheleben ein Geben und Nehmen, ein Pieksen und Streicheln, ein Entwickeln aufeinander zu und zu sich selbst.

Ordnung ist Ehe

Fontane schreibt über die Heirat: „Wenn unsre märkischen Leute sich verheiraten, so reden sie nicht von Leidenschaft und Liebe, sie sagen nur: ‚Ich muß doch meine Ordnung haben.' Und das ist ein schöner Zug im Leben unsres Volkes und nicht einmal prosaisch. Denn Ordnung ist viel und mitunter alles. Und nun frag ich mich: War mein Leben in der ‚Ordnung'? Nein. Ordnung ist Ehe"[2].

Angst und Wunsch

Ein 29jähriger Ingenieur leidet unter massiven Angstzuständen. Er hat in der Therapie einen Heiratstraum, von dem er nichts wissen will: „Nach langem Überlegen haben wir uns entschlossen zu heiraten. Die Vorbereitungen laufen gut. Der Polterabend ist richtig schön für uns beide. Auf einmal hören wir Radau und sehen, daß meine und ihre Verwandten sich streiten. Wir gehen dazwischen, aber es nützt nichts, es wird immer schlimmer. Wir sehen, daß sich alles in zwei Lager spaltet und meine Eltern sagen: ‚Wir gehen jetzt alle.' Sie winken mir zu und rufen: ‚Komm doch mit.' Meine Freundin sieht mich nur an. Ich will doch hierbleiben, aber ich würde auch gerne mitgehen. Ich fühle mich in der Klemme. Meine Freundin sagt: ‚Du mußt wissen, was Du willst.' Ich fange an zu heulen und sage zu ihr: ‚Ich weiß es nicht. Ich mag Euch doch alle, was soll ich tun?' Und wie ich so rede, sehe ich, daß keiner mehr da ist. Ich stehe alleine da."

Der Traum spricht vom Wunsch nach Heirat. Der Freier weist bewußte Gedanken an Heirat spöttisch von sich. Den Grund hierfür erfährt er im Traum: Sein Elternhaus erlaubt ihm nicht, sich für Heirat und Frau zu entscheiden. Den Bräutigam ergreift Angst vor Bindung und Verantwortung. Wer es ablehnt zu heiraten, erleichtert sich den in Aussicht genommenen Trennungsprozeß. Das schlechte Gewissen den verinnerlichten Eltern gegenüber wird beruhigt, indem er eine Eheschließung vermeidet.

Heiraten war noch nie mein Thema

Eine 26jährige Mutter einer kleinen Tochter sagt über die Heirat: „Heiraten war noch nie ein Thema für meinen Freund und mich. Ich habe dafür keine Erklärung. Wir sind seit sieben Jahren zusammen. Ich habe mir noch nie darüber Gedanken gemacht, ob ich irgendwann mal heiraten möchte. Mein Freund auch nicht. Es gibt heutzutage so viele Partner, die nur so zusammenleben. Es spricht nichts gegen Heirat. Wir haben uns gerade ein Haus gekauft. Wir haben so viele andere Sachen im Kopf. Heirat ist für mich nur ein Zeichen nach außen, für die anderen vielleicht. Für mich bedeutet es nichts. Es ist ein Zeichen der Bindung, daß man zusammengehört. Ich wüßte nicht, was für eine Heirat sprechen sollte. Heirat bedeutet, daß man sein Leben zusammen verbringen möchte, daß man zusammen alt werden möchte. Wir sind zusammen, deswegen müssen wir doch nicht heiraten. Ich weiß nicht, warum so viele Menschen nicht mehr heiraten. Darüber habe ich mir keine Gedanken gemacht. Ich weiß nicht, warum der Mensch die Heirat eingeführt hat."

Die Heirat ist beschlossen

Die Heirat ist ein großartiges Fest. Mann und Frau schließen den Bund fürs Leben, um eine Familie zu gründen. Doch der Weg zum Glück ist steinig. Manch einer mag sich nicht entscheiden zu heiraten. Er ist elterngebunden, infantil. Kaum wurde beschlossen zu heiraten, wackelt die Bude. Die Hochzeit wird hinausgeschoben, weil er fremdgegangen ist. Oder es wird ein Streit nach dem anderen vom Zaune gebrochen. Selbst wenn man sich wieder verträgt, das beziehungstötende Gift der Infantilität ist allmächtig: Die Sexualität versiegt.

Beide leben Schuldgefühle aus, die durch die bevorstehende Hochzeit hervorgerufen werden. Sie sind sich nicht bewußt, daß eine elterliche Bindung das erhoffte Glück verdunkelt. Die Liebe entgleist. Es siegen die Unbewußtheit, die

Eltern, die Entfremdung. „Denn sie wissen nicht, was sie tun“[3]. gilt für den Einzelnen wie für eine wachsende, selbstunsichere Mehrheit.

Mann und Frau haben sich vom Kern ihrer Seele entfremdet, indem sie äußere Strukturen, die ihre innere Unordnung festigen, nicht mehr vorfinden. Nahezu alle Tabus sind gebrochen. Heiraten? Wozu? Kinder ohne Heirat? „Macht nichts.“ lautet die Antwort der Richtungslosen.

Es lebt und stirbt sich so traurig allein

Das Heiraten ist in unseren Seelen als Initiationsritus tief verankert. Keine Macht wird den Sinn der Heirat, der Ehe und der Familie entleeren. Denn im Herzen wollen die Menschen Liebe, Heirat, Kinder.

Heiraten fördert die Reifung. Auch gebietet es die Vernunft, den Bund fürs Leben zu schließen: Verheiratete leben länger, weil die Nähe, die Liebe und das Vertrauen guttun. Die Ehe bietet Kindern Geborgenheit und alle Chancen zu einem zufriedenen Leben. Nutze sie.

Literatur

1 Logau, F. v.: Sinngedichte. Die digitale Bibliothek der deutschen Lyrik. Zweitausendeins, Frankfurt a. M. (2003), S. 47977

2 Fontane, T.: Irrungen, Wirrungen. Emil Vollmer Verlag, Wiesbaden (1968), S. 103–104

3 Bibel: Das Evangelium nach Lukas, Kapitel 23, Vers 34

5. Treue

Untreu bist Du, wenn Du Dir beim Sex einen anderen vorstellst und erst dabei richtig in Schwung kommst. Deine Untreuegedanken holen sich ihre Kräfte aus dem unbewußten und ungelösten Treueschwur, den Du zu Deinem Vater oder zu Deiner Mutter eingegangen bist. Sie vergiften Dein Leben. Du schaust durch eine gefärbte Brille. Es kostet Mühe, diese Brille, die sich mannigfach in Deine Augenlinsen eingeschliffen hat, zu erneuern. Einen Teil Deines Lebens und Deiner Lebenskraft wirst Du darauf verwenden müssen, Dir selbstbestimmte Sichtweisen zu erobern.

Der wahrheitsliebende Mensch spürt, daß Treue ein kostbares Gut ist. Es wird gestützt durch das 6. Gebot: Du sollst nicht ehebrechen. Das 6. Gebot stärkt das wankende Gemüt, welches sich in den Sog der Untreue gezogen fühlt. Auch Menschen, die fremdgehen, tragen das hohe Gebot der Treue in sich. Es wird von ihnen jedoch geschändet, verachtet, verspottet. Fremdgehen kann zur Sucht entarten. Ein uneheliches Kind ist kein freudiges Geschenk. Der drohende Ehebruch, das Zerwürfnis mit dem Partner, das innere Zerrissensein, die Schuldgefühle und Einsamkeit belasten den Fremdgeher stark. Bleib treu.

Treue zu einem Menschen heißt, vieles an ihm zu dulden. Sich lieben, einem höheren Ziel zustrebend, dem der schenkenden und begehrenden Liebe, gepaart mit Abgrenzung und Streit – diese Tugenden, gelebt und erstrebt, erwirken eine langlebige Zweisamkeit.

Du bist untreu

Untreu sind beide. Der eine offen ersichtlich, der andere versteckt. Jeder auf seine Weise. Der eine im üblichen Sinne, der andere, indem er lau, verträumt und naiv ist. Er klammert, er klagt, aber er handelt nicht. Ihm fehlt es an Härte, Kampfgeist, Zuversicht und Siegesgewißheit. Er ist elterngebunden und infantil, so wie der Untreue. Auch er hält den Eltern die Treue.

Sie geht fremd

Eine Ehefrau beklagt sich: „Mein Mann zeigt so wenig Gefühle. Er hört nicht zu. Er interessiert sich mehr für seine Zeitung als für mich. Ich fühle mich vernachlässigt. Verbesserungsvorschläge fruchten nicht." Sie geht fremd. Nicht aus taktischen Gründen. Nein, sie will sich scheiden lassen. Sie kämpft nicht ausreichend um ihren Gatten. Also geht sie fremd. Sie will und kann ihre ganze Liebe nicht zeigen. Sie fordert seine Liebe nicht ein.

Der Ehemann hat sich seiner Mutter in Treue und unbewußter Bindung ergeben, verkapselt, verschlossen. Er hat sich mit einer Kältemauer umgeben. Den beiden ist tiefenpsychologisches Verständnis fern, die Frau versteht nicht ihren Mann, er nicht seine Frau. Sie überwerfen sich. Sie kennen die zahlreichen Märchen nicht, welche von der grausam zermürbenden Macht der Eltern künden.

Nichts hat gefruchtet

Untreue, die auch im Bett vollzogen wird, kann manchmal wie eine Selbstheilung wirken. Der Andere wird daraufhin plötzlich vernünftig. Dann müssen aber ein hohes Treuepotential und ein starker Wille dasein, die Ehe fortzuführen. Eine Frau berichtet: „Ich bin fremd gegangen. Danach hat es zwischen uns beiden besser geklappt. Mein Mann ist viel weg gewesen. Er hat viel Tennis gespielt. Er ist auch Vorsitzender im Tennisverein. Jetzt nimmt er diese Dinge deutlich zurück. Ich habe vorher alles versucht. Nichts hat gefruchtet. Er ist nicht zur Vernunft gekommen. Vielleicht habe ich es ihm nicht deutlich genug gesagt. Jetzt wollen wir die Hintergründe unseres Unglücks erkennen und überwinden."

Sorge dafür, daß Dein Partner Dich ernstnimmt.

Herzliebste Mutter!

„Es waren zwei Königskinder,
die hatten einander so lieb.
Sie konnten zusammen nicht kommen,
das Wasser war viel zu tief.

‚Ach Mutter, herzliebste Mutter,
mein Kopf tut mir so weh!
Ich möchte so gerne spazieren
wohl an die grüne See.‘

Sie schwang um sich ihren Mantel
und sprang wohl in die See:
‚Gut Nacht, mein Vater und Mutter,
ihr seht mich nimmermehr!‘

Da hört man Glöcklein läuten,
da hört man Jammer und Not:
Hier liegen zwei Königskinder,
die sind alle beide tot“[1]!

In der Therapie gilt es, die Grabeskluft zu füllen, eine Brücke der Liebe zu bauen, so daß die Macht der Eltern verblaßt. Wer das nicht versteht, trennt sich, alle Last der Scheidung auf sich nehmend – den Eltern verpflichtet, ihnen erlegen. Werde Dir der tiefen Bindungskräfte bewußt. Lerne lieben und treu sein.

Literatur

1 Kraus, E., Oberborbeck, F. (Hrsg.): Gar fröhlich zu singen. Kernlieder für die Schule. Möseler Verlag, Wolfenbüttel (1951), S. 48–49

6. Schuldgefühle herrschen über Dich

Schuldgefühle spielen eine wichtige Rolle in der Psychotherapie. Ausbruchsschuld kerbt sich tief in die Seele des Reifenden. Angst, Depression, Beziehungsstörungen, Scheidung, Kinderlosigkeit – die Zeichen der Schuldgefühle sind zahlreich. Schuld heißt: vor, während oder nach einer Wunscherfüllung ein schlechtes Gewissen zu haben. Es setzt Dich so sehr unter Druck, daß Du körperlich oder seelisch erkranken kannst. Am meisten leidet der Mensch unter seinen Schuldgefühlen.

Schuldgefühle vergällen Erfolg und Fortschritt: Abitur, Examen, Heirat, Kind, Beruf, Haus und Urlaub. Schuldgefühle binden Dich an Vater oder Mutter. Du fühlst Dich nach einer gelungenen Feier leer im Kopf. Du bist unzufrieden. Schuldgefühle schlagen Deine Freude nieder, denn Du hast gegen die Gebote der Eltern verstoßen. Die Schuld greift bevorzugt Weihnachten zu, wenn Du statt bei Deinen Eltern, lieber mit Deiner Freundin feierst. Auch an den Ostertagen rütteln die elterlichen Bindungskräfte Deine Seele durcheinander, wenn Du ihrem Ruf nicht folgst. Sei Dir dessen bewußt. Übe die Feste und das Leben. *Du hast Schuldgefühle, wenn Du Dich entwickelst.* Schuldgefühle bewirken zweierlei: Du fühlst Dich schlecht und schreckst vor Deiner Entwicklung zurück. Befreie Dich. Halte Symptome aus. Sie sind verkleidete Schuldgefühle. *Fast immer* gilt der elterliche Satz: Bleib uns treu! Unbewußte Schuldgefühle vermiesen Dir die Ehe. Stelle Dich dem Kampf gegen Dein schlechtes Gewissen. Träume helfen dir dabei.

Werde Dir deiner Schuldgefühle bewußt und übe das neue Verhalten. Löse Deine Verpflichtungen den *inneren und äußeren Eltern* gegenüber immer dann auf, wenn sie Dich behindern, einschränken und auf Dauer erstarren oder krank werden lassen. Werde der, der Du bist!

Ich fühle mich haltlos

Ein 25jähriger Student der Informatik sagt: „Am Sonntag ging es mir schon eindeutig besser. Ich fühlte mich stärker, selbstbewußter und angstfrei. Es war ein gutes Gefühl. Ich hatte mir Karten für das Schleswig-Holstein-Festival bestellt, die Frankfurter Allgemeine abonniert und mich für einen Sportkurs eingetragen. Noch an diesem Tag ging es mit meiner Stimmung schlagartig bergab. Ich fühlte mich wieder unsicher, ängstlich und haltlos, vor allem niedergedrückt. Schuldgefühle beherrschen mich wieder.

Meine Schuldgefühle erlauben mir im Augenblick wenig. Sie verbieten mir das Leben, so wie ich es will. Sie verhindern, daß ich mich entwickle, daß ich die Dinge genieße und mein Leben selbständig führe. Es ist, als ob mir eine Stimme immer etwas einflüstert. Ich fühle mich von Schuldgefühlen bedrängt und habe ständig dagegen anzukämpfen."

Gesichter der Schuld

Eine Jurastudentin sagt: „Herr Doktor, mir wird beim Lernen auf einmal so müde. Ich kann nicht weiterlernen." Eine Verkäuferin erzählt: „Ich bin am Sonnabend bei meiner Mama zum Kaffee eingeladen gewesen. Ich habe mich mit ihr auseinandergesetzt und ihr gesagt, daß ich sie jetzt mit Vornamen anreden will. Auf einmal ist mir ganz müde geworden. Ich bin fast eingeschlafen." Ein Pharmaziestudent klagt über Müdigkeit beim Ausgehen: „Immer, wenn ich ausgehe, wird mir nach einer Stunde so müde."

Müdigkeit überfällt diese Menschen, sobald sie sich aus dem elterlichen Dunstkreis entfernen. *Den einen trifft die Schlaftrunkenheit, den anderen Angst, den dritten der Kopfschmerz, den vierten überfällt ein Eßanfall, den fünften die Einsamkeit, den sechsten die Armut an Kindern. Schuldgefühle halten sie zurück.* Schuld kleidet sich häufig in Angst und depressive Symptome.

Die besten Heilmittel für die Seele sind das Erkennen der Schuldgefühle und der Kampf gegen sie. Besiege die Schuldgefühle, indem Du sie aushältst. Stärke Deinen Willen. Führe Dein Vorhaben aus. Schluß mit den hinderlichen Schuld – und Angstgefühlen. Lebe bewußt, klar und frei.

Meine Mutter – meine Schuldgefühle

Eine 30jährige Apothekerin schreibt: ich habe Schuldgefühle, wenn ich

- zu selten nach Hause fahre,
- nicht regelmäßig mit meiner Mutter telefoniere,
- ohne meine Eltern Urlaub mache,
- mich gestritten habe,
- mich wohl fühle.

Schuld ist notwendig

Schuld ist vorhanden, solange ein Mensch erwachsen und für sich verantwortlich ist. Das Gewissen ist notwendig, damit eine Gemeinschaft lebt und überlebt.

7. Was ist infantil?

Infantil kommt von dem lateinischen Wort infans, das Kind. Der Neurologe und Psychiater Lasègue prägte 1864 den Begriff des Infantilismus[1], der in der wissenschaftlichen Literatur eine wichtige Rolle einnimmt[2, 3, 4, 5, 6].

Infantile Menschen verhalten sich wie Kinder oder Pubertierende, obwohl sie vom biologischen Alter her zur Welt der Erwachsenen gehören. Die Infantilität ergreift selten die ganze Persönlichkeit. Infantile haben den zentralen Konflikt eines jeden Menschen, nämlich den Ablösungskonflikt von den Eltern und von der Kindheit nicht ausreichend bewältigt. Entweder sind sie an Vater oder Mutter zu stark gebunden oder ihre Eltern haben sie vernachlässigt. Der Infantile lehnt die Welt der Erwachsenen mehr oder weniger ab. Bei dem einen ist die infantile Haltung bereits am träumerischen Blick, an langen Haaren, Halskettchen. Nasenringen, Piercing oder ungepflegtem Äußeren zu erkennen. Bei anderen hingegen muß man genauer hinschauen. So kann ein Physiker hervorragende berufliche Leistungen erbringen, im Privatleben sich jedoch kindisch benehmen.

Zeichen der Infantilität

Infantiles, symbiotisches Verhalten zeigt sich in folgenden Symptomen:

1. Angst
2. Passivität
3. Überanpassung
4. Innere Unruhe und Anspannung
5. Ungeduld
6. Kränkbarkeit, Wut und Trotz
7. Großartigkeit

8. Abwertungen
9. Depressivität
10. Sucht (alle Suchtformen, auch Eifersucht)
11. Suizidalität
12. Beziehungsstörungen

Infantiles Verhalten erstreckt sich auf das Gewissen, das Denken und die Gefühle. Infantile Haltungen können bis ins hohe Alter fortbestehen. Eine treffende Bezeichnung hierfür findet sich im Begriff des Ewigen Jünglings[7]. Zahlreiche Erwachsene sind mehr oder weniger Kind geblieben. Sie haben keine Erlaubnis, sich aus der Welt des Kindes zu lösen*. Sie bleiben auf dieser Stufe stehen.

Zur Infantilität zählen Hilflosigkeit, eine übertriebene Äußerung von Gefühlen, Schüchternheit, Anlehnungs- und Autoritätsbedürfnis. Der Infantile ist leicht beeinflußbar und oft distanzlos. Er neigt zum Trotz. Dem Infantilen fehlen eine reife Zielsetzung und Struktur. Ihm mangelt es an Umsicht und Verantwortung. Er ist unfähig, feste Bindungen einzugehen oder er gibt sich hilflos-anklammernd. Infantile bevorzugen ein phantasiegetragenes Weltverhältnis mit mangelndem Wirklichkeitsbezug. Er lebt unbewußt – seine symbiotisch-infantile Problematik betreffend. Der Egoismus des Infantilen ist ungezügelt wie der eines Kindes. Er geht ohne Ehepartner in Discos, obwohl er verheiratet ist. Infantile verdrängen ihre Sexualität oder erleben sie übersteigert. Zuweilen üben sie unreife Vorformen der Sexualität aus.

Das Konzept der Infantilität deckt sich weitgehend mit dem der Symbiose und der Theorie über die Borderline-Persönlichkeits-Organisation. Kernberg geht von 10 % und mehr der Gesamtbevölkerung aus, die eine Borderline-Persönlichkeits-Organisation aufweisen[8]. Diese durchdringt zunehmend die modernen Gesellschaften[9, 10, 11].

---

* Eine eingehende Erläuterung zum Konzept der Symbiose findet sich in dem Buch: „Angst – Ursprung und Überwindung“ von Flöttmann, H. B., Kohlhammer Verlag, Stuttgart, 5. Aufl. (2005), S. 37–72 und 92–99

Ich lese gern Kinderbücher

Eine 47jährige Mutter von zwei Kindern schreibt über ihr kindliches Verhalten:

- Ich liebe es, Kinderlieder zu singen.
- Ich liebe es, vorgelesen zu bekommen.
- Ich werde beim Sprechen leise und undeutlich, weil ich das Gefühl habe, unsicher zu sein.
- Ich stelle Fragen, anstatt Aussagen zu treffen.
- Ich spreche meinem Gegenüber grundsätzlich mehr Kompetenz zu als mir.
- Wenn ich mal Nein sage, habe ich ein schlechtes Gewissen.
- Ich bezweifle oft meine Entscheidungen.
- Ich habe Angst, um etwas zu bitten oder zu fragen.
- Ich sehe mich oft in der Schuld anderer stehend.
- Ich weiche Unangenehmem aus.
- Ich neige zum Faulsein.
- Ich maule oft.
- Ich lese gerne Kinder- und Jugendbücher.

Mein Kuschelschaf Mäxchen

Eine 26jährige Studentin der Germanistik klagt über Ängste und Kontaktstörungen zu den Mitmenschen. Zu der Frage „Wo verhalte ich mich wie ein Kleinkind?“ antwortet sie: „Wenn ich was falsch gemacht habe, verkrieche ich mich oder werde ganz still. Ich habe ein Kuschelschaf. Es heißt Mäxchen. Ich sehe Erwachsene immer als Autoritätspersonen an. Manchmal falle ich in die Kindersprache zurück. Ich spiele beleidigt, wenn ich etwas nicht bekomme. Mein Mann muß mir dann gut zureden und es mir aus der Nase ziehen. „

Träume des Infantilen

Der Infantile bleibt ein Leben lang kindlich, wenn er sich dieser Problematik nicht stellt. Seine Träume handeln vom Haften in der Kindheit oder von der Ablösung aus ihr. So träumt ein 70jähriger Architekt davon, daß er ein Kind in seinen Armen hält: „Ich stürze mit ihm in einen Graben, der unendlich tief ist. Ich denke: ‚Wir müssen jetzt sterben.'" Der Traum teilt ihm mit, daß er bereit ist, das Kindliche in sich abzulegen. Bisher spielte er in Gesellschaft gern den Kasper – mit 70 Jahren.

In den Träumen Infantiler tauchen Szenen auf, in denen Kinder krank sind, zu ersticken drohen, einen Unfall erleiden oder anderweitig umkommen. Häufig träumen sie ihre Ablösungsprobleme in Gestalt des Ex-Freundes oder der Ex-Freundin aus[12].

Meine Erziehung zur Unselbständigkeit

Eine 22jährige Redakteurin berichtet: „Ich bin labil. Ich verbreite schlechte Stimmung auf meiner Arbeit. Ich breche zu schnell in Tränen aus. Ich werde schnell wütend. Als ich noch ein Kind gewesen bin, haben meine Eltern mich mehr als gewöhnlich unterstützt. Ich bin fremden Menschen gegenüber schüchtern. Ich habe Angst vor neuen Situationen.

Wenn ich etwas tun soll, womit ich mich nicht auskenne, werde ich nervös. Ich neige dazu, alles hinzuschmeißen. Mein Vater hat in solchen Situationen die Arbeit für mich gemacht. Auch heute versuchen meine Eltern, mir alle Sorgen abzunehmen. Meine Mutter befürchtet ständig, ich könnte zusammenbrechen."

Was ist erwachsen?

Ein 40jähriger Werbefachmann leidet unter Ängsten: „Wenn ich auf Brücken bin oder auf der Autobahn überhole, überfallen mich Panikattacken. Ich habe auch Selbstmordgedanken. Ich rauche 20 Zigaretten am Tag und trinke täglich eine halbe Flasche Wein."

Zu der Hausaufgabe: Wo und wie ich mich nicht wie ein erwachsener Mann benehme, schreibt er: „Ich weiß wirklich nicht recht, wie sich ein erwachsener Mann zu benehmen hat.

Ich bin, seit ich denken kann, albern. Ich weiß nicht, warum. Ich hatte nie Schwierigkeiten deswegen. In Arbeitsgruppen war das sogar von Vorteil, weil durch das Vorhandensein eines Kaspers die Mitmenschen schneller auftauen."

Der ewige Knabe in der Ehe

In Ehetherapien zeigt sich häufig symbiotisches Verhalten. Es verursacht Beziehungskonflikte. Der 50jährige Ehemann, der mit langen, wellenden Haaren in die Praxis kommt, in Motorradstiefeln und Motorradkluft, lebt das Skript eines „Ewigen Knaben". Seit Jahren kommt er von seiner Geliebten nicht los. Er zieht ein und aus, womit er seine Frau zur Verzweiflung bringt. Erst nach erheblichen therapeutischen Konfrontationen mit seinem infantilen Verhalten wird ihm die Bindung an seine Mutter bewußt. Er lernt, seine Liebe auf seine Frau zu richten.

Das Propagieren von Verliebtheitszuständen, die auch suchtartig entgleiten können, als Ausbruch aus einer bürgerlich-langweiligen Ehe ist infantil. Ein außereheliches Verhältnis, einen Seitensprung gutzuheißen und als Gewürz für die Ehe zu preisen, entspricht nicht den seelischen Anlagen des Menschen, wohl seiner Triebnatur. Die Sexualität und der Eros wollen vor allem eines: sich vermehren, sich austoben und lebendiges Chaos anrichten. Ungebärdig und zerstörerisch treten Eros und Sexualität auf, wenn symbiotische Verhaltensweisen oder infantile Fixierungen fortbestehen. Menschliche Reifung bedeutet, sich in Treue ein Leben lang zu lieben.

Verharren in Schuldgefühlen

Schuldgefühle bewirken das Verharren in der Infantilität, sie verursachen Depression und Angst. *Schuldgefühle verhindern vor allem, daß der Mensch über sich selbst nachdenkt und sich ändert.* Schuldgefühle werden überwunden, indem man sich ihrer bewußt wird und neues Verhalten lernt. Freiwillig streift der Infantile seine unreife Haltung selten ab. Erst massive Symptome bewegen ihn zu innerer Einkehr.

Mangelnde Reifung als Problem der Gesellschaft

Ein großer Teil unserer Gesellschaft ist unter dem Blickwinkel der Reifung als infantil zu bezeichnen. Verstehen wir Sucht als regressives Symptom* und als Angst vor der Welt des Erwachsenseins, so können wir die hohe Zahl der Suchtkranken als Indikator für den Reifungsgrad einer Gesellschaft nehmen.

- Knapp **17 Millionen** Deutsche sind **Raucher**[13].
- Jährlich sterben in Deutschland **140 000** Menschen an den Folgen ihres Zigarrettenkonsums[14].
- **46 %** der deutschen Männer im Alter von 20 bis 24 Jahren waren im Jahr 2003 Raucher[15].
- Im Jahr 2003 betrug der Pro-Kopf-Konsum an alkoholischen Getränken in Deutschland **147 Liter**[16].
- Die Ausgaben der Bundesdeutschen für **Alkoholika** haben 1999 bei **42 Milliarden DM**[17] gelegen.

---

* Zeichen des Zurückfallens in frühere Entwicklungsstadien.

- Die Zahl der Medikamentenabhängigen beträgt **1,4 Millionen**[18].
- Bis 1 % der Frauen im Alter von 15 bis 35 Jahren erkranken an Magersucht, an Bulimie 3 bis 4 % und an Eßsucht 6 % der Frauen. Der männliche Anteil wächst[19].

Als Ausdruck mangelnder Reife, fehlender Konfliktfähigkeit und einer Angst vor Nähe ist die zunehmende Ziffer der alleinerziehenden Mütter oder Väter zu sehen, die inzwischen in Deutschland 2,2 Millionen beträgt[20]. Die Zahl der Ehescheidungen hat im Jahr 2003 bei 214 000 gelegen[21]. Seit 1970 hat sich die Anzahl der Ehescheidungen fast verdoppelt[22].

Daß Erwachsene sich immer häufiger infantil verhalten, zeigt sich in folgender Meldung: Es „greifen immer mehr Erwachsene zum Kinderbuch"[23]

Literatur

1 Müller, Ch. (Hrsg.): Lexikon der Psychiatrie. Gesammelte Abhandlungen der gebräuchlichsten psychopathologischen Begriffe. Springer Verlag, Berlin, Heidelberg, New York (1973), S. 264–266

2 Stekel, W.: Störungen des Trieb- und Affektlebens. Bd. 5: Psychosexueller Infantilismus. Die seelischen Kinderkrankheiten der Erwachsenen. Urban & Schwarzenberg, Berlin, Wien (1922)

3 Bleuler, E.: Lehrbuch der Psychiatrie. Springer-Verlag, Berlin, Heidelberg, New York, 13. Aufl. (1975)

4 Kernberg, O. F.: Borderline-Störungen und pathologischer Narzißmus. Suhrkamp Verlag, Frankfurt a. M. (1978)

5 Kernberg, O. F.: Schwere Persönlichkeitsstörungen. Theorie, Diagnose, Behandlungsstrategien. Klett-Cotta Verlag, Stuttgart (1988)

6 Lindner, W. V.: Das Ende humanistischen Denkens und Handelns? Gedanken zum Umgang mit Borderline-Patienten und zum Behandeltwerden von Borderline-Patienten. In: Kernberg, O. F., Dulz, B., Sachsse, U. (Hrsg.): Handbuch der Borderline-Störungen, Schattauer Verlag, Stuttgart, New York (2000), S. 829–836

7 Franz, M. L. von: Der ewige Jüngling. Der Puer Aeternus und der kreative Genius im Erwachsenen. Kösel Verlag, München (1987)

8 Kernberg, O. F., Dulz, B., Sachsse, U. (Hrsg.): Handbuch der Borderline-Störungen, Schattauer Verlag, Stuttgart, New York (2000), S. 4
9 Flöttmann, H. B.: Kritische Thesen zur Borderline-Störung. In: Angst – Ursprung und Überwindung. Kohlhammer Verlag, Stuttgart, 5. Aufl. (2005), S. 90–99
10 Lindner, W. V.: Siehe 6
11 Stone, M. H.: Entwickelt sich die Borderline-Persönlichkeitsstörung zu einem Massenphänomen? Überblick über epidemiologische Daten und Hypothesen. In: Kernberg, O. F., Dulz, B., Sachsse, U. (Hrsg.): Handbuch der Borderline-Störungen, Schattauer Verlag, Stuttgart, New York (2000), S. 3–9
12 Flöttmann, H. B.: Das Kind im Traum – Symbol des Reifungsprozesses. In: Träume zeigen neue Wege – Systematik der Traumsymbole. Vandenhoeck & Ruprecht, Göttingen, 2. Aufl. (2004), S. 114–131
13 Die Welt: www.Welt.de 1995–2006 (11.1.2006)
14 Statistisches Bundesamt: (2002), www.destatis.de
15 Thamm, M., Lampert, Th.: Tabak – Zahlen und Fakten zum Konsum. In: Deutsche Hauptstelle für Suchtfragen e.V. (Hrsg.): Jahrbuch Sucht 2005. Neuland Verlagsgesellschaft, Geesthacht (2005), S. 37
16 Meyer, Ch., John, U.: Alkohol – Zahlen und Fakten zum Konsum. In: Deutsche Hauptstelle für Suchtfragen e.V. (Hrsg.): Jahrbuch Sucht 2005. Neuland Verlagsgesellschaft, Geesthacht (2005), S. 7
17 Schleswig-Holsteinisches Ärzteblatt: Neubestimmung und Finanzierung des Leistungskatalogs der gesetzlichen Krankenversicherungen. Nr. 7 (2001), S. 10–17
18 Deutsche Hauptstelle für Suchtfragen: Medikamentenabhängige. www.dhs-intern.de
19 Universität Ulm Intern: Wenn die Kontrolle Amok läuft, Nr. 243 (2001), www.uni-ulm.de
20 Statistisches Bundesamt: Mikrozensus 2003: Pressemitteilung vom 12.5.04. Alleinerziehende Mütter und Väter. Fast jedes siebte Kind wächst bei Alleinerziehenden auf. www.destatis.de
21 Statistisches Bundesamt: Pressemitteilung vom 13.8.2004. www.destatis.de
22 Henry-Huthmacher, Ch., Hoffmann, E.: Familienreport 2005, Nr. 151/2006. St. Augustin (2006), S. 21
23 Frankfurter Allgemeine Zeitung: Nr. 102 (3. 5. 2005). S. 1

8. Was ist Seelenheilkunde?

Seelenheilkunde ist das erfolgreiche Streben und Handeln des Seelenarztes, damit der Kranke aus eigener Kraft wieder mit Freude, Kraft und Liebe leben kann. Das Heilsversprechen ist wissenschaftlich begründet. Es beruht vor allem auf einer Jahrtausende alten kulturellen Erfahrung und der Beobachtung des Menschen. Das Menschenbild der Seelenheilkunde umfaßt alle seelischen Bereiche. Es kennt Schuld, aber auch Ursache und Wirkung. Die Selbstverantwortung, die Selbststeuerung der vielschichtigen Persönlichkeitsanteile und Triebe, ihr Ausleben und ihr Beherrschen zum Heil und Wohlbefinden der Seele sind Ziel der Seelenheilkunde. Es gilt, Schuld, Scham und Verletzung zu überwinden.

Das Instrument des Arztes ist seine Seele, die er zum Zwecke der Fortbildung stets kritisch, liebend, ausleuchtend, ausbauend oder zurechtstutzend weiterentwickelt. Je mehr der Seelenarzt über sich und seine Seele erfahren hat, desto besser ist er in der Lage, dieses Gut für seine Kranken einzusetzen.

Psychotherapie ist eine Heilmethode, mit deren Hilfe der Mensch zu seinem eigentlichen Wesen, zu sich selbst finden kann. In der Psychotherapie werden verdrängte Konflikte bewußt gemacht und gelöst. Neue Verhaltensweisen werden erlernt. Der Leidende findet neue Wege der Konfliktbearbeitung, so daß Symptome wie Angst verschwinden oder besser bewältigt werden. Eine erfolgversprechende Psychotherapie zeichnet sich dadurch aus, daß sie über eine wissenschaftlich begründete Theorie der Persönlichkeit, der Krankheitsentstehung und der Behandlungstechnik verfügt.

Psychotherapie und Heilsversprechungen

Das Herausgefallensein des Menschen aus dem Zustand der Unbewußtheit, der ursprünglichen Beziehung zur Natur und zu Gott hat zu großer Unsicherheit geführt. Der Scharlatanerie sind mit dem Suchen nach dem Sinn des Lebens Tor und Tür geöffnet. Sekten und andere Psychokulte haben psychologisches Wissen in ihr Angebot eingebaut. Im Menschen liegt ein tiefes Bedürfnis nach mystisch-religiösem Erleben, nach Einssein mit der Natur und dem Kosmos; vor allem Menschen, die Angst und keine Erlaubnis zur eigenständigen Persönlichkeit haben, tappen in die Fallen der Heilsverkünder, Seligsprecher und Sich-Selbst-Versenker.

Psychoanalyse

Die Psychoanalyse beeindruckt und überzeugt vor allem durch ihr Theoriegebäude. Sie erklärt in klarer Weise den psychischen Apparat mit seinen unbewußten und bewußten Vorgängen. Strukturverbesserung und Konfliktlösungen stehen im Vordergrund ihres Behandlungskonzeptes. Die Traumanalyse läßt die Psychoanalyse konkret und lebensnah werden.

Verhaltenstherapie

Psychoanalyse und Verhaltenstherapie lassen sich gut miteinander verbinden. Auch die Verhaltenstherapie setzt sich mit den Gefühlen, den Ich-Funktionen, den Konflikten und dem Gewissen auseinander. Der Vorteil der Verhaltenstherapie liegt im konkreten Üben und in ihren festumschriebenen Therapiezielen. Menschen, die in ihren Abwehrstrukturen so verzurrt sind, daß sie große Schwierigkeiten haben, sich der Welt der Träume und der tiefenpsychologischen Selbsterkenntnis zu öffnen, bevorzugen von sich aus die Verhaltenstherapie. Dieses gilt z. B. für Phobiker und Zwangskranke.

Das autogene Training

Das autogene Training stellt eine seit langem bekannte Entspannungsmethode dar, die vom Patienten selber erlernt werden kann. Meditationstechniken hingegen weisen ein stark regressives Umfeld auf. Sie sind für viele Haltsuchende ungeeignet.

Andere Therapieformen

Auch andere Therapieformen wie das Psychodrama, die Gestalttherapie, die Transaktionsanalyse, die Atemtherapie, das EMDR* und die Hypnose haben ihre Vorteile, die sich gut mit der Psychoanalyse und der Verhaltenstherapie verbinden lassen.

Träume – ein Spiegel des Selbst

Träume öffnen neue Einsichten über uns und andere. Sie sind lebendig und voller Gefühle. Sie decken Konflikte auf. Träume sind zuweilen unbarmherzig. Sie leuchten unsere Stärken und Schwächen aus.

Weinen in der Therapie

Das Weinen gehört zur Psychotherapie wie fließendes Blut in der Chirurgie. Tränen rinnen im Entwicklungsprozeß, das Abschiednehmen ist ein innerer, für die Entwicklung notwendiger Vorgang. Bereits im Erstgespräch weinen viele Patienten, weil sie bereit sind, sich aus ihrer Kindheit zu lösen. Ich unterstütze sie in ihren Tränen, kläre sie über die Hintergründe auf: „Tränen zeigen, daß sie sich von ihrer Kindheit verabschieden. Wer Abschied nimmt, ist traurig und weint."

---

* Eye Movement Desensitization and Reprocessing

Die Persönlichkeit des Psychotherapeuten

Das Vertrauen in den Therapeuten ist ein wesentlicher Grundpfeiler für eine erfolgreiche Psychotherapie. Psychotherapie ist eng mit der Person des Therapeuten verknüpft. Der Psychotherapeut setzt sich vor allem mit seinem Unbewußten ein. Seine Werkzeuge sind sein Wissen um den Menschen, sein Einfühlungsvermögen, seine Begeisterung und Gelassenheit, seine Ehrlichkeit. Ein guter Therapeut gibt Erlaubnis zum Leben. Er gewährt Schutz, zieht aber auch Grenzen und sagt seine Meinung. Ein guter Therapeut hat eine lebensbejahende Ausstrahlungskraft. Er hat sich selbst jahrelang dem eigenen Reifungsprozeß gestellt.

Ein erfolgreicher Therapeut wendet nicht allein eine Therapiemethode an, sondern er hat bei manchem Meister gelernt. Er hat eine Behandlungsmethode entwickelt, die seiner Persönlichkeit entspricht. Ein guter Therapeut kann sowohl alte als auch junge Menschen behandeln. Er stellt sich auf Ablösungskonflikte bei Eltern ein, die ihre Kinder nicht loslassen können. Er weiß, daß das Drama von Trennung und Versöhnung mit den Elternfiguren die wesentliche Rolle bei der Entstehung vieler seelischer und psychosomatischer Erkrankungen spielt. Er kennt sich aus in kindlichem, symbiotischen Verhalten, das aus einer Fülle von Symptomen besteht.

Sympathie in der Therapie

Es heißt, Sympathie zwischen Therapeut und Patient sei für das Eingehen einer Psychotherapie ausschlaggebend. Nach meiner Erfahrung muß ich mitteilen, daß anfängliche Sympathie eher geringfügig daran beteiligt ist, ob ein Patient das Behandlungsangebot annimmt oder nicht. Der Widerstand gegen die Behandlung und gegen den Therapeuten beruht weitgehend auf anderen Kriterien. Die Bindungsfähigkeit zum Therapeuten hängt ab von:

- der Fähigkeit des Patienten, sich mit der Wahrheit der Träume auseinanderzusetzen,
- dem Ausmaß seiner Kränkbarkeit und den daraus resultierenden Rückzugs- und Abwertungstendenzen,
- seinem Vermögen, über sich nachzudenken, seelische Prozesse zu erkennen,
- der Fähigkeit, Veränderung zuzulassen,
- seinem Willen, der die eigenen Interessen über die der Eltern, sprich über seine Schuldgefühle erhebt.

Entwicklung bedingt Beschwerden

Jeder sollte sich fragen: Hast Du Dich heute entwickelt? Hast Du heute schon gelebt?

Seelische Entwicklung nimmt am Anfang der Therapie häufig einen schnellen und steilen Verlauf nach oben. Patient und Arzt freuen sich, daß sie erfolgreich arbeiten. Nach einer gewissen Zeit des Erfolges schlagen jedoch Schuldgefühle zurück. Der Betroffene meint, er sei wie zu Beginn der Therapie in Depression und Angst gefallen. Er beginnt, Hoffnung und Zuversicht zu verlieren. Er ist wegen seiner Schuldgefühle, die ihn in alte Verhaltensmuster zurückziehen, bedrückt. Er zweifelt am Erfolg der Psychotherapie. Er trägt die schwarze Kappe der depressiven Verstimmung. Er entwickelt sich.

Es können sich folgende Symptome zeigen[1]:

- Reizbarkeit, Wut und Kränkbarkeit.
- Ängste, Angstsymptome.
- Depressive Verstimmungen.
- Zweifel an der Liebe zum Partner, an sich selbst.
- Schuld-streßbedingte Entzündungen (z. B. Herpes labialis, Iridozyklitis).
- Andere symbiotische Verhaltensweisen

Derjenige, der sich entwickelt, ist aber nicht so tief in die Depression gefallen wie zuvor. Er meint es nur. Bereits nach Tagen oder Wochen geht es wieder aufwärts. Richte Dich auf. Sag: „Es geht mir schlecht, also entwickle ich mich." Wichtig ist, daß Arzt und Patient diesen Mechanismus der Schuldgefühle kennen und sich dementsprechend zuversichtlich verhalten.

Hoffart ist der Untergang der Selbsterkenntnis

Dem hoffärtigen Menschen fehlt der Zugang zu seinem Herzen, es mangelt ihm an Wahrhaftigkeit, Mut zur Selbsterkenntnis und Änderungswilligkeit. Das ist für den Narzißten z. B. einer der Gründe, eine Therapie abzulehnen. Hochnäsigkeit, Besserwisserei oder dünkelhafte Klugheit stehen der Selbsterkenntnis wie eine Mauer im Wege. Hoffärtig wird der Mensch dann, wenn Schuldgefühle und Symbiose den bevorstehenden Entwicklungsschritt verhindern. Psychotherapie soll dem Menschen dazu verhelfen, zu seinem Kern, seinem wahren Selbst vorzustoßen. Hoffart ist der Gegner der Einsicht.

Ziele der Psychotherapie

Ziele der Psychotherapie sind Symptomverbesserung, vor allem das Erreichen von Selbständigkeit, Arbeits- und Liebesfähigkeit.

Das Ende der Therapie

Die Therapie ist dann beendet, wenn man seine Konflikte und Strukturdefizite soweit aufgearbeitet hat, daß es auch ohne Therapeut geht. Zeitvorgaben sind sinnvoll, sollten aber flexibel gehandhabt werden. Die Patienten können gehen, wann sie wollen. Wenn es aber zu früh ist, so sage ich hierzu meine begründete Meinung. Oft stehen unbewußte Schuldgefühle oder nicht bearbeitete Übertragungsprobleme mit dem Arzt im Hintergrund, so daß der Patient eine Therapie vorzeitig beendet.

Literatur

1 Flöttmann, H. B.: Angst – Ursprung und Überwindung. Kohlhammer Verlag, Stuttgart, 5. Aufl. (2005), S. 25–28 und S. 59–89

9. Träume – Wurzeln der Schaffenskraft

Träume verstehen

Die Schaffenskraft eines Menschen liegt in seinen Genen. Sie kann gefördert und unterdrückt werden. Der Symbiotiker, der Infantile lebt oft in der Welt der Passivität, des strukturlosen Nebels. Im späteren Leben – so ab 14, wenn die Pubertät das Bewußtsein schärft und der Bezug zur Umwelt sich ändert, tauchen beim Empfindsamen Träume auf, welche die Wege offenlegen für die ferne wie die nahe Zukunft. Träume läuten die Wandlung ein. *Unverstanden bleiben Träume Schäume.* Der Träumer träumt vor sich hin. Träume, aus denen kein Handeln erfolgt, verpuffen wie Schwarzpulver auf offener Pfanne. Sie sind gewürzt und gewappnet mit den schwersten Geschützen, wie Mord, Explosion, Unglück, Kälte und Stürzen von Hochhäusern. Auch Atomkraftwerke fliegen in die Luft, Erdbeben geschehen, die Welt geht unter. Wer sich seine Träume merkt und sie zu deuten versteht, braucht keine weitere Lebenshilfe.

Die Abwehr der Deutung

Die Neigung, seine eigenen Träume verkehrt zu deuten, ist um so stärker, als in Träumen häufig ein Schuldgefühl vorhanden ist. Schuldgefühle vermiesen nicht nur die Lebensfreude, sondern verhindern auch die richtige Erkenntnis aus dem Traum. Man sieht den Balken im eigenen Auge nicht. Nichts ist der Neurose lieber, als wenn sie so bleibt wie sie ist. Gegen diese Neigung bäumt sich der Traum auf. Vor allem das, was Du fürchtest im Traum, baue in Deine Seele ein. Freunde Dich an mit dem Ekelerregenden.

Es gibt nur gute Träume

Grundsätzlich ist jeder Traum gut. Er will den Träumer seiner inneren Wahrheit nahebringen. Träume warnen vor einer realen Gefahr. Träume ermöglichen – und das ist das Faszinierende an ihnen –, daß der Träumer zu sich findet. Träume fordern Dich heraus, ihre Aussage zu verstehen. Anschließend bist Du gut beraten, wenn Du Dein tägliches Handeln nach der Erkenntnis ausrichtest. Der zu Lockere wird sich zügeln, der Gehemmte sich ausleben. Setze Deine Träume in konkrete Handlungsanweisungen um, sonst sind Träume Schäume. Dieser Satz gilt für diejenigen, die trotz zahlreicher Träume so bleiben, wie sie sind.

Träume erinnern

Viele sagen: „Ich erinnere keine Träume. Das waren auch nur Fetzen. Das war nicht wichtig. Das lohnte sich nicht aufzuschreiben." Hier ist die Abwehr tätig. Fehlende Wachheit und vor allem Schuldgefühle verhindern das Erinnern der Träume. Es gibt keine Fetzen. Schreib das auf, was Du erinnern kannst. Alles ist wichtig!

Die Hilfe meines Arztes

Der Arzt ist für mich ein Wegweiser, der mir verschiedene Lösungen aufzeigt. Oft sind seine Traumdeutungen identisch mit meinen, manchmal zeigen sie auch in eine andere Richtung; sie treffen aber den Kern meiner Situation. Auch, wenn die Deutungen zuweilen direkt und hart sind. Für mich ist es jedes Mal ein Fortschritt in der Therapie. Auch das Traumbuch hilft mir weiter[1].

Träume verändern sich

Die Entwicklung eines Menschen zeigt sich in der Veränderung seiner Träume. Besonders wenn es sich um tief unbewußte, infantile Zustände handelt, sind die Träume so unklar und dunkel wie die umnebelte und geängstigte Seele des Träumers im Wachzustand. Sobald der Träumer sich entwickelt, verändern sich seine Träume: Sie werden strukturiert und konfliktbezogen.

Preisgeben

In der Therapie gibt man immer nur das preis über sich selbst, was man bereit ist, an sich zu ändern. Das gilt auch für die Träume. Der Rest bleibt solange im Verborgenen, bis er geborgen werden soll.

Literatur

1 Flöttmann, H. B.: Träume zeigen neue Wege – Systematik der Traumsymbole. Vandenhoeck & Ruprecht, Göttingen, 2. Aufl. (2004)

10. Gewalt färbt die Falten der Kinderhirne

Gewalt in Träumen

Was ist Gewalt? Sie entspringt dem lebensnotwendigen Trieb der Aggression. Er ist stärker als andere Triebe. Bei manch einem ist er von Geburt an ausgeprägt, bei anderen schwach. Aggression und Gewalt sind Grundelemente unserer Träume. Das Unbewußte ist mit gewalttätigen Phantasien gespickt. Gewalt beschäftigt unsere Seele. Dies ergibt sich aus der Analyse von 28 565 digitalisierten Träumen. Das zweithäufigste Traummotiv ist die Aggression[1]. Träume sind bei vielen, die sich im Loslösungskonflikt vom Elternhaus befinden, angefüllt mit Blut, Mord, Krieg, Verfolgung und Atomexplosion. Der Ablösungsprozeß ist gewalttätiges Sich-Losreißen von der Heimat, vom mütterlichen Busen, von väterlicher Strenge oder von emotionalem und sexuellem Mißbrauch. Bindung an die Eltern, fehlende Erziehung, Schuldgefühle, Scham, Trägheit, Widerstand, scheinbares Wohlbehagen im Zustand der Unbewußtheit verhindern den Reifungsprozeß. Die Gewalt der Träume wird dann nicht fruchtbar gemacht, sondern verdrängt. Sie richtet sich dann gegen andere oder gegen sich selbst.

Gewalt im täglichen Leben

Gewalt schleicht heute eher leise auf den Sohlen von Vernachlässigung, Verwöhnung, Kassette, Video, CD und DVD heran. Das Problem der Gewalt herrscht in jedem Stadtteil Deutschlands. Schüler der ersten Klasse füllen die Ranzen anderer mit Wasser. Ein Erstkläßler tritt die Lehrerin. Er schlägt Kinder. Schüler foltern Schüler. Ein Schüler stiehlt dem Klassenlehrer den Schlüsselbund. Der Lautpegel in einer Klasse ist unerträglich. Kaugummischmatzen des Nachbarn. Lernwillige Kinder werden gestört. Hier fehlen Grenzen. Schwache Lehrer leiden unter Schülern. Kindern fehlt Respekt. Die Rektorin sagt: „Was kann ich tun? Diese Kinder würden hier nicht sein, wenn es nach mir ginge. Aber es geht nicht. Mir sind die Hände gebunden." Die Zahl der straffälligen Kinder steigt sprunghaft: um 25,4 % bis 34 %[2] ist ihre Zahl in einem Jahr in Schleswig-Holstein gewachsen[3]. Die Zahl der Widerstände gegen die Staatsgewalt ist um 23 % innerhalb von 6 Jahren gestiegen: Es wird „immer weniger gesprochen, sondern immer mehr gestochen, geschossen oder getreten"[4]. Nach dem Jugendgesundheitssurvey sind 13,4 % der 11 – 15jährigen in den letzten zwölf Monaten mindestens zweimal in eine ernsthafte Schlägerei verwickelt gewesen[5]. Gerüchte verbreiten, den anderen mit häßlichen Worte traktieren, Rache nehmen. Diese Verhaltensweisen mehren sich unter Mädchen und Jungen.

Klassenfahrten enden nicht mit Besäufnissen, nein, sie beginnen mit dem Ziel des „Komatrinkens". Harte Getränke werden bevorzugt. Gewalt ereignet sich im Rausch. Strukturlosigkeit aller Orten. SAT 1 propagiert das Bierdiplom. Einige erzeugen Gruppendruck, der andere ergreift. Schwache, nicht strukturierte, ohne festes Über-Ich ausgestattete Menschen erliegen abartigen Abziehbildern der Zügellosigkeit.

Die Lehrer haben zu wenig Autorität, sie greifen nicht durch. Sie sehen fassungs- und hilflos zu. Ihr Argument: „Das sind doch erwachsenen Leute, die wissen, was sie als Abiturienten zu tun haben" ist antiautoritär eingefärbt. Es entspricht nicht der Realität eines achtzehnjährigen durchschnittlichen Bürgers. Schon bald, wenn die Kinder sprechen lernen, kommen die Medien auf die Kleinen zugestürzt. Sie überschütten die Ahnungslosen mit Unflätigkeiten, Aggression und grenzüberschreitender Frechheit. Von Ordnung, Sitte und Anstand hören und lernen sie in den öffentlichen Medien so gut wie nichts. Lehrer sind überfordert, wenn sie diese Erziehungsarbeit nachholen sollen. Denn, was Hänschen nicht lernt, lernt Hans nimmermehr. Die Antiautoritären haben diese Weisheit ausgeblendet.

Verbrämend heißt es in einer Überschrift „Sorgenkinder der Polizei". Sorgenkinder? Kriminelle Kinder. Der Polizei? Nicht der Eltern? Machen diese sich keine Sorgen um ihre Kinder? Die Antwort lautet: Wohl weniger. Sie wissen nicht, was ihre Kinder gemeinschaftsfeindlich macht. Es ist erstaunlich: Die geschändete Natur hat viele Betreuer gefunden. Krötenschützer lesen wanderfreudige Kröten auf, um sie vor den Reifen der Autos zu retten. Adler erhalten Ganztagsbetreuung. Das Umweltbuch „Der stumme Frühling" war ein Erfolgsbuch über eine bedrohte Natur[6]. Doch wer sorgt sich um unsere Kinder? Die Zahl der **Gewalttaten** durch **Jugendliche** hat sich um fast **100 %** in Schleswig-Holstein **gesteigert** – von 1998 bis 2004[7]. In Kiel haben die **Einbruchsdiebstähle** durch **Jugendliche** in einem Jahr um **166 % zugenommen**[8].

Was ist das für ein Volk, welches Gewalt gebiert wie Ratten Junge werfen? Übertrieben? Nein, denn die Meldungen über Gewalt hören nicht auf: „Einer Studie des Bundeskriminalamtes (BKA) zufolge verhalten sich fünf Prozent aller Schüler regelmäßig gewalttätig – bei insgesamt rund 12,5 Millionen Schülern in Deutschland sind das etwa 625000 Schüler. Ein Drittel wird sogar gelegentlich handgreiflich. Jeder dritte Schüler hat laut den Angaben des ‚Weißen Rings' Angst davor, allein den Schulweg anzutreten ... Jeder vierte Hamburger Jugendliche gab an, im Jahr 1997 mindestens einmal Opfer der Gewaltdelikte Raub, Erpressung, sexuelle Gewalt und Körperverletzung geworden zu sein"[9]. Gewalt Einzelner und ganzer Banden an den Schulen. Lehrer in Angst. Nahezu tägliche Raubüberfälle in Kiel.

Vernachlässigung

Kinder brauchen Schutz, Liebe, Geduld, Zuwendung, Erziehung. Die Zahl der vernachlässigten Kinder und somit rohe Gewalt wachsen: „Vernachlässigung eines Kindes spielt bei der Entstehung von Angst eine zunehmende Rolle. Die hohe Zahl der beidseits Berufstätigen, der Erziehungsunfähigen und der Scheidungsehen führt dazu, daß Kinder sich fehlentwickeln. Vernachlässigung heißt, einem Kind Erziehung vorzuenthalten. Hierzu gehören: Bildung, Empathie, Grenzziehung und Zuwendung. Der Aufbau von Über-Ich, Ich und der gekonnte Umgang mit Trieben und Bedürfnissen umschließen den Erziehungsauftrag reifer Eltern. Wesentlich für eine positive Entwicklung ist eine Identifikation mit einem Vater und einer Mutter, die weder das Kind emotional, sexuell oder politisch ausbeuten, noch sich ihren Kindern entziehen"[10]. Die Krankheiten und Störungen der Kinder, die sich durch Vernachlässigung, falsche Vorbilder und falsche Erziehung ergeben, sind gravierend und zunehmend. Vernachlässigung der Kinder zeigt sich auch in der Zahl derjenigen, die keinen Hauptschulabschluß haben: Von 1986 bis 2002 stieg deren Zahl von sieben auf zwölf Prozent[11].

Gewalt stumpft ab

Gewalt gebiert Gewalt. Fernsehen, Kino und Rechner strotzen vor Gewalt. Alle Welt wundert sich, daß Gewalt sich ausbreitet wie die Pest. Doch für die Pest konnte niemand. Die Gewalt geht auf die Verantwortung Geldgieriger, Sorgloser, Verführter, Verirrter. Zwei Stunden Gewalt? Zum Abgewöhnen? Für Kinder und Ältere zum Angewöhnen. Im Jugendgesundheitssurvey wird angegeben, daß die 11- bis 15jährigen täglich etwa 2½ Stunden vor dem Fernseher und 1½ Stunden vor dem Computer verbringen[12]. Kinder gewöhnen sich an Haß, Spott und Gewalt. Der große Krieg ist bei uns abgeschafft. Es lebt die Gewalt auf Bildschirmen, Leinwänden, Straßen und in der Schule. Mädchen mißhandeln ihresgleichen. Schüler zerschlagen Fenster. Schüler zerstören Schränke. Alles normal? Eine Studie gefällig?

Wer als Kind Gemeinheiten, Gewalt und ihre Verherrlichung massenhaft in sich aufnimmt, stumpft ab. Der Verbraucher von Gewalt ist an sie gewöhnt. Mehrere tausend Stunden seines Lebens hat er hierfür hergegeben. In Kiel wuchs die Zahl der Körperverletzungen um **45 %.**[13] In Brandenburg stieg die Zahl um 24 % bei Mord oder Totschlag. **Knapp die Hälfte der Täter war jünger als 21 Jahre**[14]. Eine Studie weist einen eindeutigen Zusammenhang nach zwischen Glotzen und Gewalt: 25,3 % der 14jährigen, die mehr als drei Stunden täglich vorm Fernseher verbrachten, neigten verstärkt zu Prügeleien und Verletzungen[15, 16].

Wurzeln der Gewalt in der Familie

Das Schlimme an Schlägen sind nicht die kurzen körperlichen Schmerzen, sondern die elementare, grenzverachtende Gewalt, mit der ein Kind an Vater oder Mutter gekettet wird. Der Eindruck in der Seele, daß Vater oder Mutter körperliche oder seelische Gewalt ausüben, ist prägend und haftend. Später meidet das Opfer Gewalt oder richtet sie gegen sich und andere. Das kettende Treueband wird nur unter äußerster Kraftanstrengung aus der Tiefe der Seele gerissen, gehoben und gezerrt. Die Bindung und die Verletzungen müssen unter großer Geduld über Jahre hinweg entfernt werden.

Wie sehr Gewalt den Menschen umtreibt, erkennen wir auch daran, daß Kinder sich schlagen und beißen ohne Gewissensbisse. Es ist die Aufgabe der Erwachsenen, mäßigend und sozialisierend auf ihre aggressiven Sprößlinge einzuwirken. Indem wir unseren Kindern die offene, körperliche und auch seelische Gewalt abgewöhnen, befreien wir sie aber nicht von ihrem Gewaltpotential. Dieses wächst in der Pubertät. Die Gewaltphantasien der jungen Menschen richten sich ursprünglich gegen das Elternhaus, von dem sie sich ablösen müssen. Haben Eltern ein Kind zu stark an sich gebunden, so kann ein enormes Gewaltpotential gegen die Eltern aktualisiert werden. Stierlin spricht in diesem Zusammenhang von elterlicher Bindungsgewalt.

Das monströse, gefährliche Abenteuer, in dem es Tote und Verletzte gibt, fasziniert denjenigen Menschen, der ein großes, ungelöstes Gewaltpotential in sich birgt. Kriege, perverse Spiele im alten Rom mit Sklaven und Löwen, Autorennen, Catchen und andere gewalttätige Sportarten begeistern. Warum? Weil die meisten Menschen sich nicht ihrer inneren gewalttätigen Phantasien bewußt geworden sind. Sie hängen fest im Loslösungskonflikt vom Elternhaus und toben sich in der Außenwelt blind und unbewußt aus als wären sie Kinder. Wären sie sehend, würden sie ihre innere Welt erobernd ordnen, den inneren Kampf als Herausforderung annehmen.

Erziehungsgewalt

Erziehungsgewalt ist notwendig. *Setze Deinen Gatten unter Druck*, damit er aufhört, täglich mit seinem Vater zu telefonieren. Damit er mit Dir ins Konzert geht. Damit er Dir auch mal ein Abendessen macht oder Dir einfach zuhört.

Erziehungsgewalt ist erforderlich, weil im Menschen eine Neigung steckt, sich verwöhnen zu lassen, faul zu sein, unordentlich, passiv, strukturlos und auch aggressiv. Gegen diese Kräfte anzugehen, erfordert Erziehungsgewalt. Der Weg, über kindliches Verhalten und Krisen zur Reife zu gelangen, bleibt als Aufgabe des Menschen bestehen, auch wenn Medien und Politiker das Unreife fördern, vergrößern und vorleben.

Das Leben nimmt keine Rücksicht. Es drängt den Unreifen in die Arbeitslosigkeit, in die Bettelei oder auf andere Abwege wie Einsamkeit, Scheidung, Sucht oder psychische Krankheit.

Nach dem Motto „das Eisen muß man schmieden, solange es heiß ist", gilt es, Kinder früh zu erziehen. Reifungsprozesse gehen gnadenlos mit dem Traumbild des Kindstodes einher, bei manchem auch mit einer Fülle von körperlichen und seelischen Symptomen wie Angst und Depression. Das Beharren in der Welt des Infantilen, aber auch das Wandeln kosten Kraft. Die Angst vor Wandlung beruht auf Schuldgefühlen, der Angst vor dem Neuen, der Ungewißheit und auf dem Gebot der Eltern, ihren Gartenzaun nicht zu überklettern.

Wo sind die Eltern, die ihre Kinder aus dem Hause jagen – der Schöpfungsgeschichte gleich? Die Wenigen, die man großzieht, werden verhätschelt und vernachlässigt, vor allem wenn die Mutter den ganzen Tag arbeitet. Es fehlt das Wissen, was gut oder schlecht für das Kind ist. Vor allem aber mangelt es am Willen, es zu erziehen. Eine wesentliche kulturelle Aufgabe besteht darin, den Wissensstand zu heben. Das Wissen um Träume sollte allgemeines Kulturgut werden. Die Sozialversteher werden verstummen und Grenzen setzen. Auch mittels Härte und Gesetz. Eine Gesellschaft, die es duldet, daß ihre Kinder und Jugendlichen Hauswände beschmieren, die es duldet, daß ihre Kinder sich betrinken, ihre Gesundheit mit Zigaretten, Alkohol und Drogen zugrunde richten, die es hinnimmt, daß Wege vermüllen, daß der Umgang an Schulen verroht, eine derartige Gesellschaft braucht Grenzen und Hilfe.

Der Erziehungsgewalt steht das Wachsenlassen entgegen. Hierzu gehören Redewendungen wie: „Alles braucht seine Zeit" oder „Gut Ding will Weile haben." Ohne Willen und Druck, von innen oder von außen, verändert sich nichts auf der Welt.

Literatur

1 Flöttmann, H. B.: Träume zeigen neue Wege – Systematik der Traumsymbole, Vandenhoeck & Ruprecht, Göttingen, 2.Aufl. (2004)
2 Kieler Nachrichten: Nr. 62 (13.3.2004), S. 17
3 Kieler Nachrichten: Nr. 103 (4.5.2004), S. 14
Die genannte Steigerungsrate bezieht sich auf den Zeitraum 2002 bis 2003.
4 Frankfurter Allgemeine Zeitung: Nr. 25 (30.1.2003), S. 1
5 Richter, M., Settertobulte, W.: Gesundheits- und Freizeitverhalten von Jugendlichen. In: Hurrelmann, K. Klocke, A., Melzer, W., Ravens-Sieberer, U. (Hrsg.): Jugendgesundheitssurvey. Internationale Vergleichsstudie im Auftrag der Weltgesundheitsorganisation WHO, Juventa Verlag, Weinheim, München (2003), S. 142
6 Carson, R.: Der stumme Frühling. Biederstein Verlag, München (1988)

7 Kieler Nachrichten: Nr. 87 (10.4.2005), S. 1

8 Kieler Nachrichten: Nr. 130 (7.6.2005), S. 15

9 Die Welt: Nr. 38-07 (15.2.2005), S. 2

10 Flöttmann, H. B.: Angst – Ursprung und Überwindung, Kohlhammer Verlag, Stuttgart, 5. Aufl. (2005), S. 33–34

11 Kieler Nachrichten: Nr. 259 (4.11.2004), S. 16

12 Richter, M., Settertobulte, W.: Gesundheits- und Freizeitverhalten von Jugendlichen. In: Hurrelmann, K. Klocke, A., Melzer, W., Ravens-Sieberer, U. (Hrsg.): Jugendgesundheitssurvey. Internationale Vergleichsstudie im Auftrag der Weltgesundheitsorganisation WHO, Juventa Verlag, Weinheim, München (2003), S. 129 und 130

13 Kieler Nachrichten: Siehe 8
In Kiel wuchs die Zahl der Körperverletzungen von 2003 bis 2004 um 45%.

14 Frankfurter Allgemeine Zeitung: Nr. 38 (15.2.2005), S. 4
In Brandenburg stieg die Zahl im Jahr 2004 um 24% bei Mord oder Totschlag.

15 Die Welt: Nr. 279-48 (29.11.2005), S. 31

16 Spitzer, M.: Vorsicht Bildschirm! Elektronische Medien, Gehirnentwicklung, Gesundheit und Gesellschaft. Ernst Klett Verlag, Stuttgart, Düsseldorf, Leipzig (2005)

11. Öffentliches Benehmen

Nicht nur Politiker täuschen, bereichern sich, lügen und blenden. Auch der Bäcker nebenan schämt sich zuweilen nicht, am Sonnabend pappige Brötchen vom Vortag zu verkaufen. Der Verfall, die Strukturlosigkeit nehmen im öffentlichen Raum genauso zu wie in der Familie. Es mangelt an Eltern, die Vorbilder sind, die Verbote erteilen, die Moral und Sitte vertreten, die nicht nur Duldsamkeit üben, die nicht nur Verständnis für Fehlverhalten haben, sondern Grenzen setzen und erziehen: Fernsehentzug, Taschengeldentzug, Entzug der Computerspiele. Mir kann niemand erzählen, daß Staatsbedienstete diese Aufgaben übernehmen können. Wenn weder Vater noch Mutter, vor allem die Mutter, nicht mehr zu Hause sind, wenn Kinder nach der Schule Eltern treffen, die taub sind für die seelischen Probleme ihrer Kinder, dann geraten diese Kinder immer mehr in eine innere Vereinsamung, öffnen sich dem Drogen- und dem Gewaltkonsum, werden anfällig für die verrohte und gewalttätige Welt der Massenmedien und der Politik.

Die Polizei läßt Rotfahrer über die Kreuzung radeln, ohne sie zu behelligen. Nachlässig gräbt sich die Autorität ihr Grab. Radfahren ohne Licht. Vier von fünf Radfahrern in Kiel gefährden sich und andere. Sie fahren ohne Licht. Müll auf den Bürgersteigen, in den Grünanlagen? Zuhauf in Kiel. Wo es ihnen gefällt, entsorgen haltlose Bürger ihren Dreck.

Mit Zigarettenkippen übersät ist der Boden eines Außenrestaurants. Der Kellner sagt: „Die Aschenbecher wurden geklaut." Auch hier Verwahrlosung des öffentlichen Raumes. Das wilde Plakatieren an Telefonkästen, Masten von Ampeln und Laternen belästigt und stößt ab.

Ein Klassenlehrer kommt während einer Kurzpause in seine Klasse, um ein Stück Kreide zu holen. Eine Schülerin sagt: „Die Kreide können Sie sich selber holen, wir müssen ja auch immer laufen." Während dieses Satzes zeigt sie ihm den Stinkefinger. Er streckt ihr die Zunge raus und geht. Der Leser erkennt die Früchte antiautoritärer Erziehung auf beiden Seiten.

Vermüllte Wege

Der Auswurf Tausender von Menschen liegt in Kiel seit Jahrzehnten festgetreten auf den Bürgersteigen der Stadt. Wie das? Es sind Kaugummis einer verwahrlosenden Wegwerfgesellschaft. Verlassene Fahrräder rosten vor sich hin. Müll am Straßen- und Wegesrand, gebrauchte Schnupftücher, Zigarettenschachteln und unzählige Dosen spiegeln das häßlichverwahrloste Sein zahlloser Menschen.

Schamlos

Ein weiterer Beleg für die Infantilisierung des öffentlichen Benehmens besteht darin, daß öffentliche Radio- und Fernsehanstalten, auch private, das Lispeln als normal betrachten. Dabei ist Lispeln ein Zeichen des Steckengeblieben-Seins in der kindlichen Haltung auf dem Niveau eines Vierjährigen. Die Eltern haben sich nicht ernsthaft um die Sprache ihres Kindes gekümmert.

Das öffentliche Benehmen zeichnet sich durch Schamlosigkeit aus. ARD und ZDF sind öffentliche Fernsehsender, deren Programme abendlich mit Gewaltverbrechen gefüllt sind. In „Berlin, Berlin“, einer Jugendserie der ARD um 18.50 Uhr, wird laut und sichtbar der Sexualakt vollzogen[1]. Wer schon als Kind Schamlosigkeit in den Talkshows dargeboten bekommt, läßt auch selber die Schranken fallen.

Das öffentliche Urinieren, das Sich-Zur-Schau-Stellen am Wegesrand ohne Sichtschutz hat beschämende Ausmaße angenommen. Ein Vater hält mitten in Kiel auf dem Bürgersteig seine dreijährige Tochter ab. Eine Frau hockt am hellichten Tage neben dem Trottoir, urinierend. Ein Mann entlädt sich in der Bergstraße. Das Wasserlassen auf Autobahnraststätten oder in der Stadt geschieht nicht in einer Schamzone, auf dem WC, sondern öffentlich, vor den Augen Anderer. Es handelt sich nicht um Einzelne, sondern um ganze Gruppen von Menschen, die einem Bus entsteigen, um sich auf der Wiese zu entschlagen. Übertrieben? Mitnichten.

Therapieren von Sextätern

Im Jahr 1992 gab es 931 sexuelle Straftäter in Schleswig-Holstein, im Jahr 2001 1371[2]. Das ist eine Zunahme von 32%. Besteht hier ein Zusammenhang zwischen der Verwahrlosung der Medien, Verwahrlosung der Familie und Verwahrlosung des Einzelnen?

Verhaltenstherapie mit Sexualstraftätern greift zu kurz. Ohne tiefenpsychologischen Ansatz sind diese Therapien zum Scheitern verurteilt. Hinzu kommt, daß Psychotherapie ohnehin ein schwieriger und langwieriger Weg ist. Die Zahlen aus den USA sprechen Bände: 31 von 35 therapierten Sexualstraftätern werden rückfällig[3]. Wenn ich sehe, wie schwierig und manchmal auch langdauernd eine Therapie von Angststörungen oder sog. Borderline-Störungen ist, sind Zweifel an der Therapierbarkeit von Sexualstraftätern begründet.

Ursachen

Bindungsgewalt und Vernachlässigung führen Selbst- oder Fremdschädigung. Das Durchbrechen der Träume in die Welt der Tagesphantasien ist bei Jugendlichen nachvollziehbar, da sie sich in einem Entwicklungsstadium befinden, sich aus der Welt ihrer Kinder- und Jugendträume herausentwickeln und der Bezug zur Realität erst wächst. Wenn in dieser Zeit haltende, schutz- und grenzengewährende Eltern nicht zugegen sind, droht ein Scheitern des Jugendlichen, sobald Veranlagung und weitere negative Einflüsse hineinspielen.

Die Aufweichung und der Verlust von Bräuchen, die seit Jahrtausenden unser Leben in der Gemeinschaft geordnet und sinnvoll gemacht haben, zeigt sich in der Neigung, nicht heiraten zu wollen. Nachlässig sprechen sie von „Meiner Frau“ oder „Meinem Mann“, obwohl sie nicht verheiratet sind. Oder sie sagen: „Heiraten? Muß nicht sein. Lassen sich zu viele scheiden. Dann gar nicht.“ Ist es erstrebenswert, so zerfallend, uneinheitlich, vorbildlos sein Leben zu gestalten? Als Seelenarzt ist meine Antwort eindeutig: Der Mensch will nicht allein leben, er will nicht unfruchtbar bleiben, er will heiraten, Kinder kriegen, Familie haben und für andere sorgen. Aber was hindert ihn? Warum tut er es nicht? Die Antwort lautet: Weil er infantil ist. Die innere Unselbständigkeit, die mangelnde Ablösung von allgewaltigen, vernachlässigenden und verwöhnenden Eltern, die falschen Idole in Film und Fernsehen und anderen Medien haben den im Menschen innewohnenden Sog des Infantilen auf einen Götzenaltar gehoben, fröhlich ihn umgaukelnd.

Innen wie außen

Ein schriftlicher Beleg für die zunehmende Strukturlosigkeit öffentlichen Benehmens ist sowohl die mißlungene Rechtschreibreform als auch die allgemeine Rechtschreibunsicherheit. Wie jemand schreibt, so ist er auch innerlich. Luschig oder ordentlich. Lieblos oder voller Selbstachtung.

Haltlose Schuldenmacher

Strukturarmut, fehlende innere Ordnung schlagen sich in Zahlen nieder: Immer mehr Deutsche tappen in die Schuldenfalle. Die Zahl der Personen mit unbezahlten Rechnungen ist in Schleswig-Holstein um achtzehn Prozent innerhalb eines Jahres gestiegen[4]. Vollends die Ordnung verloren hat jedoch der Staat, der mit 1,457 Billionen Euro so extrem verschuldet ist, daß es einem den Atem verschlägt[5]. Politiker und Kommunen Deutschlands strotzen voller Haltlosigkeit: Sie vermehren die öffentlichen Schulden ins Unermeßliche bar jeglicher Verantwortung: Wenn man die Staatsschuld in 500-Euro-Scheinen übereinanderstapelt, kommt man auf einen Turm von 291 Kilometern Höhe[6].

Parteienherrschaft

Momentane Herrschaftsverhältnisse in Deutschland und Europa erinnern vielerorts an das Feudalsystem, welches gestürzt wurde. Parasitäres, zentralistisches und entwürdigendes Adelsgebaren der Bürokratie sind Herrschaftsformen von gestern. Bürokraten und Politiker gehören zurückgeschnitten. Viele Deutsche sind dieser Zustände zutiefst überdrüssig.

Zukunft

Expertentum von Wirtschaft und Wissenschaft wird im Zusammenspiel mit einer wiedererstarkten, erneuerten christlichen Religion Gegenwart und Zukunft beeinflussen. In wichtigen Fragen stimmt die gesamte Bevölkerung über das Internet ab.

Literatur

1 ARD: Berlin, Berlin. Weekend auf dem Lande. (7.4.2005), 18.50 Uhr
2 Kieler Nachrichten: Nr. 96 (25.4.2003), S. 5
3 Kieler Nachrichten: Nr. 232 (5.10.2002), S. 4
4 Die Welt: Nr. 270-47 (17.11.2004), S. 17
5 Der Spiegel: Nr. 26 (2005), S. 22–33
6 Frankfurter Allgemeine Zeitung: Nr. 233 (7.10.2005), S. 13

12. Angriff auf die Familie

Nicht Liebe, Treue, Pflicht, Hingabe erfüllen die moderne Familie, nein, unternehmerischer Geist managt sie. Das Motto lautet: „Unternehmen Familie. Wie moderne Frauen den Alltag managen. Hausfrauen und Mütter erfüllen heute höchste Management-Anforderungen." Der Mann ist abgehalftert: „Die Machos haben den Sprung in die neue Zeit nicht mitbekommen"[1]. Auf dem Titelbild des zitierten Journals, der „Stern", fehlt der Mann: Die moderne „Familie" besteht aus Frau und zwei Kindern. Auch im Jahr 2005 prägt feministisches Spötteln das Leitbild der Familie mit. Es wird tüchtig an dem Mythos gebastelt, daß „Kind und Karriere"[2] miteinander zu vereinbaren seien, ohne dem Kind zu schaden. Psychische Störungen bei Kindern verbreiten sich wie auch andere Umweltzerstörungen. Alleinerziehende Mutter und Kind sind zum Vorbild einer pluralistischen, d. h. strukturarmen Gesellschaft erhoben worden. Karriere und Kinder konkurrieren gegeneinander, Mütter und Kinder krankmachend. Karriere und Kinder sind aber miteinander nicht zu vereinbaren, wenn das Herz nach dem Wohl der Kinder fragt. Die Forderungen der Medien und des Staates hingegen lauten: Erfüllt die feministischen Parolen, opfert Eure Lebenskraft dem Kreislauf des Geldes, achtet das Tun der Männer gering, denn Frauen können auch ohne sie. Die Saat der feministischen Wüterei gegen die Weiblichkeit und gegen die Männer, gegen die Familie geht auf: Die Kinderzahl schrumpft. Die Zahl der Bücher und Artikel über „Frau, Kind und Karriere" wächst[3, 4].

Wer gegen die Natur des Menschen verstößt, eine Ideologie fördert, die das Grab der Familie schaufelt, ihr Fundament – Liebe zu Kindern und Mann – verhöhnt, fördert solange das Unglück, bis die Menschen sich besinnen und nach innen schauen. In den Träumen steht, daß Kinder der Sinn des Lebens sind, daß die Familie ein heiliges Gut ist, um das sich alles zu ranken hat und nicht um Geld und Karriere. Das gilt für die

Frau und für den Mann – jedoch im Rahmen ihrer genetischen Bestimmung. Die Liebe zur Familie und zu den Kindern hat der Herrgott angelegt. Die in der Tiefe der Seele verankerten Strukturen drängen danach, sich gegen alle Ideologie zu verwirklichen.

Der Leidensdruck der Geschiedenen treibt sie zum Seelenarzt, nachdem sie die Familie zerstört haben. Jetzt erst sind sie bereit, sich ihrer Problematik zu stellen. Zu spät für die Kinder, die unter den Scheidungsfolgen leiden[5]. Ehe und Familienführung schüttelt der moderne Mensch nicht aus der Hand. Ihm fehlen die Vorbilder. Ein verbindliches Ideal einer intakten Familie bietet sich ihm wenig an, schon gar nicht in der Welt der Medien.

Ein deutsches Sprichwort sagt: „Wer keine Kinder hat, weiß nicht, warum er lebt“[6]. Deutsche Familien mit drei, vier und mehr Kindern gibt es wenige. Der Durchschnitt hat ein Kind, genau 1,29[7]. Die Deutschen nehmen bezüglich der Kinderzahl Rang 185 ein – von 190 Nationen. 50,6 % der deutschen Männer bis 45 Jahre sind im Jahr 2001 kinderlos gewesen[8]. 26 % der deutschen Männer *wollen* keine Kinder zeugen[9].

Die Unfähigkeit, sich zu binden, wird zur Normalität erhoben. Trennungswillige Paare führen zur einer Zerstörung des Ehebildes. Trennungswillig[10]? Ein Wort aus dem Wörterbuch des Oberflächlichen. Kein Mensch will sich trennen, er ist als Verzauberter dazu gezwungen, unbewußt den Fluch seiner Eltern vollziehend. Der Bürger ist unfähig geworden, Beziehung in Treue zu leben. Er wechselt den Partner wie der Vogel die Federn.

Das Primat des Kopfes zerstört die Herzensbildung. Weltweit verkümmern die Fähigkeiten der Eltern, ihre Kinder zu erziehen. Sie treten ihre Erziehungsgewalt an staatliche Einrichtungen ab oder an technische Erfindungen: Da japanische Frauen die Signale ihrer Säuglinge nicht mehr wahrnehmen und verstehen, sollen elektronische Übersetzungshilfen diese urmütterliche Aufgabe übernehmen[11]. Doch es helfen keine Apparate oder Programme, die Geld und Ersatzeltern bereitstellen. Ein neues, starkes Mutter- und Vaterbild, das sich am

Kind und an den Genen von Frau und Mann orientiert, ist erforderlich.

Viele Schädlinge nagen am Ideal der Familie. Allen voran die Prominenten aus Film, Fernsehen, Schlagerwelt und Politik. Homosexuelle Paare adoptieren Kinder. Lesbische Frauen lassen sich künstlich besamen. Ein derart gezeugtes Kind fragt: „Und wer ist mein Vater?“ Es wird ihn suchen und doch nicht kennenlernen. Vor allem wird es den Vater vermissen. Vater? Ein Mann, der das Wort Vater nicht verdient. Ein Vater ist mehr als ein Samenspender. Er ist Vorbild, er schafft Struktur, er ist fürsorglich, er führt die Kinder symbolisch und konkret in die Welt hinaus – weg von der Mutter.

Haltlos

Mir erzählt ein stark elterngebundener, 29jähriger Bäckermeister: „Ich fühle mich so selbstunsicher und depressiv. Manchmal habe ich auch Selbstmordgedanken. Ich habe eine Verlobte. Wir wohnen aber nicht zusammen. Wir wollen jeder für sich leben. Meine Verlobte hat zwei Kinder. Die sind nicht von mir. Sie erwartet jetzt ein drittes Kind. Das ist von mir. Wir wollen es zusammen großziehen. Gemeinsam wohnen ist aber nicht geplant. Ich arbeite im Betrieb meiner Eltern. Ich soll später die Firma übernehmen.“

Ein 23jähriger Bundeswehrsoldat ist vernachlässigt aufgewachsen. Er leidet unter Selbstzweifeln und Angst. Heirat lehnt er ab mit den Worten: „Man ist ein bißchen fest zusammen. Aber man lebt nicht zusammen und jeder hat seinen eigenen Job, seine Hobbys, und trotzdem ist man zusammen und unternimmt was. Wenn man zusammenlebt, wird alles verallgemeinert. Der eine sagt: ‚Komm hier, wasch ab.‘ Dann ist das eine Bedrängnis. Gegenüber dem Kinderkriegen bin ich aufgeschlossen. Man nähert sich langsam an, man führt eine offene Beziehung, das wird immer enger und dann zieht man zusammen. Heirat?“ – So spricht ein strukturarmer Mann.

Das macht sich gut für den Lebenslauf

Einer 30jährigen Mutter von zwei Kleinkindern ist gekündigt worden. Sie hat nun Zeit für ihre Familie. Unerwartet wird ihr eine Teilzeitstelle angeboten. Hierzu sagt sie: „Das macht sich gut für den Lebenslauf. Da bin ich nicht nur Mutter und Hausfrau." – Tief ist das Ansehen der Mutter und Hausfrau gesunken. Feministisches Gedankengut hat ganze Arbeit geleistet.

Die Familie – „Urbild des Bösen"

Jahrzehntelang haben Politiker sich nicht um das Wohl der Familie gekümmert. Im Gegenteil: Die feministischen Ideologen, die Grünen, die Sozialen haben viel getan, um die Institution Familie zu entwerten. „Im ‚Zweiten Familienbericht' der sozialdemokratischen Regierung von 1975 ist zu lesen: ‚Die Familie tradiert und stabilisiert das bestehende System sozialer Ungleichheit. Dies … läßt sich nur in dem Maße durchbrechen, in dem der Sozialisationseinfluß der Familie zurückgedrängt … wird'"[12].

Marxistische Psychiater wie Wilhelm Reich haben dazu beigetragen, das Bild der Familie zu zerstören. „Die wichtigste Erzeugungstätte der ideologischen Atmosphäre des Konservatismus ist die Zwangsfamilie. Ihr Grundtypus ist das Dreieck: Vater, Mutter und Kind. Während die konservative Anschauung in der Familie die Grundlage, wie manche sagen, die ‚Zelle' der menschlichen Gesellschaft überhaupt sieht, erblicken wir in ihr bei Berücksichtigung ihrer Wandlungen im Laufe der historischen Entwicklung und ihrer jeweiligen gesellschaftlichen Funktion ein *Ergebnis* bestimmter ökonomischer Strukturen. Wir sehen also die Familie nicht als Baustein und Grundlage, sondern als Folge einer bestimmten ökonomischen Struktur der Gesellschaft an … Wenn aber die konservative Sexualforschung, die reaktionäre Sexualethik und die Rechtsordnung von der Familie immer wieder als *der* Grundlage des

‚Staates' und der ‚Gesellschaft' sprechen, so haben sie nur in dem Sinne recht, daß die Zwangsfamilie zum Bestand des autoritären Staates und der autoritären Gesellschaft unabtrennbar gehört"[13].

Reichs Bücher wurden zur Zeit der Achtundsechziger im 20. Jahrhundert massenhaft verschlungen. Reich lieferte die psychologische Rechtfertigung für die sog. sexuelle Befreiung, für die Zerschlagung des Familienverbandes und die Ablehnung jeglicher Autorität. Die Achtundsechziger sitzen heute in den wichtigen Funktionsstellen von Verwaltung und Politik. Sie tragen das Gedankengut der antiautoritären, sozialistischen und feministischen Bewegungen in sich, um es außen zu verwirklichen. Dementsprechend fällen auch die obersten Gerichte Urteile, die das Bild der Familie aushöhlen: Nach einem Urteil des Bundesarbeitsgerichts steht Lebenspartnern derselbe Ortszuschlag zu wie Verheirateten[14]. Nach dem Grundgesetz gilt die Familie jedoch als besonders schützenswert.

Innere Richtlinien

Der Mensch sollte sich täglich fragen, wie er zu einer inneren Ausgewogenheit findet, damit es ihm und anderen wohl ergehe. Innere Leitstimmen, zu denen auch die Träume zählen, helfen ihm dabei. In der Seele des Menschen sind bestimmte Muster und Wertvorstellungen tief verwurzelt. Hierzu gehören auch der Wille und die Fähigkeit, sich als Einzelner und Gesamtkultur weiterzuentwickeln. So benötigen Kinder Vater und Mutter in einer intakten Ehe, damit sie gedeihen. Kinder brauchen die Brust für ein Jahr, damit sie körperlich und seelisch geraten. In der Tiefe der Seele verankerte Wertvorstellungen sind jedoch nicht austauschbar. Die Psychologie ermöglicht es zwar, sich von inneren Fesseln zu befreien. Dieser Befreiungskampf führt aber nicht in die Beliebigkeit der Werte oder der Geschlechterrollen, wie manche verkünden.

Die Frauen kommen, die Kinder gehen

Frauen hier, Frauen dort. Frauen in der Wirtschaft. Frauen erringen Professorentitel. Frauen haben Spaß am Job. Frauen in der Verwaltung. Mehr Frauen machen das Abitur als Männer. 53 % aller Studenten sind Frauen[15]. Frauen wie Männer zeugen zu wenig Kinder. Frauen streben nach Glück im Beruf. Frauen beuten sich aus. Frauen ersticken am Leistungsbrocken. Frauen schieben Kinder ab. Frauen und Männer verweigern Kinder. Wer studiert, der nicht gebiert. Was ist das für ein Volk, welches dabei ist, aus Unbewußtheit zu schrumpfen? Ohne Pest und ohne Krieg. Die Frauen kommen. Die Kinder gehen. Im Jahr 2300 nach Christus wird Deutschland so viele Einwohner haben wie es heute Berliner gibt – wenn alle so weitermachen[16]. Die Wege in das kinderarme Volk sind verästelt. Die Vernichtung des väterlichen Prinzips und die Verherrlichung des vermännlichten Weibes sägen am Baum der Familien.

Infantilität, Sozialismus, Feminismus und Materialismus sind ein zerstörerisches Bündnis eingegangen. Sie haben ein Interesse daran, die Frau, den Mann und die Familie ihres Sinnes zu berauben. Gefördert wird ein Männer- und Frauenbild, in welchem Verstand, Leistung und Kopflastigkeit überwiegen. Männer und Frauen zeugen Kinder unter dem Gesichtspunkt der Karriere und des Kontos. Das Gemüt verkommt und erkaltet.

Die feministischen Wurzeln des heutigen Frauen- und Männerbildes

Die gegenwärtige Diskussion um den Rückgang der Geburtenrate der westlichen Länder greift gedanklich und auch sprachlich auf die feministische Literatur des letzten Jahrhunderts zurück. Es ist von Vereinbarkeit zwischen Beruf und Familie die Rede, von Selbstverwirklichung der Frau, von Drückebergerei des Mannes, von Rollenverständnis, das überwunden werden muß, von der Unterdrückung der Frau. Die

Sprache der Feministen und vor allem ihre gedanklichen Strukturen haben Eingang in das offizielle Frauen- und Männerbild gefunden. Was die Feministen unbewußt antrieb, was sie bewegte, ihre Weiblichkeit und den Mann haßerfüllt abzulehnen, ist wenig bekannt. Die meisten bedienen sich des feministisch geprägten Denkens und ihrer Sprache, ohne deren Entstehungsgründe zu kennen. Die *Wurzeln des Feminismus* zu betrachten ist lohnenswert, da es sich auch um eine *Auseinandersetzung mit dem persönlichen und kollektiven Bild der Weiblichkeit handelt.*

Die depressive Selbstabwertung Beauvoirs

Beauvoir, eine Feministin, schildert ihr Mutter- und Frauenbild in dem weltberühmten Buch „Das andere Geschlecht“:

„Die Schmerzen der Schwangerschaft – dieses schwere Lösegeld, das die Frau für ein kurzes und ungewisses Vergnügen bezahlen muß“[17] … „Aber die Schwangerschaft ist vor allem ein Drama, das sich bei der Frau zwischen ihren beiden Ich abspielt. Sie empfindet sie gleichzeitig als eine Bereicherung und als eine Verstümmelung. Der Fötus ist ein Teil ihres Körpers und auch wieder ein Parasit, der auf ihre Kosten lebt. Sie besitzt ihn und wird doch wieder von ihm besessen“[18] … „Die Mutterschaft nimmt eine neue Gestalt an, wenn das Kind größer wird. In der ersten Zeit ist es nichts weiter als die übliche Puppe, es existiert nur in seiner Allgemeinheit … Sie muß sich damit abfinden, zu dienen, zu schenken, zu beglücken … Das Kind birgt keinen Wert in sich, es kann keinerlei Wert erteilen … Meist ist die Mutterliebe eine seltsame Mischung aus Narzißmus, Altruismus, Traum, Aufrichtigkeit, Unaufrichtigkeit, Hingabe und Zynismus. Die große Gefahr, der unsere Sitten ein Kind aussetzen, besteht darin, daß die Mutter, der es wehrlos ausgeliefert wird, beinahe immer eine unbefriedigte Frau ist: Sexuell ist sie frigide und unbefriedigt, sozial fühlt sie sich dem Mann unterlegen. Sie hat keinen Einfluß weder auf die Welt noch auf die Zukunft“[19]. Geringschätzig fällt Beauvoir mit spöttisch-herabsetzenden Worten über das Mutter- und Frauenbild her. Höhnisch verachtet sie die Mutterschaft: „Von Kindheit an wird der Frau doch ständig wiederholt, daß sie zum Kindergebären geschaffen ist, wird ihr das Hohelied der Mutterschaft vorgesungen. Die Unannehmlichkeiten ihrer Lage – Menstruation, Krankheiten usw. – die Bürde ihrer häuslichen Arbeit, alles findet seine Rechtfertigung in dem wunderbaren Vorrecht, das sie besitzt, Kinder zur Welt zu bringen“[20].

Die Auswirkungen dieser hochgradig depressiven Abwertung von Fruchtbarkeit, Schwangerschaft und Mutterdasein – auch in sich selbst – sind nunmehr präsent: Das Bild der Familie zerfällt, die psychischen Krankheiten bei Kindern und Jugendlichen nehmen zu. Strukturlosigkeit und Vernachlässigung von Kindern breiten sich aus wie in früheren Zeiten Masern und Kinderlähmung.

Die Frau – ein feuchter Schröpfkopf

Weiter schreibt Beauvoir: „Die Mutter möchte in ihrem Leib den kostbaren Körper, einen wertvollen Teil ihres eigenen Ich, behalten und sich gleichzeitig eines Hindernisses entledigen“[21] … „Doch im halbwüchsigen Alter hat das Mädchen eine ganz besondere Sucht, an ihr das Unverdauliche, das Widerwärtige zu erforschen. Sehr oft zieht sie das Ekelhafte gerade an. Ein Mädchen, das sonst hübsch, kokett und gepflegt war, zeigte sich manchmal geradezu fasziniert von allem, was ihm ‚schmuddelig‘ vorkam: Sie faßte Insekten an, betrachtete ihre schmutzigen hygienischen Binden, saugte Blut aus ihren Abschürfungen. Mit unsauberen Dingen zu spielen, ist offenbar eine Art, den Widerwillen zu überwinden. Die Empfindung erhält ihre besondere Bedeutung zur Zeit der Pubertät: Das Mädchen hat einen Ekel vor seinem zu fleischigen Körper, vor seinem Menstruationsblut, vor dem Geschlechtsverkehr der Erwachsenen, vor dem männlichen Wesen, dem es einmal bestimmt ist“[22] … „Wenn der Körper schwitzt – wie eine alte Mauer oder ein Kadaver schwitzt –, scheint er nicht eine Flüssigkeit auszuscheiden, sondern sich zu verflüssigen, ein ekelerregender Prozeß der Zersetzung. Die weibliche Brunst faßt sich weich wie eine Schnecke an. Der Mann ist stürmisch, die Frau nur ungeduldig. Ihr Warten kann glühend werden, ohne daß es seine Passivität aufgibt. Der Mann stürzt sich auf seine Beute gleich einem Adler, einem Milan. Die Frau lauert gleich einer fleischfressenden Pflanze, an der Insekten kleben bleiben, einem Sumpf, in dem Kinder versinken. Sie ist ein Sog, ein feuchter Schröpfkopf, sie ist wie Pech und Vogelleim, eine unbewegliche, schmeichlerische, klebrige Lockung. Zum mindesten empfindet sie sich selbst dumpf auf diese Weise. Deshalb findet sich in ihr nicht nur ein Widerstand gegen den Mann, der sie unterjochen will, sondern auch ein innerer Konflikt“[23].

Mit ätzend-zerstörerischen Bildern zieht Beauvoir gegen die Fruchtbarkeit und das Mutterdasein zu Felde. Das Bild Beauvoirs über die Frau wird durch ihren Selbsthaß, ihre Selbstabwertung und ihren Ekel vor dem Körperlich-Sexuellen geprägt. Wer so verächtlich-verteufelnd die Sexualität der Frau herabzieht, hat massive Probleme mit der Weiblichkeit in sich selbst.

Bei Beauvoir ist die Frau „in ihrer Gebär-Funktion eingeengt“. Sie betrachtet die Frau als sklavenartiges Opfer einer herrschsüchtigen Kaste, der Männer, welche die Frauen „einpferchen“[24]. Verzerrend und verblendet richtet hier eine Seele ihren archaischen Haß auf die komplexe Welt der Familie. Der Feministin Beauvoir gerät der Mann zu einer omnipotenten Projektionsfigur ihrer eigenen, unbewältigten, inneren Konfliktwelt.

Alles kann man aus Prinzip schlecht reden. Der zersetzende Zweifel kann alles, aber auch alles herabwürdigen, bespötteln und bekritteln. Freies und fortschrittlich-revolutionäres Denken dient lediglich als Vorwand. Die Feministen haben das Mutterdasein zuerst in sich zerstört. Ihre Befreiungsideologie wurde genährt durch deren unbewußte Fesseln an ihr Elternhaus. Unter dem Joch der Symbiose und der erlittenen Verletzungen haben auch sie schwer zu tragen. Doch es ist ihnen nicht bewußt. Haß und Liebe gegen ihre Eltern – die Ausbeuter und Zerstörer des weiblichen Selbst – haben sie verdrängt.

Das unsaubere Ereignis

Über alles, was die Weiblichkeit betrifft, fällt Frau Beauvoir mit zersetzender Schärfe einher, um es ironisierend aus der Sichtweise einer *paranoid-depressiven Intellektuellen* abzuwerten. Beauvoir begreift die Frauen nicht als handelndes Individuum, sondern als „erotisches Objekt“[25]. Sie läßt kein gutes Haar an der Liebe der Frau zu sich selbst, zu ihren Kleidern, zu ihren Schuhen. „Mag das Kostüm den Körper verhüllen, ihn entstellen oder abformen, jedenfalls liefert es ihn den Blicken aus“[26]. Alles Weibliche betrachtet Beauvoir als boshaft erzwungenes Rollenspiel. Die Regelblutung bezeichnet Simone de Beauvoir als „allmonatliches Unbehagen“, als „Schandfleck“. Es ist „das unsaubere Ereignis, das sich jeden Monat wiederholt“[27]. „Jedesmal empfindet das junge Mädchen den selben Widerwillen vor diesem faden und fauligen Geruch wieder, der aus ihr selbst hochsteigt – einem Geruch nach Sumpf, nach verwelkten Veilchen –, vor diesem blasseren, verdächtigeren Blut als dem, das aus den Verletzungen ihrer Kindheit austrat“[28].

Über viele Seiten ihres Buches seziert Beauvoir die weibliche Selbstliebe, welche die Frau erniedrigt. Sogar das Alter der Frau zerstampft Beauvoir zu einem struktur- und identitätslosen Dasein, welches die Frau zu fristen hat[29].

Komplexes Denken ist Beauvoir wie auch anderen Feministen fremd. Sie betrachtet die Beziehung zwischen Mann und Frau aus dem Blickwinkel des hilflosen, gefügigen Opfers: „Wie früher nimmt man an, daß der Liebesakt von Seiten der Frau ein *Dienst* ist, den sie dem Manne leistet ... Der Leib der Frau ist eine Sache, die gekauft wird“[30]. „... muß die Frau, die ebenfalls Subjekt, Aktivität ist, sich einer Welt einpassen, die sie zur Passivität bestimmt hat“[31]. – *Ehe, Kinder und Haushaltsführung schätzt Beauvoir prinzipiell als niedrig ein. Beauvoir spaltet Frauen und Männer in Opfer und Täter, wie viele andere Feministen auch.*

Gänzlich anders liest sich die Betrachtung des Daseins von Autoren, die in der großen, fruchtbaren und auch furchtbaren Mutter die eigentliche Herrscherin der Welt erkennen. Eine Angst des Mannes vor der Frau ist Beauvoir fremd. Das Leben des Mannes erscheint den Feministen um ein Vielfaches erstrebenswerter als das Leben einer verheirateten Frau mit Kindern. Hinter allem lauert der Mann als Täter, der sich die Frau zur Beute macht: Sie muß „ihre Unterwürfigkeit versprechen“[32].

Die weiblichen Seiten einer Frau wie Hingabe und Verführung sind in den Augen Beauvoirs minderwertig und vom Manne erzwungen: „Indem sich die *feminine* Frau zur passiven Beute macht, versucht sie, auch den Mann zu ihrer körperlichen Passivität zu nötigen. Sie verlegt sich darauf, ihm Fallen zu stellen, ihn durch die Begierde in Fesseln zu schlagen, die sie dadurch erregt, daß sie sich gefügig zu einer Sache macht. Die *emanzipierte* Frau dagegen möchte aktiv zupacken und verweigert die Passivität, die der Mann ihr auferlegen will“[33]. „Selbst wenn der Mann rücksichtsvoll und höflich ist, bleibt übrigens die erste Penetration immer ein Akt der Gewalt“[34]. – Simone de Beauvoir ist außerstande, zwischen Mann und Frau eine positiv geprägte Beziehung zu erleben und darzustellen. Sie übertreibt, blendet aus, verzerrt, verachtet, grenzt aus, spaltet und fördert ein kollektives Feindbild von Frau, Familie und Ehemann.

Selbstablehnung und Magersucht

Magersüchtige Frauen vernichten das Bild des Weiblichen in sich willentlich. Sie sind von ungelösten Abhängigkeitskonflikten gesteuert und einem elementaren, zumeist gegen eine bindende Mutter gerichteten Haß. Typischerweise unterwerfen sich Magersüchtige der Herrschaft, höchste intellektuelle Leistungen zu erbringen. Es ergeben sich Parallelen: *die individuelle Not der Magersüchtigen entspricht der kollektiven, die Weiblichkeit zerstörenden Haltung.*

Haß und Ideologie

Haß gegen eine identitätszerstörende Elternfigur äußert sich unter anderem in Ideologiebildung oder Fanatismus[35, 36]. Die Eltern von ideologisierten und haßerfüllten Eiferern haben ihre Kinder unbewußt als Teil ihrer Selbst betrachtet und ihre Kinder zu ihrem Eigentum gemacht. Ohnmächtig fühlen sich die Kinder der Bindungsgewalt derartiger Mütter und Väter ausgeliefert. Eine eigene Identität können sie nicht entwickeln. Narzißtische Störungen mit Einsamkeit, Liebesunfähigkeit, hoher Verletzbarkeit und einer allgewaltigen Wut sind die Folge.

Derjenige, der dem Familienterror ausgesetzt war und aus der Familie nicht entweichen kann, zieht sich häufig in der Pubertät von der Familie zurück. Er empfindet tiefe Einsamkeit, Gefühle des Unverstandenseins und des Ungeborgenseins. Feindbilder aus der Tiefe seines Unbewußten bauen sich in ihm auf.

Sie suchen nach Wegen, um aus ihrem inneren Gefängnis herauszukommen: Sie projizieren ihre Konflikte auf vermeintliche soziale Ungerechtigkeiten und verbrüdern sich mit den „Unterdrückten", zu deren Befreiern und Erlösern sie sich ernennen. Aus der inneren Not entsteht eine haßerfüllte, in der Wahrnehmung eingeengte Haltung. Die Besessenheit vom elterlichen Objekt wird zu einer fanatisch vorgetragenen Idee. So wie die Eltern sich nach und nach der Seele ihres Kindes bemächtigt haben, so läßt die Ideologen ihre haßerfüllte Gedankenwelt nicht los. Äußeres Unrecht fördert und speist einen unheilbringenden Kreis von Kränkung, Wut und zunehmendem Rachedurst. Die Anlässe, die fast immer ein scheinbares Unrecht darstellen, sind ein Vorwand, um dem unstillbaren inneren Drang nach Zerstörung Folge zu leisten.

Ihrer Identität beraubt, kämpfen sie einen ohnmächtigen Kampf gegen die Repräsentanten der jeweiligen Gesellschaftssysteme. Eigentums- und Herrschaftverhältnisse sind die Hauptangriffsziele vieler Ideologien. Diese geben ihnen Sicherheit und verschafft ihnen eine geliehene Identität. So verbergen sie ihre innere Brüchigkeit, Angst und Depression. Unbewußte Schuldgefühle verhindern, daß der im Familiengefängnis Lebende sich mit seinen Träumen und Konflikten konstruktiv auseinandersetzt.

Ein erhöhtes – auch angeborenes – Bedürfnis nach Rache und Gerechtigkeit führt zusammen mit der elementaren Wut, die sich ursprünglich gegen die elterliche Gewalt richtet, in ideologisches Denken und fanatisches Handeln[37]. Die Feministen haben den inneren Konflikt mit dem Kampf der Geschlechter vertauscht. *Feminismus ist der Versuch einer fehlgeschlagenen Selbstheilung.* Bei ihren massiven Identitätsproblemen haben die Feministen ihre Probleme von sich weg auf das Patriarchat abgewälzt. Sie verteufeln das Weibliche und das Frauliche in sich selbst sowie die Männer.

Anstatt eine Kultur des Streites, der Liebe und der Beziehungskunst ins Leben zu rufen, hat sich der Feminismus den Mythos von der Frau als Opfer des Mannes gegriffen, um von der inneren Befreiung der Seelen abzulenken. Auf der Strecke geblieben sind das Gemüt, das Herz, die Liebe, die Hingabe an die Familie, das Wohl des Kindes.

Mißbrauchende Mütter und Väter

Feministen wie Beauvoir und Offenbach haben das Weibliche – die Große Mutter – als Archetypen in sich nicht nur abgelehnt, sondern sie haben die Welt der Empfängnis und des Schwangerseins und des Gebärens aus sich verbannt. Die Mutter als Symbol der Fruchtbarkeit ist tot in ihnen. Sie tragen das Bild einer schwer depressiven, bösen, emotional ausbeutenden Mutter in sich oder eines negativ besetzten Vaters. Offenbach schreibt über den tiefen Ambivalenz- und Treuekonflikt zu ihrer Mutter: „Es war, als ob ich plötzlich zwei Mütter hätte, beide zutiefst verfeindet, ich aber von beiden in gleicher Weise abhängig“[38]. „Ich hätte mich damals schon von meiner Mutter trennen sollen. Sie hat mir wirklich fast immer nur geschadet. Sie hat immer gerade dann, wenn es für mich sowieso am schwierigsten war, die Dinge noch schwieriger gemacht, noch komplizierter, noch entsetzlicher gemacht“[39]. Sie verachtet ihre innersten, weiblichen Organe: „Ich sagte, meine Eierstöck interessierten mich wahrhaftig einen Dreck“[40].

Haß macht blind

Haß prägt die Beziehung der Feministen zu den Männern: Um die eigenen Thesen zu unterstützen, zitiert Kunstmann ihre Kollegin Solanas mit deren „Manifest der Gesellschaft zur Vernichtung der Männer“[41]. Das Buch der Autorin Solanas ist von 1968 bis *1996* in *sieben* deutschen Auflagen erschienen. Solanas bezeichnet die Männer als „völlig egozentrisch, in sich selbst eingekerkert und unfähig, sich in andere hineinzuversetzen … unfähig zu Liebe, Freundschaft, Zuneigung oder Zärtlichkeit. Er ist ein vollkommen isoliertes Einzelwesen, unfähig zu irgendwelchen Beziehungen mit anderen. Seine Reaktionen kommen aus den Eingeweiden, nicht aus dem Gehirn; seine Intelligenz ist lediglich Werkzeug seiner Triebe und Bedürfnisse; er ist unfähig zu geistiger Leidenschaft, geistigem Kontakt. Für ihn gibt es nichts außer seinen eigenen physischen

Sensationen. Er ist ein halbtoter, reaktionsloser Klotz, unfähig Freude und Glück zu geben oder zu empfangen; so ist er bestenfalls ein altes Ekel, ein harmloser Tropf ... Der Mann ist irgendwo im Niemandsland zwischen Mensch und Affe stehengeblieben, wobei er schlechter dran ist als die Affen, denn im Gegensatz zu diesen verfügt er über ein großes Arsenal von negativen Gefühlen – Haß, Eifersucht, Verachtung, Ekel, Schuld, Scham, Zweifel – und was noch schlimmer ist: er ist sich dessen bewußt, was er ist und was nicht."[42] „im Grunde genommen haben die Väter nichts anderes erreicht, als die Welt durch ihre Männlichkeit in Fäulnis aufzulösen"[43]. – Auch hier wird deutlich, daß diese Frauen ein ungeheurer Haß fehlsteuert, der ihre Sichtweise massiv einfärbt.

Gekennzeichnet ist das feministische Denken dieser Frauen von Minderwertigkeitsgefühl und borderlineartiger Spaltung in Freund und Feind – Frau und Mann. Haß, Depression, Ohnmacht, Allmacht und ein unterentwickeltes Mutterbild erfüllen ihre Gedanken- und Gefühlswelt. Eine bejahende Weiblichkeit und Fruchtbarkeit haben sie aus ihrem Bewußtsein verdrängt, ja versucht, in sich zu tilgen. Sie besitzen zu diesen Bereichen ihrer Seele keinen inneren Zugang, ohne daß ein ungeheures Haßpotential in ihnen entfacht wird. Deswegen können sie hierüber kein konstruktives Gespräch führen.

Die feministische Beziehungswelt

Beauvoir, Schwarzer und andere Feministinnen zeichnen die Welt der Frau in düster-grellen Tönen: „Männlichkeit und Weiblichkeit sind nicht Natur, sondern Kultur. Sie sind die in jeder Generation neu erzwungene Identifikation mit Herrschaft und Unterwerfung. Nicht Penis und Uterus machen uns zu Männern und Frauen, sondern Macht und Ohnmacht ... Nichts, weder Rasse noch Klasse, bestimmt so sehr ein Menschenleben wie das Geschlecht. Und dabei sind Frauen und Männer Opfer ihrer Rollen – aber Frauen sind noch die Opfer der Opfer" – so Alice Schwarzer[44].

Schwarzer entwertet die Weiblichkeit, indem sie dem weiblichen Geschlecht eine vom Mann erzwungene, ohnmächtige, identitätslose, freudlose, gefühlskalte und minderwertige Opferrolle zuschreibt. „Frauen erkaufen sich menschliche Nähe, Hautkontakt, Zärtlichkeit und soziale Anerkennung durchs Bett. Eigene sexuelle Bedürfnisse werden gar nicht erst bewußt, sie sind zu unterdrückt und deformiert. Die Beziehungen zwischen Mann und Frau sind heute so eindeutig Machtbeziehungen (selbst da, wo Männer an ihrer Rolle zweifeln oder zerbrechen), daß auch die weibliche Sexualität nur wieder Ausdruck weiblicher Ohnmacht sein kann“[45]. „Viele empfinden ihre sexuellen Kontakte mit dem Ehemann oder Freund als Prostitution“[46]. „Je männlicher und potenter ein Mann sich gebärdet, um so geringer ist die Wahrscheinlichkeit, daß die Frau mit ihm eine befriedigende Sexualität erleben kann. Das ganze Potenzgehabe der Männer entbehrt also jeglicher Grundlage, zumindest für heterosexuelle Beziehungen“[47]. „Frauen halten sich für schuld an allem … Fast alle Frauen haben Angst vor dem eigenen Mann und Mißtrauen … Es hat einer Gehirnwäsche von Jahrtausenden bedurft, um uns den Glauben an unsere eigene Minderwertigkeit, den Glauben an das ‚stärkere Geschlecht‘ und diese tiefen Zweifel in uns selbst einzupflanzen“[48].

„Man kommt nicht als Frau auf die Welt, man wird dazu gemacht“[49]. „Und die Gebärfähigkeit ist auch der einzige Unterschied, der zwischen Mann und Frau bleibt“[50].

Die hier zitierten Zeilen Schwarzers spiegeln eine extreme, depressive Sichtweise über das weibliche Dasein. Es tut sich eine destruktive, eingeengte Beziehungswelt zwischen Mann und Frau auf, die in dieser Schwarz-Weiß-Malerei, Verallgemeinerung und Übertreibung der Realität nicht entsprochen hat.

Aus der in der Kindheit erlebten Ohnmacht entwickeln diese Feministinnen Phantasien der Allmacht. Die Familie, die von Natur vorgegebene Rolle des Mannes und der Frau sind ihnen ein Greuel. Eine sachliche Bestandsaufnahme ist den Feministinnen auf Grund ihres Hasses und ihrer depressiven Selbstabwertung verwehrt.

Mann und Frau

Nach den Feministen hat die Frau dem Manne in nahezu allen Eigenschaften gleichzuziehen. Eine derartige Gleichheit ist aber nicht zu erreichen, da die Hirnstrukturen die Frau mit einer anderen Potenz ausstatten. Der durchschnittliche Mann kann keine Mutter ersetzen. Die Mehrheit der Männer beschäftigt sich von Natur aus mit Technik, Brückenbauen, Zahlen und Maschinen. Die Frau besitzt die biologischen Voraussetzungen zum Empfangen und Gebären des Kindes. Der Vater hingegen vertritt eher das Realitätsprinzip in der Familie. Fürsorglichkeit ist eine Domäne der Frau. Das Band zwischen Mutter und Kind ist enger als das zwischen Kind und Vater. Sprache, Kommunikation, Einfühlung und Gefühle sind die angeborenen Stärken einer durchschnittlichen Frau. Die angebliche Minderwertigkeit der Frau entsteht allein im Kopf männlich identifizierter Feministen. Das Verherrlichen der Großhirnleistung läßt die Gefühle der Fürsorge, der Treue, der Liebe zu Kindern erstarren.

Frauen und Männer wurden und werden durch die feministischen Ziele massiv unter Druck gesetzt. Daran scheitern Frauen, Männer und Familien. *Schüler, denen das Ideal der Familie zu Hause, in der Schule und in den Medien vorenthalten wird, gründen keine Familie, wissen diese auch schlecht zu führen.*

Familienarbeit ist Beruf

Eine Mutter schreibt: „Ich kann das Reden von ‚Familie und Beruf vereinbaren' nicht mehr hören. Eine Familie gestalten, ein Familienschiff durch die Tiefen und manchmal sogar Untiefen des Alltags zu steuern, Kinder zu haben, zu betreuen, zu erziehen, zu bilden und sie das Leben lehren ist ein Beruf. Ein Vollzeitberuf, der sehr viel mehr an Zeit- und Kraftaufwand erfordert als viele andere. Ich übe als Vollzeit-Hausfrau und Mutter einen anspruchsvollen Beruf aus. Ich habe einen 14-Stunden-Arbeitstag und eine Siebentagewoche. Ich bin ständig in Fortbildungsmaßnahmen und investiere in die Zukunft der Gesellschaft.

Wenn ich diesen Beruf nicht oder nur eingeschränkt ausüben wollte, müßte ich jemand anderen mit der Betreuung und Erziehung meiner Kinder beauftragen. Kinder brauchen Erziehung, Anleitung, Bildung, stabile Beziehungen, die es ihnen ermöglichen, ihrerseits eine stabile Identität zu entwickeln. Diese Aufgabe kann niemand nebenbei erledigen. Bei professionellen Betreuern sieht das offenbar jeder ein, denn ihre Tätigkeit wird ja als Beruf anerkannt.

Vereinbarkeit ist das falsche Stichwort. Vereinbarkeit von Familie und Beruf geht immer auf Kosten der Beteiligten, meistens der Kinder. Zwei Berufe, von denen der eine überproportional viel Zeit und Kraft verlangt, können nicht gleichzeitig zufriedenstellend ausgeübt werden. Das Stichwort Vereinbarkeit suggeriert die irrtümliche Auffassung, man könne seinen Pudding essen und ihn behalten" ... Die Frau „könne Karriere machen, Kinder haben und sich selbst verwirklichen, alles in der Zeitspanne zwischen 20 und 50. Das war einer der ersten Ausbildungsinhalte, mit denen ich in meiner inzwischen fast elfjährigen Berufspraxis konfrontiert wurde: Es gibt keinen Rechtsanspruch auf ‚Fun'. Wer Familienarbeit übernimmt, kann nicht mehr machen, was er will. Unter Umständen jahrelang nicht. Das ist zwar nicht immer lustig, aber das ist nun mal so. Was ich hier leiste, indem ich versuche, vier Kinder zu stabilen Menschen zu erziehen, die willens und in der Lage sein werden, gesellschaftliche Verantwortung zu übernehmen, ist kein Projekt, sondern ein Dienst. An der Gesellschaft. An der Zukunft. Ich habe mich so entschieden,...Diese Menschen, die Kinder und Jugendlichen von heute, haben unseren vollen, professionellen Einsatz verdient – den der Familie oder ihrer Delegierten. Ich würde mir vom Bundespräsidenten Köhler wünschen, daß er diesen Aspekt deutlicher hervorhebt, als das bisher geschieht: nicht Vereinbarkeit von Familie und Beruf, sondern Anerkennung der Familienarbeit als Beruf. Und dann echte Wahlfreiheit für Familien im Hinblick auf das Wohl der Kinder...Es stimmt, Kinder sind unsere Zukunft, aber nur seelisch stabile Kinder sind eine sichere Zukunft, für sich selbst und für uns[51]."

Ammenstaat

Milliardenschwere Programme zur außerfamiliären Kinderbetreuung sind fehlinvestiert. Es wäre besser, den Frauen diese Mittel zukommen zu lassen. *Die ureigenste Aufgabe der Familie, Kinder zu erziehen, ihnen Wärme und Liebe zu geben*, wird ausgelagert, als ob es sich um ein Unternehmen handelt. Die Deutsche Industrie- und Handelskammer fordert, daß *Kinder auch an den Wochenenden durchgängig betreut werden*[52]. Die Eltern sollen ungestört ihrer Arbeit nachgehen. Optimierung, Ausbeutung der vernunftbetonten Frauen und Männer stehen obenan. Indem der Einzelne familiäre Leistungen auf Staatseinrichtungen überträgt, entmündigt er sich. Auf die Kinder nimmt keiner Rücksicht. *Kinder haben keinen Anwalt.* Kinder werden krank*.

Es wird allein gefragt, was der Wirtschaft nutzt. Daß Kinder Eltern brauchen, daß diese in den ersten drei Jahren vor allem die Mutter benötigen, darüber wird kaltherzig hinweggesehen.

Eltern treten die Erziehungsgewalt an den Staat ab, an die Schule, an Drogenberatungsstellen, Erzieher und Tagesmütter. Politiker wie feministisch geprägte Medien drängen sie dazu. Das Anpreisen außerfamiliärer Arbeit wirkt sich folgenreich auf Kinder und Jugendliche aus. Ihnen fehlen fürsorgliche, strukturgebende Eltern als Vorbilder. Diese gehen arbeiten. Feierabends und am Wochenende wird das Kind auf Händen getragen, auch abgeschoben vor den Fernseher oder den PC. Kinder brauchen jemanden, der ihnen Grenzen setzt, ihr Gewissen und Über-Ich aufbaut. Sie brauchen Väter und Mütter, die ihnen Liebe und Zuwendung geben, Sprache und Bildung vermitteln.

Fremdbestimmte, Verantwortungslose, vom feministischen Geist Geprägte lassen Fremde, Bedienstete in ihre innersten

---

* Siehe Kapitel 13: Zum Wohle der Kinder?, S. 121–147

Bereiche vordringen. Sie übergeben ihre Kinder den Kinderkrippen und Kindergärten. Hier bildet sich ein Bienenstaat, in dem jeder seine Funktion hat, vor allem aber geringen erzieherischen Einfluß auf seine Kinder. Doch plagen den Bürger bereits jetzt zahlreiche Symptome, die sich mit dem Begriff der Infantilität oder der symbiotischen Haltung beschreiben lassen*.

Es wird noch ein langer Weg sein, bis der Mensch aufgeklärt ist – so wie Kant es verstanden hat: „Aufklärung ist der Ausgang des Menschen aus seiner selbstverschuldeten Unmündigkeit“[53]. Ziele der Aufklärung sind u. a.: allgemeines Wissen um die Seele und um das, was Familien zerstört oder zusammenhält.

Das Motto der Infantilen

Menschen, die ihre Lebendigkeit bewahrt haben, wissen um die Not unserer Kinder. Denn trotz aller Entwicklung, Demokratisierung und Aufklärung kranken viele an einer neuen Art der Unreife: Die ehemaligen Chaoten, die Achtundsechziger, haben viele Mauern und Gerüste abgefackelt nach dem Motto der Infantilen: „Macht kaputt, was Euch kaputt macht“. Die schweigende Mehrheit, diejenigen, die sich eher anpassen als führen, sind nunmehr ohne ausreichendes ethisches Rüstzeug, um in Selbstverantwortung einen gelungenen Lebensentwurf mit symptomarmen oder -freien Kindern zu verwirklichen. Viele scheitern an der ersten Beziehung, einige wechseln das Geschlecht, lassen die erste oder vierte Ehe scheitern, anstatt daß sie an den Klippen und Kanten der Ehe reifen. Sie bedürfen der Aufklärung durch die Wissenschaft, durch Psychoanalyse und Psychiater.

Eine 28jährige Mutter sagt über ihren zweijährigen Sohn: „Es ist mir manchmal ganz lieb, daß ich morgens zur Arbeit gehen muß, weil mein Sohn zur Zeit sehr anstrengend ist.“

---

* Siehe Kapitel 7: Was ist infantil? und Kapitel 13: Zum Wohl der Kinder?, S. 58–65 und S. 121–147

Ein Hauptargument, aushäusig zu arbeiten, lautet: „Mir fällt die Decke auf den Kopf. Ich brauche die Abwechslung durch den Beruf, die Selbstbestätigung.“ *Die Unfähigkeit, sich außerhalb des Berufes mit Menschen zu unterhalten, Menschen aufzusuchen und sich Freunde zu machen, trägt dazu bei, daß der Beruf dazu dient, sich wohlzufühlen.*

Kinder fordern Nähe ein, Aufmerksamkeit und Geduld. Wenn Staat und Volk hier einer Mutter keinen Zuspruch geben, die Mutter nicht anerkennen, wenn keine Pflicht und Anerkennung bestehen, sich um Kinder zu sorgen, ihnen die bestmögliche Erziehung angedeihen zu lassen, wirft eine Frau über das Mutter-Kind-Dasein schnell das Handtuch, sobald sie mit dem Kind Probleme hat. Reizen dann auch noch die Verheißung auf Glück und Selbstbewußtsein durch Karriere, der höhere Lebensstandard, das Eigenheim, das zweite Auto, drücken die Schulden, so landet das Kind bald in der Tagesstätte. Fürsorge, Pflicht, Familiensinn darben. Die Erziehungsunsicheren, die Angepaßten, die Verantwortungsschwachen, die Selbstverwirklicher treten ihre Aufgaben an den Staat „als Verteilungs- und Verantwortungsagentur“[54] ab. Sie geben den Sinn des Lebens, ihre Kinder, aus der Hand. Erzieherische und fürsorgliche Fähigkeiten verkümmern. Hauptsache eine Mutter fühlt sich wohl: Sie schiebt um 21 Uhr auf Rollerskates in Minihöschen ihren Kinderwagen selbstverliebt über die Eckernförderstraße. Das Wohl ihres Kindes liegt ihr wenig am Herzen. Lärm und hohes Sicherheitsrisiko beeindrucken sie wenig. Das Kind entartet zuerst im Kopf der Mutter, später mißrät es selbst.

Vereinsamt

Wie weit die Zerstörung der familiären Strukturen gediehen ist, spiegelt sich in folgenden Zahlen:

- Würzburg hat **54,7 % Einzelhaushalte**[55].
- **37 %** der Privathaushalte in Deutschland gestalten sich aus **Alleinstehenden**[56].

- **Die Zahl der Einzelhaushalte hat von 1972 bis 2000 um 89 % zugenommen**[57].
- Weniger als 50 % der Kinder nehmen **gemeinsam mit der Familie zu Hause** eine **Mahlzeit** zu sich[58].
- Es wurden 2003 **20 %** mehr **uneheliche** Kinder geboren als 1998.
- Der Anteil der **unehelich Geborenen** lag in Deutschland 2003 bei **27 %**[59].
- Im Jahr 2004 wurden **213 691 Ehen** in Deutschland **geschieden**. Diese Zahl steigt seit Jahren an[60].

Die antiautoritäre Familie war Ziel der 68iger. Die Autorität des Vaters war zu brechen. Zerbrochen ist bei vielen der Sinn der Ehe, der Treue und der Familie. Zurück bleibt die Not der Einsamen und Richtungslosen.

Mängel der Staatsfürsorge

Eine Grundschullehrerin berichtet: „Die Hälfte meiner Schüler wird morgens von den Eltern zum Hort gebracht, anschließend kommen sie in die Schule. Fast alle diese Eltern sind den ganzen Tag berufstätig und erhalten ihre Kinder erst gegen Abend zurück. Anschließend werden diese Kinder eher verwöhnt als erzogen. Die Schule soll das Versäumte nachholen. Staatliche Einrichtungen ersetzen keine Eltern."

Ganztagsbetreuungsstätten – allein das Wort ist ein verbrämendes Ungeheuer – weisen Mängel auf. So in einer Kita Kiels: Erzieherinnen bremsen aggressives Verhalten von vierjährigen Jungen nur oberflächlich. Schubsen, Stoßen, unflätige Ausdrücke und gegenseitiges Beschimpfen sind an der Tagesordnung. Betreuende Frauen sind nicht zugegen. Ein von mir zur Ordnung gerufener Junge namens Ingo ruft wie automatisch dem ihm unterworfenen Kameraden zu: „Entschuldigung." Es klingt unecht, gelernt. Es handelt sich nicht um das kinderübliche Schreien und Toben, das ich beschreibe, sondern um unsoziales, zerstörerisches Verhalten. Ingo schlägt den Kameraden in dem Bewußtsein, daß keinerlei Konsequenz aus seiner Tat erfolgt, sobald er Entschuldigung sagt.

Einen Tag später: Drei Erzieherinnen unterhalten sich, die Kinder tollen. Innerhalb von zwei Minuten schlägt ein Junge seinen Zwillingsbruder mit einem Stock viermal auf den Rücken – zwei Meter von den Erzieherinnen entfernt. Der Junge haut dann ein Mädchen mit dem Stock, anschließend wirft er ihn ihr ins Gesicht. Sie weint, läuft auf die Frauen zu. Eine ruft den Jungen. Er kommt lässig auf sie zu, die Hände im Anorak. Eine Erzieherin beugt sich tief zu ihm hinunter. Sie spricht mit ihm – ihre Autorität schmälernd – in gebückter Haltung. So lernen die Kinder, daß unsoziales Verhalten ohne Konsequenzen bleibt. „Unterfinanzierte Verwahranstalten" geben den Kleinen für den Start ins Leben nicht genug Wärme, Struktur und Ideen mit[61].

Eine 24jährige Studentin berichtet: „Im Kindergarten kann ich mich noch an eine für mich damals grausame Szene erinnern. Ein Junge hat meine Freundin in den Arm gebissen. Man hat sie anschließend gezwungen, den Jungen zurückzubeißen. Ich habe noch das Bild im Kopf, wie die Erzieherin den Jungen festhält, den Ärmel hochgekrempelt und vor meiner Freundin steht. Die will ihn partout nicht beißen. Die Erzieherin wird auch mit ihr ganz böse."

Eine Erzieherin zitiert gängige Worte aus einem Kinderladen: „Ich hau dir was auf die Glocke. Hau ab. Du kriegst was an die Waffel."

Im zweiten Grundschuljahr stellen sich Kinder frühmorgens um fünf Uhr den Wecker. Sie lernen aber nicht für die Schule, sondern sie frönen ihrer Fernsehsucht. Grundschullehrer merken, daß das Störverhalten der Kinder in den Klassen zunimmt. Eine Lehrerin berichtet: „Ich bin schon froh und zufrieden, wenn drei Kinder in einer Klasse das an Sozialverhalten verinnerlichen, was ich ihnen vermittle. Nicht das Lernen ist der eigentliche Knackpunkt des Unterrichts, sondern das gestörte Sozialverhalten. Die Unruhe ist montags am größten." Wo und wie sollen die Kinder soziales Verhalten lernen? Ohne Geschwister, mit zerstörerischen Fernsehprogrammen und ohne strukturierend-erziehende Eltern?

Kinder werden heute vor allem von ihren Mitschülern durch unsoziales Verhalten geärgert oder gedemütigt. Wenn nach der Schule niemand zu Hause ist, der sich der Sorgen dieser Kinder annimmt, verlieren die Eltern den Kontakt zum Kind. Es schluckt viel hinunter. Es ist niemand da, der es stärkt und ihm den rechten Weg zeigt. Mutter ist zur Arbeit, Vater ist zur Arbeit. Auch staatlich verordnete Ganztagsbetreuung wird da keine Abhilfe schaffen. Im Gegenteil. Eine Erzieherin, die zehn oder zwanzig Kinder zu betreuen hat, ist nicht in der Lage, die vielen Gemeinheiten und Häßlichkeiten verwöhnter, vernachlässigter Kinder zu erkennen, geschweige denn auf die Sorgen der Einzelnen einzugehen. Daß auch in den Familien Erziehungsnotstand herrscht, ist kein Argument für staatliche Fürsorge, sondern dafür, das Bild von Familie und Erziehung auf eine höhere, bewußtere Ebene der Einzelnen zu heben.

Früh werden abgestillte Säuglinge in Krippen abgegeben, Mütter gehen arbeiten. Diese Handlungen entspringen nicht einer intakten Fürsorge im Interesse der Kinder, sondern dienen allein wirtschaftlichen- und vermeintlichen Glücksvorteilen, auch der Befriedigung kritiklos übernommener feministischer Ziele. In unserem Land bekämpft das Doppelverdienertum nicht Armut, sondern die Institution Familie. Der Selbstwert von Mann und Frau schöpft seine Kraft nicht aus der Vorstellung einer glücklichen, kinderreichen Familie. Erwerbsarbeit und Geld machen zufrieden. Tönen falsche Propheten.

Kleinstkinderbetreuung

Ein Sozialpädiater sagt: „Schon geringe Unterschiede im Pflegeverhalten können tiefgreifende Konsequenzen haben, die das spätere Leben von Grund auf prägen. Das gilt vor allem für das Sprachvermögen, das sich im ersten Jahr nach der Geburt herausbildet und später nur noch marginal beeinflußt werden kann. Bindungslosigkeit bleibt ein Risikofaktor, der sich, wie der emeritierte Münchner Sozialpädiater Theodor Hellbrügge hervorhob, mit jeder Art von Kollektiverziehung verbindet, wenn auch in unterschiedlichem Ausmaß"[62].

Unverhohlen fordern Wirtschaft und Politiker die Arbeitskraft der Frauen ein und die damit verbundene Kleinstkinderbetreuung: „Angesichts des drohenden Fachkräftemangels könnten die Unternehmen vor allem auf die qualifizierten Frauen nicht verzichten ... Vorrangig sei dabei zunächst der Ausbau der Kleinstkinderbetreuung"[63].

Sollen staatlich bezahlte Erzieher Kleinstkinder in Gruppen von vier Kindern erziehen, so stellt sich die Frage, wieso hierfür eine staatlich bezahlte Amme vonnöten ist. Es wäre sinnvoller, den Sinn des Mutterdaseins zu stärken und das Geld der Bediensteten den Müttern zu geben.

Die Befürworter der staatlichen Kindererziehung wie z. B. Wassilios[64] berufen sich auf eine Studie in den USA, die lediglich sieben Jahre dieser Kinder vom ersten Lebensmonat an überblickt. Eine derartige Studie kann jedoch erst aussagekräftig sein, wenn die gesamte Lebensspanne dieser Population berücksichtigt wird. Deren spätere psychosomatische Störungen, Scheidungsraten und Auswirkungen auf den eigenen Erziehungsstil sind noch nicht erforscht. Der Hinweis, daß sich berufstätige Mütter besonders intensiv in der verbleibenden Zeit mit dem Kind beschäftigen, kann ich teilweise bestätigen. Ich habe jedoch bereits betont, daß durch diese punktuelle Zuwendung, die zumeist das Kind verwöhnt, eine enorm starke Bindung an die Mutter hervorgerufen wird, bzw. die Vernachlässigung nicht wieder gutzumachen ist.

Der reife, verantwortungsvolle Mensch möchte seine Kinder nicht in Staatsobhut geben, sondern sie selbst erziehen. Er möchte seinem Kind selbst die Sprache beibringen, die einmalige Phase des Säuglings- und Kleinkindesalters mit ihm zusammen verbringen, genießen und durchleben. *Der Griff des Staates nach der Familie widerspricht den inneren, seelischen Anlagen des Menschen.*

Anstatt darüber nachzudenken, wo die Ursachen einer fehlerhaften Sprachbeherrschung, mangelhafter Schulleistungen und ungenügendem Sozialverhalten liegen, mischt sich das

Frauen- und Familienministerium immer tiefer in die persönlichsten Angelegenheiten eines jeden ein: „Das Ministerium hat sich vor allem die Sprachförderung auf die Fahnen geschrieben. Unter Defiziten leiden dabei auch Kinder aus deutschen Familien, ‚in denen kaum vorgelesen oder wenig miteinander gesprochen wird', erklärte Erdsiek-Rave. Für die Fortbildung der Erzieher stehen 100 000 Euro im Jahr zur Verfügung"[65]. So wird der Bürger immer mehr seiner Pflichten gegenüber den eigenen Kindern enthoben. Der Staat entmündigt ihn.

Unerfüllbare Ansprüche

Eine Erzieherin antwortet auf die Frage: „Was macht mich in meinem Beruf unzufrieden?": „Es ist vor allem die unrealistische Anforderungshaltung des Arbeitgebers, der Eltern und der Kinder. Das Wichtigste ist, alles zu dokumentieren, um es bewerten zu können, als Grundlage zur Optimierung. Dabei geht es im tieferen Sinn nicht um die Qualität der Arbeit, sondern um die Wettbewerbsfähigkeit auf dem Angebotsmarkt. Wäre ich in einem Unternehmen tätig, könnte ich dies sicherlich noch verstehen, aber ich arbeite mit Menschen. Mittlerweile bin ich so häufig mit der Dokumentation von Projekten, Aktivitäten, Elterngesprächen, Wochenplänen beschäftigt, daß ich häufig in Zeitdruck gerate und sich dies auf den Betreuungsumfang am Kind negativ auswirkt.

Ich muß alles in ausgedruckter Form abliefern, was das Ganze natürlich noch erschwert. Handgeschriebene Elternbriefe sind nicht mehr erlaubt.

Die Natürlichkeit hat ihre Berechtigung verloren, inklusive die der Kindheit. Die Kindheit hat sich zu einem separierten Prozeß entwickelt, der nicht mehr auf ganz natürliche Weise in unser alltägliches Leben mit eingeflochten wird. Dies scheint wohl eine umfassende Entwicklungstendenz zu sein, denn den Alterungs- und Sterbeprozeß haben wir ja auch schon erfolgreich ausgelagert.

Das Fatale ist nur, daß alle denken, sie hätten jetzt etwas Wunderbares geschaffen, endlich eine kindgerechte Kindheit. Um so mehr verstehen die meisten Eltern nicht, warum sie so viele Probleme mit ihrem Nachwuchs haben.

Genau hier liegt ein wesentlicher Anteil meiner Unzufriedenheit. Die Eltern kommen mit einer großen Erwartungshaltung zu uns. Wir sollen ihrem Kind alles anbieten, es gut unterhalten und jegliche Defizite ausgleichen. Schließlich haben wir das ja gelernt. Leider wollen sie dann nicht wahrhaben, daß wir immer nur begrenzt auf die Verhaltensweisen von Kindern einwirken und daß wir sie dort abholen müssen, wo sie ganz persönlich sind. ‚Was Hänschen nicht lernt, lernt Hans nimmer mehr', trifft hierfür zu. Voraussetzungen und Horizonte, die im Kleinkindalter nicht geschaffen wurden, müssen hart erarbeitet werden. Das macht mich wütend! Es werden die Pädagogen zur Verantwortung gezogen, nicht die Eltern. Es gibt unendlich viele Institutionen und Einrichtungen, die sich dieser Kinder annehmen. Dadurch ist für viele Eltern Verantwortung ein Fremdwort. Aufgrund der Belegzahlen und dem zunehmenden Konkurrenzkampf sozialer Einrichtungen, ist auch hier der Kunde König geworden. Am Anfang meiner Tätigkeit habe ich viele interessierte und engagierte Eltern erlebt. Dies vermittelte mir eine Wertschätzung meiner Arbeit gegenüber und ich konnte gemeinsam mit den Eltern ein Ziel verfolgen. Wir benötigten keine Wochenpläne, denn die Eltern haben sich selbständig informiert. Heute sind nur noch die Produkte wichtig, wie gebastelte Dinge, außergewöhnliche, zeitgemäße Aktivitäten. Diese Erwartungshaltung wurde mittlerweile auf die Kinder übertragen. Die wissen genau, welche Rechte sie haben. Pflichten kennen sie nicht. Alles, was nicht kindgerecht auf sie abgestimmt wurde, überfordert sie maßlos und führt zur Verweigerung. ‚Ich will aber spielen!' Kinder können kaum noch ein NEIN akzeptieren und es gibt ständig Endlosdebatten. Montags ist der unruhigste Tag bei uns. Da nölen und quengeln sie voller Unruhe herum. Wir wissen, die Kinder sind unausgeglichen. Sie haben vor dem Fernsehen gehockt.

Ich kann auch diese gestreßten Mütter nicht mehr ertragen, die wie aufgescheuchte Hühner umherlaufen und sich zur Geißel ihrer Kinder machen lassen. Mütter, die keine Grenzen aufgezeigt und den Kindern vermittelt haben, daß auch sie eine eigene Daseinsberechtigung haben. Mütter, die sich nicht mal drei Minuten ungestört unterhalten können.

Kinder werden zu Konsumenten erzogen und das Leben ist ein Selbstbedienungsladen.

Ich mühe mich stundenweise am Tag ab, und großartig bewegen kann ich sowieso nichts, weil es die übrige Zeit wieder wie gehabt läuft.

Dann sitzen sie wieder krumm und schief am Essenstisch und stehen ständig auf, spielen zwischendurch ein wenig, oder schauen dabei Fernsehen. Das vergangene Jahr im Hort ist besonders frustrierend gewesen, weil die Kinder meistens bis 15.00 Uhr Hausaufgaben machen und dann bis 16.00 Uhr kaum noch Zeit ist, etwas Schönes und Sinnvolles zu tun.

Zu Beginn meiner Tätigkeit kamen die meisten Eltern mit der Einstellung in unser Haus, ‚Das ist ja nett hier, so viele Möglichkeiten. Was macht ihr denn so mit den Kindern, wie können wir euch unterstützen?'

Dann brach Phase zwei an, ‚Hallo, das ist mein Kind und ich möchte, daß es hier viel lernt und viel geboten bekommt, ich habe nämlich schrecklich wenig Zeit.'

Die Steigerung des Ganzen haben wir heute. ‚Hallo, das ist mein Kind und ich möchte, daß ihm alles geboten wird und es seine Verhaltensauffälligkeiten verliert. Ich will Resultate sehen, schließlich bezahle ich dafür. Ansonsten werde ich mich an oberster Stelle beschweren.' Die Eltern wollen Verhaltensänderungen, obwohl sie ihr Kind selten in den Kindergarten schicken. Der Junge hat den Kontakt zur Gruppe verloren, wie auch wir zu ihm. Die Eltern stellen Ansprüche, die nicht erfüllbar sind." So berichtet eine erfahrene Erzieherin.

Eine Gemeinschaft definiert sich dadurch, daß sie moralische Werte hochhält, ihnen zustrebt und sie anerkennt. Diese Werte sind nicht beliebig austauschbar. Wenn ein Staat meint, Materialismus und Sozialismus seien höchste Ziele, so wird er diesem Streben nach Geld alles andere unterordnen. Wenn die öffentliche Meinung Kinder als Störfaktoren für die Selbstverwirklichung der Frau erklärt, so werden sich die meisten diesen Werten anpassen. Sie setzen wenig Kinder in die Welt, gehen einer aushäusigen Arbeit nach. Sie stärken ihr Selbstwertgefühl, indem sie sich an die öffentliche Meinung anpassen. Es gibt nur wenige starke Persönlichkeiten, die sich außerhalb stellen.

Herzensbildung gegen Leistungsdruck

Viele berufstätige Frauen sind mit Kindern überfordert. Sie fühlen sich durch die Ziele einer leistungsbetonten Gesellschaft verpflichtet, aushäusig zu arbeiten, obwohl sie Mutter sind. Die Frauen können *als Mutter* auch deswegen nicht zufrieden sein, da das Bild der Familie mit einer Mutter im Zentrum zerstört ist. Nahezu alle Mütter antworten auf meine Frage nach ihrem Beruf: „Ich bin *nur* Hausfrau und Mutter." Sie haben Minderwertigkeitsgefühle, Schuldgefühle, nicht den Leistungsanforderungen einer familienfeindlichen Gesellschaft zu genügen. Der Mutterberuf ist in der Vorstellung der meisten minderwertig geworden – ganz wie Beauvoir und Schwarzer es selbst empfunden haben.

Es ist nach der gegenwärtigen offiziellen Lesart wichtiger für eine junge Mutter, wieder zu jobben, als persönlich für das Wohl des Kindes zu sorgen. Nach kurzer Stillzeit stürzt sie sich in lohnabhängige Arbeit, anstatt die Nähe zum Kind zu erfahren, es in die Welt zu begleiten und zu betreuen.

Die öffentliche Meinung wertet Familie, Liebe, Opferbereitschaft und Mutterdasein gegenüber den Kindern ab. Ehemalige Randgruppen haben sich in den Vordergrund gedrängt. Sie vermitteln Werte der Beliebigkeit, der Austauschbarkeit von Partnern und Erziehungsidealen. Dieses Verwirrspiel verstärkt die innere Auflösung der Familiengemeinschaft.

Selbstbewußtsein bezieht die moderne Frau nicht aus ihrer Fähigkeit, Kinder zu gebären und in einer stabilen Familie großzuziehen, sondern durch Leistung in Konkurrenz zum Manne und zu anderen Frauen. Ein Staat, der seine Kinder nach einem halben Lebensjahr in Horte schickt, der seine Kinder von Sprachheilerziehern begleiten läßt, der hilflos vor den Verhaltensstörungen und der Gewalt seiner Kinder steht, wird sich besinnen müssen auf Herzensbildung, auf Familie, Treue, Liebe und Verzichten, wenn er überleben möchte. Kinder gelingen, wenn Mütter und Väter ihre Rollen bejahen.

Was ist zu tun? Sag Ja zum Kind, sag Ja zum Leben. Grenze Dich ab. Achte Deine Träume. Töte die Schuldgefühle, die verhindern, daß Du erwachsen wirst. *Liebe Kinder und erziehe sie, in einer dauerhaften Lebensform, die Familie heißt.*

Literatur

1 Stern: Nr. 11 (2005), S. 8, 63–76
2 Kieler Nachrichten: Nr. 60 (12.3.2005), S. 12
3 Schneider, R.: Gute Mütter arbeiten. Ein Plädoyer für berufstätige Frauen. Fischer Verlag, Frankfurt a. M. (2002)
4 Gerhard, U., Knijn, T., Weckwert, A.: Erwerbstätige Mütter. Ein europäischer Vergleich. C. H. Beck Verlag, München (2003)
5 Amendt, G.: Scheidungsväter. Band 6 der Schriftenreihe des Instituts für Geschlechter- und Generationenforschung, Bremen (2004), S. 231–238
6 Simrock, K.: Die deutschen Sprichwörter, Philipp Reclam Jun., Stuttgart (1988), S. 290
7 Frankfurter Allgemeine Zeitung: Nr. 246 (21.10.2004), S. 4
8 Schmitt, C.: Kinderlose Männer in Deutschland – Eine sozialstrukturelle Bestimmung auf Basis des Sozio-ökonomischen Panels (SOEP). Deutsches Institut für Wirtschaftsforschung, Berlin, Studie im Auftrag des Bundesministeriums für Familie, Senioren, Frauen und Jugend (2003), S. 11
9 Der Spiegel: Nr. 2 (2004), S. 45
10 Franz, M.: Wenn der Vater fehlt. Psychologie Heute, 3 (2004), S. 20–45
11 Die Welt: Nr. 117-21 (23.5.2005), S. 32

12 Frankfurter Allgemeine Zeitung: Nr. 256 (4.11.2002), S. 8
13 Reich, W.: Die sexuelle Revolution. Zur charakterlichen Selbststeuerung des Menschen. Fischer Taschenbuch Verlag, Frankfurt a. M. (1966), S. 88
14 Frankfurter Allgemeine Zeitung: Nr. 101 (30.4.2004), S. 13
15 Kieler Nachrichten: Nr. 40 (17.02.2004), S. 12
16 Bild: (14.2.2004), S. 2
17 Beauvoir, S.: Das andere Geschlecht, Rowohlt, Hamburg, (1968), S. 409
18 Ebenda, S. 482
19 Ebenda, S. 496–497
20 Ebenda, S. 476
21 Ebenda, S. 489
22 Ebenda, S. 336–337
23 Ebenda, S. 364
24 Ebenda, S. 399–402
25 Ebenda, S. 510
26 Ebenda, S. 510
27 Ebenda, S. 302
28 Ebenda, S. 303
29 Ebenda, S. 564
30 Ebenda, S. 403
31 Ebenda, S. 641
32 Ebenda, S. 646
33 Ebenda, S. 669
34 Ebenda, S. 361
35 Conzen, P.: Fanatismus. Psychoanalyse eines unheimlichen Phänomens. Kohlhammer Verlag, Stuttgart (2005), S. 32–113
36 Flöttmann, H. B.: Zur Psychologie der Gewalt. Über den Ursprung von Fanatismus, Faschismus und Terrorismus. TW Neurologie Psychiatrie 5 (1991), S. 377–388
37 Ebenda
38 Offenbach, Judith: Sonja. Eine Melancholie für Fortgeschrittene. Suhrkamp Verlag, Frankfurt a. M. (1981), S. 225
39 Ebenda, S. 325
40 Ebenda, S. 15
41 Kunstmann, A.: Frauenemanzipation und Erziehung, Werner Raith Verlag, Starnberg (1971), S. 18
42 Solanas, V.: Manifest der Gesellschaft zur Vernichtung der Männer SCUM. März Verlag, Berlin und Schlechtenwengen, 5. Aufl. (1982), S. 26

43 Ebenda, S. 40
44 Schwarzer, A.: Der „kleine Unterschied“ und seine großen Folgen. Frauen über sich – Beginn einer Befreiung. S. Fischer Verlag, Frankfurt a. M. (1975), S. 178
45 Ebenda, S. 180
46 Ebenda, S. 182
47 Ebenda, S. 184
48 Ebenda, S. 184–185
49 Ebenda, S. 189
50 Ebenda, S. 191
51 Frankfurter Allgemeine Zeitung: Nr. 130 (7.6.04), S. 13
52 Die Welt: 8.2.2005, S. 4
53 Kant, I.: Was ist Aufklärung? Vandenhoeck & Ruprecht, Göttingen (1985), S. 55
54 Frankfurter Allgemeine Zeitung: Nr. 252 (30.10.2002), S. 1
55 Kieler Nachrichten: Nr. 283 (4.12.2003), S. 32
56 Die Welt: Nr. 234-41 (6.10.2004), S. 1
57 Henry-Huthmacher, Ch., Hoffmann, E.: Familienreport 2005, Nr. 151/2006. St. Augustin (2006), S. 11
58 Frankfurter Allgemeine Zeitung: Nr. 228 (30.9.2004), S. 7
59 Kieler Nachrichten: Nr. 15 (19.1.2005), S. 28
60 Statistisches Bundesamt: Pressemitteilung vom 13.7.2005. www.destatis.de
61 Spiegel: Nr. 1, (2003), S. 52 – 54
62 Die Welt: 4.11.2004, S. 31
63 Die Welt: 9.11.2004, S. 11
64 Wassilios, E.: Der quantitative Ausbau des Systems der Tageseinrichtungen für Kinder. In: Auf den Anfang kommt es an! Bundesministerium für Familie, Senioren, Frauen und Jugend (Hrsg.), Beltz Verlag, Weinheim, Basel, Berlin (2003), S. 38
65 Kieler Nachrichten: Nr. 221, (21.9.2004), S. 5

13. Zum Wohl der Kinder?

Kinder sind Segen. Kierkegaard schreibt: „Aber auch noch in einem anderen Sinne sind Kinder ein Segen, weil man selber so unbeschreiblich viel von ihnen lernt“[1]. *Vater* und *Mutter* sind die wichtigsten Menschen im Leben eines Kindes. Fehlt einer oder arbeiten beide, wird sich das Kind anders entwickeln, als wenn Vater und Mutter es liebevoll, aufmerksam, Sitte und Anstand vermittelnd erziehen. Wenn ich am Strand sitzend beobachte, wie ein zweijähriger Junge sich über die Muscheln freut, hin und her läuft voller Bewegungsfreude, den Strand und die Mutter immer wieder im Auge, und wenn dieser Junge strahlend seiner Mutter eine glitzernde Muschel entgegenhält und die Mutter sein Geschenk liebevoll annimmt, dann frage ich mich: Was hätte dieser Junge ohne Mutter jetzt erlebt? Eine Erzieherin, die sich um zwölf Kinder gleichen Alters zu kümmern hat, wendet sich ca. mit einem Zwölftel ihrer Kraft dem Kind zu. Ein Kind, welches aufwächst wie eine Rebe ohne Stock, verkümmert. Es hat Kummer.

Selbstbestimmt?

Die moderne Frau will alles über sich bestimmen: Den Besamungstermin in der Bank, den Geburtstermin überläßt sie nicht der Natur, sondern ihrem Terminplan. Das Kind wird durch Kaiserschnitt entbunden. Kaiserschnitt hört sich vornehm an, verbrämend. Die erheblichen Nachteile für Kind und Mutter werden verschwiegen. Eine leistungsorientierte, moderne Frau will Kind und Beruf unter einen Hut bringen. Es wird geplant, mit dem Kopf gesteuert. Schauen wir uns hingegen ursprüngliche Mutterliebe an, sind wir berührt von der Macht dieser Kraft: Die Frau freut sich über ihr Kind, sie gibt sich ihm ganz hin. Es füllt ihr Leben aus. Es ist ihr Mittelpunkt.

Mütter haben sich bereits weit vom ursprünglichen Muttergefühl entfernt. Dieses bestätigen die Fachärzte für Kinder- und Jugendpsychiatrie: sie stellen eine zunehmende Unsicherheit unter jungen Müttern fest, die ihre Kinder nicht mehr zu erziehen wissen[2]. Diese Mütter sollten sich einen Tierfilm über die Spitzmausmutter anschauen. In ihrem Fürsorgeverhalten ist die Spitzmausmutter faszinierend. Von ihr kann die moderne Frau Mutterdasein wieder lernen, zumindest, was die Instinkt- und Triebhaftigkeit ihres Mutterdaseins betrifft.

Kinder brauchen Mütter

Wenn die Frauenforschung hervorgebracht hat, daß Frauen anders sind, daß sie eine bessere sprachliche Ausdrucksfähigkeit haben, eine erhöhte Empfindlichkeit gegenüber seelischen, inneren Vorgängen, daß sie kommunikativer sind, dann ist es folgerichtig, wenn Männer mit ihrer Logik, ihrer häufig beklagten Gefühlsarmut und ihrem Verstandeswesen sich von diesen Aufgaben der Frau fernhalten. „Daß Väter sich intensiv um ihre Kinder kümmern, ist nur bei drei bis fünf Prozent der Säugetierarten der Fall … Kulturvergleichende Studien zeigen, daß in allen Kulturen Mütter mehr Zeit und Energie in ihre Kinder investieren als Väter"[3]. Die Mütter tun es deswegen, weil sie dazu begabt und von Natur her ausgestattet sind.

Mein kranker Sohn

Berufstätige Mütter verdrängen, daß Kinder im Säuglings- und Kleinkindalter häufig krank, die Nächte anstrengend sind, weil die Kinder weinen. Tagsüber sind Mütter kranker Kinder gerädert. Eine zweite Schwangerschaft ist nicht selten dadurch gefährdet, daß die Frau übermäßig angespannt ist und frühzeitige Wehen hat. Eine 26jährige Mutter von zwei Kindern, die halbtags in einer Behörde in Ruhe arbeitet, sagt: „In der letzten Woche war mein Sohn krank, da war ich die ganze Zeit zu

Hause und da lief alles gut, entspannt, auch beim Sex. Wenn ich zur Arbeit gehe, bin ich nervös und gereizt."

Eine berufstätige Frau läuft Gefahr, sich zu überfordern, die Kinder zu vernachlässigen oder zu verwöhnen, weil sie Schuldgefühle ihnen gegenüber hat. Eine Familie, in der Kinder gedeihen, ist nur möglich, wenn die Mutter zu Hause ist, sobald die Kinder aus der Schule kommen.

Kindern gebührt mehr als ein Platz im Kinderhort, Kinder haben einen Anspruch auf Eltern, auf Vater und Mutter, nicht nur am Wochenende oder alle vier Wochen, sobald die Eltern geschieden sind. Die Zeit wird kommen, daß Eltern wieder Muße finden, die Mühsal nicht mehr scheuen und das Wissen mitbringen, ihre Kinder zu lebendigen, selbständigen, sich selbst und andere liebenden Menschen zu erziehen.

Mütter über sich

„Wenn ich den ganzen Tag zu Hause bin, fällt mir die Decke auf den Kopf. Ich brauche die Arbeit zur Abwechslung." Dem ist zu entgegnen, daß dieser Frau die innere Erlaubnis zu einem abwechslungsreichen Leben mit Kindern fehlt. Sie flüchtet in die aushäusige Arbeit, anstatt sich zu entwickeln. Die Arbeit in einer Firma gibt Halt und Geborgenheit. Es ist aber verantwortungsvoller und aufwendiger, sich selbst als Mutter einen Zeitplan zu erarbeiten, in dem Kindergruppe, Sport, Musik, Theater und Treffen mit seinesgleichen angesagt sind, als Struktur und Kontakt auf der Arbeit vorgesetzt zu bekommen.

Eine depressive Mutter antwortet auf die Frage nach Glück: „Ich wäre vollkommen glücklich, wenn ich Karriere und meine zwei Kinder unter einen Hut bringen könnte." Beides unter einen Hut zu bringen, überfordert eine durchschnittliche Mutter. Sie stürzt sich in Hektik und depressive Symptome. Sie handelt gegen ihre Natur.

Eine 33jährige Mutter und Bürokauffrau erzählt: „Ich könnte zu Hause immer nur weinen. Da habe ich wieder angefangen zu arbeiten. Man kriegt ja sonst keine Anerkennung und kein Geld. Die Kinder reichen mir nicht. Seitdem ich wieder arbeite, gibt es zu Hause viel Streß."

Eine 30jährige Erzieherin und Mutter eines unehelichen fünfjährigen Sohnes: „Grundsätzlich habe ich zu wenig Zeit außerhalb meiner Arbeitszeit. Ich werde meiner eigenen Bedürfnisbefriedigung, der meines Sohnes und des Haushaltes nicht gerecht. Ich habe ein schlechtes Gewissen, fühle mich schuldig, überfordert und urlaubsreif. Ich grenze mich zuwenig ab und setze meine eigenen Bedürfnisse nicht durch, weil ich ein schlechtes Gewissen meinem Sohn gegenüber habe. Er tritt dann unglaublich stark auf. So entstehen bei uns die schlimmsten Konflikte. Wir verletzen uns gegenseitig, wo wir nur können."

Eine 30jährige Frau: „Seitdem ich arbeite, ist es stressig geworden. Ich muß die Kinder wegorganisieren." Die moderne Frau meint, sich durch Karriere von inneren Fesseln befreien zu können. Zu leiden unter dieser Haltung haben die Kinder und der Mann.

Worte einer Mutter: „Ich habe immer den Eindruck, daß ich nicht gut genug bin als Mutter. Ich liebe meinen Sohn über alles. Ein zweites Kind will ich jetzt nicht. Ich muß wieder arbeiten gehen. Ich kann mich nicht den ganzen Tag mit meinem Sohn beschäftigen."

Ich habe keinen Beruf

Kinder stören Karriere. Ab in die Tagesstätte. Wenn überhaupt, ein Kind. Der Beruf als Mutter existiert als Schatten feierabends und am Wochenende. Auf meine ärztliche Frage im Erstgespräch: „Was machen Sie von Beruf?" antworten viele: „Ich habe keinen Beruf." Meine nächste Frage lautet: „Was machen Sie denn den ganzen Tag?" Antwort: „Ich kümmere mich um meine Kinder." Minderwertigkeitsgefühle, fehlende gesellschaftliche Anerkennung des Mutterdaseins führen zu dieser Abwertung des Mutterberufes. Nur wer Küche, Kind und Karriere unter einen Hut zwingt, gilt in der neuen Welt als anerkannt und wertvoll, vor allem aber die kinderlose Karrierefrau. Von Natur selbstbewußte Frauen, die ihre Rolle als Mutter und Frau gerne ausfüllen, schaffen es hingegen, ohne aushäusige Arbeit zufrieden zu sein. Zur Selbstverwirklichung einer Frau gehört es eben nicht, Gelderwerb und Mutterdasein miteinander zu verbinden. Diese Haltung entspringt allein dem Zeitgeist.

Ich bin gehetzt

Eine berufstätige Ärztin, Mutter von zwei Kindern: „Bevor ich selber Kinder gehabt habe, habe ich immer gedacht, das ist ja leicht hinzukriegen, vielleicht sogar als alleinerziehende Mutter. Ich kriege alles unabhängig von Männern hin, habe ich gedacht. Kind und Beruf, na klar. Meine heutige Erfahrung mit zwei kleinen Kindern dagegen ist: Ich setze mich unter Druck. Ich vergleiche mich mit Kollegen, die ihre Kinder von einer Kinderfrau betreuen lassen. Das Leistungsdenken bestimmt mich zu sehr. Ich fühle mich gehetzt. Neulich hatte ich sogar schlaflose Nächte, weil ich immer an die Arbeit denken mußte."

Wo bleibt die Mutter, die nach der Schule die Not der Kinder erfragt und versteht? Sie haben niemanden, der ihnen zuhört, wenn sie die Sorgen loswerden wollen. Gestörte Schulkameraden, welche das Kind belasten, gibt es ausreichend. Kindern fehlen Heimat, Selbstvertrauen, Richtung und Struktur. Staatlich bezahlte Schulaufsichten und Sozialpädagogen ersetzen Eltern nicht.

Angst vor Nähe

Wenn einer Mutter die Decke auf den Kopf fällt und sie deswegen aushäusig arbeitet, handelt sie nicht nur aus fehlender Erlaubnis zu Kind und Familie, sondern auch aus Angst vor zuviel Nähe. Die infantile Mutter fühlt sich verschlungen von dem kleinen Wurm, sie flieht vor ihm. Sie kann sich nicht abgrenzen gegenüber dem Schreihals. Sie fühlt sich den Bedürfnissen des kleinen Menschen ausgeliefert. Die unreife Mutter will es dem Säugling recht machen wie damals ihrer Mutter oder ihrem Vater. Ihr ist nicht bewußt, daß sie hinter dem brüllenden Baby ihre besitzergreifenden, verschlingenden Eltern sieht.

Anstatt zu lernen, auf den Säugling einzugehen, ohne die Angst verschlungen zu werden, flüchten sich diese Frauen in aushäusige Arbeit oder in die Krankheit.

Kinder zu erziehen ist eine schwierige, nervenaufreibende und auch kostspielige Aufgabe. Doch was stiftet mehr Sinn, Befriedigung und Glück, als Kinder zu haben und sie zu einem guten Ziel zu führen? Kierkegaards Satz gilt auch heute: „Es ist der einzige Wunsch des ehrwürdigen Greises, daß der Enkel doch heiraten möge, damit das Geschlecht nicht erlösche“[4].

Mutter – ein Beruf

Brief einer Mutter zum Leitartikel „Familiengrab“ in der Frankfurter Allgemeinen Zeitung: „Ich bin eines dieser unsäglichen ‚Heimchen am Herd‘. Mein Mann und ich haben uns seinerzeit vor der Geburt unserer ersten Tochter viele Gedanken über meine Zukunft hinsichtlich Beruf und/oder Familie gemacht. Es ist mir überhaupt nicht leichtgefallen, nach sieben erfolgreichen Arbeitsjahren einen Job aufzugeben, der alle Zukunftsperspektiven bot. Ich habe mich – mit voller Unterstützung meines Mannes – für Kinder und für Familie entschieden. Und es war die beste Entscheidung, die ich treffen konnte. Einige meiner Freundinnen, die es ebenso gemacht haben, zweifeln auch manchmal, ob nicht doch der Job besser für das Selbstwertgefühl wäre. Aber das ist nicht so. Wenn man sich selbst gegenüber ehrlich ist, dann nervt jeder Job irgendwann genauso, wie es auch der Familienalltag tut: Er ist eintönig, lauter Blöde um einen herum, der Chef hat ’ne Krise, und ich bin urlaubsreif. Die Facetten, die das Leben farbig und spannend machen, muß jeder selbst einbringen. Das geht in einem Job – aber genauso auch im Familienalltag.

Wenn Frauen und Männer die Sicherheit bekämen, daß sie ‚den' verantwortungsvollen Job machen, wenn sie vernünftige Menschen großziehen, die in die Gesellschaft passen, und das nicht als ‚Heimchen am Herd', sondern als interessierter, offener, toleranter Mensch, dann würden viele dieses Thema anders angehen. Aber solange keine Partei in der Lage ist, hierzu etwas Vernünftiges beizutragen, wird es so weitergehen wie bisher: Alleinerziehende Schwule und so weiter werden der Knaller sein, die Heimchen am Herd werden so langsam aussterben. Vielleicht auch nicht.

Lolita Wollbrecht, Schwetzingen"[5]

Selbstbewußtsein

Für das Selbstbewußtsein ist es wichtig, wie hoch eine Tätigkeit anerkannt ist. Wenn die Gesellschaft Familie und Kinder geringschätzt, Hausfrauen und Mütter sich minderwertig fühlen, so werden die meisten von diesen danach dürsten, Anerkennung aushäusig zu finden, anstatt sich als Mutter berufen zu fühlen.

Selbstbewußt ist der Mensch dann, wenn er zu seinem Selbst gefunden hat. Einer der mächtigsten Triebe ist der Trieb, sich fortzupflanzen. Wer diesen Trieb unterdrückt, ihn verleugnet, ihn verspottet, handelt gegen die Natur des Menschen. Zu dem Selbst von Mann und Frau gehört der Wunsch, sich zu vereinigen, sich zu lieben, um Kinder zu zeugen.

Kraft und Selbstbewußtsein schöpfen Mann und Frau, wenn sie in der Lage sind, eine Familie zu gründen und zu fördern, so wie es für die Kinder am besten ist.

Alleinerziehend, na und?

Der Ausdruck „alleinerziehend" verharmlost Makel und Schuld. Unehelich ist keine Schande des Kindes, aber eine Schuld der Eltern. Woraus besteht deren Schuld? Sie haben die Ehe zerstört, das Wohl der Kinder gering geachtet. Sie haben sich nicht zur Liebesfähigkeit entwickelt, sie sind unreif geblieben. Sie sind ihren Zweifeln erlegen.

Feminismus und Politik haben die alleinerziehende Mutter als neue Lebensform befürwortet und verherrlicht, anstatt auf die Gefahren zerbrochener Ehen hinzuweisen: Kinder, die mit Alleinerziehenden aufwachsen, werden häufiger psychisch krank, haben einen deutlich geringeren sozioökonomischen Status[6]. Söhne Alleinerziehender haben ein fünffach erhöhtes Risiko, an den Folgen eines Alkohol- und Drogenmißbrauchs zu sterben. Töchter Alleinerziehender begehen doppelt so häufig Selbstmord wie Mädchen, die in einer Familie aufwachsen[7]. Scheidungskinder leiden häufig unter Angst und Depression. Alleinerziehend, na und?

Normal und krank

Geschiedene Eltern leben häufig im Haß gegeneinander, sie ketten und zerren die Kinder an sich, werten den verlassenen Partner ab. Scheidungskinder lernen nicht, wie eine Ehe zu gestalten ist, damit Ehe ein Bund für das Leben ist. Für sie sind Trennung, der Bruch und das Fehlen eines Elternteils normal und schmerzhaft. Das Gestörte aber zum Normalen zu erklären, das Kranke für gesund, das erlauben sich Gestörte, die in Politik und Gesellschaft nach führenden Positionen drängen, um dort ihre Störungen auszuleben und in Gesetze zu kleiden.

Scheidung führt oft dazu, daß ein fremder Mann in die zerbrochene Familie tritt. Das Risiko des Kindes, einen sexuellen Mißbrauch durch den Stiefvater zu erleiden, steigt um das Sechs- bis Siebenfache im Vergleich zum leiblichen Vater[8].

Die Rolle des Vaters

Das väterliche Prinzip ist von Natur aus in jedem Menschen vorhanden. Es beinhaltet Aggressivität, Ordnung, Struktur, Pflicht und Gehorsam. Das väterliche Prinzip liegt naturgemäß dem Manne näher als der Frau. Sie vertritt eher das Weiche, Hinnehmende, Nachgebende. Mann und Frau sollten als Ideal männliche und weibliche Seiten in sich entwickelt haben – ihrer jeweiligen genetischen Ausstattung entsprechend.

Die heutigen Männer nehmen ihre ordnende, grenzsetzende Funktion nicht ausreichend wahr. Väter tragen Ohrringe, Halskettchen und einen gebundenen Haarschwanz. Er gefällt sich in seiner Rolle als Männchen. Er setzt sich nicht durch – vor allem zu Hause. Die Feministen haben ihn entmannt. Er ist verweiblicht. Er raucht Hanf, kümmert sich den ganzen Tag um den sechs Wochen alten Säugling, obwohl er hierfür von Natur aus wenig geeignet ist. Das Bild des grenzziehenden, starken, gütigen, in sich ruhenden und selbstsicheren Vaters verblaßt: Mütter erziehen allein, vom Staat gefördert.

Verhaltensstörungen von Kindern haben zugenommen. Väter und Mütter, die Grenzen setzen, sind selten. Sie lassen Kinder verwahrlosen. Es kümmert sich der Staat. Die antiautoritären Ideologen des letzten Jahrhunderts haben zusammen mit den Feministen ganze Arbeit geleistet. Väter und Mütter gehen einer höher bewerteten Tätigkeit als der Kindererziehung nach. Der funktionslose Vater übernimmt verwöhnende Aufgaben, anstatt zu erziehen, Grenzen und Maßstäbe aufzuzeigen.

Der Anteil von Frauen in betreuenden Tagesstätten und Sozialeinrichtungen ist übermäßig groß. Wo bleibt das männliche Prinzip? Die wenigen Männer, die sich für soziale Berufe entscheiden, sind nicht selten selbst große Kinder. Sie stimmen mit der feministischen Gedankenwelt überein. Wie hilf- und machtlos öffentliche Institutionen sind, zeigt sich an Schulen, wenn Lehrer sich Erpressungen, Unflätigkeiten und asoziales Verhalten während des Unterrichts gefallen lassen. Eine 17jährige Schülerin überläßt ihren Säugling in einer „Babyecke“ des

Klassenzimmers – während der Unterricht für alle stattfindet. Der Gipfel der Hilflosigkeit findet sich in der Meldung, daß eine Berufsschule in Schweden ihre Schüler mit Geld zum Unterricht lockt[9]. Ohne das väterliche Prinzip neigen Kinder zum Schiffbruch. Sie schwänzen die Schule, verfehlen den Schulabschluß oder brechen die Ausbildung ab.

Viele Männer scheuen sich davor, Verantwortung für eine Familie zu übernehmen. Verunsichert, selbst kindlich geblieben meiden sie die Rolle des Vaters, nachdem die Antiautoritären und die Feministen das väterliche Prinzip vernebelt haben.

Der Junge benötigt den Vater wie die Pflanze das Licht. Ein Junge gedeiht, wenn der Vater als Gegenpol zur Mutter zugegen ist. Der vorbildliche Vater ist direkt, er sorgt für Klarheit im Beziehungsgeflecht der Familie. Er setzt mehr als die Mutter Grenzen, er gibt Ziele vor. Er zieht den Sohn aus dem mütterlichen Sumpf.

In einem frauen- und scheidungsbestimmten Zeitalter darbt das väterliche Prinzip. Der Junge braucht Vaterfiguren, um sich an ihnen zu reiben und zu wachsen. Ein Junge identifiziert sich zu seinem Wohl mit Männern und nicht mit Frauen. Daher verstärkt eine frauendominierte Schule in vielen Jungen ihre Neigung, Leistung zu verweigern. Sie verharren eher in der Infantilität, wenn es ihnen an einem gegengeschlechtlichen Lehrervorbild mangelt. Auch die Schule erfordert das männliche Prinzip, das sich gegen das Knabenhaft-Strukturlose, das Weibliche, vieles Verzeihende durchsetzt, damit die Kinder wohlgeraten.

Die Welt des Kindes

Die Vereinzelung der Kinder wächst. Ein-Kind-Ehen sind an der Tagesordnung. Nahezu die Hälfte der Kinder wächst ohne Geschwister auf[10]. Viele Kinder erfahren früher oder später das Drama der Trennung. Sie werden dadurch oft an ein Elternteil gebunden oder vernachlässigt. Sie leiden später häufig unter Ängsten und anderen symbiotischen, infantilen Verhaltensweisen. Kinder und Jugendliche beanspruchen verstärkt erzieherische Einzelbetreuung, da ihre Eltern sie nicht erzogen haben.[11]

Die sprachliche Flachheit der Kinderprogramme im Fernsehen und das ungenierte Lispeln von Moderatoren – situative Vorbilder – tragen zu Sprachstörungen bei. Einige Eltern wissen nicht, daß Lispeln infantil ist. Sie stört es nicht.

Eine Erzieherin schreibt: „In den meisten Elternhäusern werden den Kindern keine Grenzen aufgezeigt. Sie dürfen zuviel. Sie werden fünfmal ermahnt, bevor Konsequenzen erfolgen, wenn überhaupt. Damit kommen die Kinder aber nicht zurecht, denn sie brauchen klare Grenzen. Also testen sie die Erwachsenen mit Ungehorsam und sorgen für strapazierte Nerven bei den Eltern. Dieses Verhalten nehmen sie dann mit in den Kindergarten. Viele Kinder sind in ihrer Freizeit sich selbst überlassen. Sie haben alleinerziehende Elternteile, keine Geschwister. Fernsehen und Computerspiele bestimmen den Alltag. Das Sozialverhalten bleibt auf der Strecke. Elternteile sind mit der Erziehung ihrer Sprößlinge oftmals überfordert. Um ihre Ruhe zu haben, lassen sie ihnen vieles durchgehen oder stoppen ihr Gequengel mit Geschenken und Süßigkeiten. Einige Kinder werden von wohlmeinenden Eltern regelrecht erdrückt. Alles wird mit ihnen besprochen, zerredet. Sie werden von Freizeitangebot zu Freizeitangebot gefahren. Die Kinder haben keine Zeit zum Spielen und zur Entspannung."

Vorbilder?

Schauen wir uns die Vorbilder an, nach denen unsere Kinder streben, stellen wir fest, daß diese Idole privat oft gescheitert sind: Politiker, Schauspieler, Schlagersänger. Ihr Leben ist häufig gezeichnet von Untreue, Unruhe und Selbstdarstellung. Ihre Süchte machen Schlagzeilen. Viermal geschieden. Gleichgeschlechtliche Politiker. Die Sekretärin als Geliebte. Öffentliche Menschen bieten exhibitionistisch und infantil ihr Intimleben feil wie eine zu plündernde Schatztruhe. Den wenigsten gelingt es, ausgeglichen zu leben. Wo in den Medien sind die

Idole der Selbstfindung, der Treue, der Selbständigkeit und der Willensstärke? Wer *lebt* den christlichen Glauben? Ein Vorbild haben heißt: jemand Vorbildhaftem nacheifern, Aspekte seines Lebens übernehmen. *Unseren Kindern fehlt das Normale, das Strukturierte – als Mittelpunkt ihres Lebens.*

Kinder schauen in die Ferne

Kinder sitzen vor dem Fernseher. Fernsehen macht unruhig. Es hinterläßt Leere. Es macht einsam. Schießereien, extrem freches Verhalten und niederträchtige Verhaltensweisen sind gängige Handlungsmuster. Sie prägen die Seelen der Kinder. Die Eltern als Vorbilder schlafen oder sind froh, daß ihr Einzelkind nicht quengelt – abgefüllt mit Fernseh-Mist. Im Kindergarten macht sich das erlernte, unsoziale Benehmen zuerst bemerkbar. *Die Kleinen sind egomäßig drauf wie ihre geliebten Komikfiguren.*

Abstillen

„Der Anteil ausschließlich und überwiegend gestillter Säuglinge ging von 75 % (14 Tage und mehr) über 58 % am Ende des zweiten Monats auf knapp 13 % am Ende des sechsten Monats zurück“[12].

Die Untersuchung „Stillen und Säuglingsernährung in Deutschland“ bezieht sich auf das Jahr 1997. „Als Gründe für das primäre Nichtstillen nannten die Mütter Überbeanspruchung durch Familie, keine Zeit, Rauchen, Probleme mit der Brust, keine Lust zum Stillen und die bevorstehende Erwerbstätigkeit. Statistisch wurden als weitere Einflußfaktoren die fehlende oder unklare Stillabsicht der Mutter, das Vorhandensein weiterer Kinder, das Alter der Mutter unter 25 Jahre und die fehlende Stillerfahrung ermittelt“[13]. Eisige Kälte ist eingefallen in die Herzen der Mütter. Künstliche Befruchtung, Kaiserschnitt, Kunststoffflasche. Tagesmutter, Tagesstätte, Ganztagsschule. Wofür haben diese Frauen Kinder? Eine 32jährige verheiratete Krankenschwester sagt: „Nein, meine Tochter wird nicht mehr gestillt. Sie war so gierig. Das war nur Streß. Da habe ich abgestillt. Und jetzt haben wir beide unsere Ruhe."

Das Wohl des Kindes?

Die modernen Lebensbedingungen führen zu einer drastischen Verschlechterung der Lebensbedingungen von Kindern:

- Die Zahl der **Frühgeburten hat in Deutschland um mehr als 20 % seit 1992 zugenommen**[14].
- Frauen entbinden vermehrt **mit Kaiserschnitt und Periduralanästhesie**. Diese verschlechtern u. a. die Mutter-Kind-Beziehung[15].
- In Deutschland **rauchen rund 30 % aller schwangeren Frauen**[16]. Ein Zehntel aller Todesfälle in der Neugeborenenperiode wird dem Rauchen zugeschrieben.[17] Diese Kinder neigen zu Erkältungskrankheiten, Bronchitiden und Asthma. Stillende Mütter geben Nikotin über die Muttermilch an ihr Kind weiter.[18]"
- In Deutschland liegt das Vorkommen psychischer Auffälligkeiten im Kindes- und Jugendalter mit ca. 18 % seit Jahren stabil auf einem recht hohen Niveau[19].
- Die Zahl der **übergewichtigen Kinder** ist doppelt so hoch wie vor fünfzehn Jahren[20].
- **3,5 Millionen** Kinder und Jugendliche leiden an Übergewicht[21].
- Die **Raucherquote** der jüngeren Jugendlichen von 12–17 Jahren ist von 1993 bis 2001 deutlich **angestiegen**[22].

- In der Altersgruppe der **12–15jährigen** hat der Alkoholkonsum von 2001 bis 2004 um fast **50 %** zugenommen[23].
- **Um 37 %** ist von 2000 bis 2002 die Zahl der **Kinder und Jugendlichen** gestiegen, die wegen **Volltrunkenheit bzw. Alkoholvergiftung** in einer **Klinik** behandelt werden mußten[24].
- Die **alkoholbedingte Sterblichkeit** bei den männlichen Jugendlichen liegt bei knapp **13 % aller Todesfälle**[25].
- **12** % der befragten **12–15**jährigen trinken mindestens einmal im Monat **fünf** oder mehr Gläser eines alkoholischen Getränks. Unter den 16–19jährigen sind es **46 %**[26].
- **13,3 % der 11–15jährigen** trinken mindestens **einmal in der Woche Alkohol (**Bier, Wein/Sekt/Hochprozentiges)[27].
- **12,1** % der **11–15**jährigen **rauchen** täglich[28].
- **50 % aller 14jährigen haben bereits einen Rausch gehabt**[29]**.**
- Es heißt: „Immer mehr **Drogen im Straßenverkehr**"[30, 31]. Erschreckend sei die zunehmende Zahl von vor allem jungen Autofahrern, die illegale Drogen konsumieren.
- Die Zahl der Autounfälle unter Drogeneinfluß mit Personenschaden hat sich von 1995 bis 2003 mehr als verdoppelt[32].
- Der Griff nach **Cannabis** hat in der Gruppe der 18–29jährigen zwischen 1990 und 2000 um **300 %** zugenommen[33]**.**

- Die Zahl der **Kiffer**, die sich wegen Hilfe an Drogeneinrichtungen wandten, ist in diesem Zeitraum um **750 %** gestiegen[34].
- **97 % der kiffenden Jugendlichen konsumieren Cannabis auch während der Schulzeit[35].**
- Die Zahl der Kinder, die vom Jugendamt wegen Überforderung ihrer Eltern **in Heimen** oder bei **Pflegeeltern** untergebracht werden, ist von 1995 bis 2003 **um 44 %** gestiegen[36].
- Das durchschnittliche Einstiegsalter junger **Raucher** sinkt kontinuierlich. Es liegt derzeit bei **11,6 Jahren[37].**
- Die Zahl der **Kindesmißhandlungen** ist nach Angaben des Bundeskriminalamtes in den vergangenen 10 Jahren **um 50 %** gestiegen[38].
- **Jeden Tag** werden in Frankreich **9 Lehrer** von Schülern mit Waffen bedroht. Im Jahr 2005 gab es **12 586 gewalttätige Übergriffe** von Schülern gegen Lehrer. Das ist eine Zunahme von 9 % in zwei Jahren[39].

Kinderärzte stellen fest: „Etwa jeder vierte Schulanfänger in Deutschland hat Sprechstörungen und Sprachprobleme. Ursache dafür sei oft das Fehlen von Ansprechpartnern oder übermäßiger Fernsehkonsum.“ „Sprachstörungen nehmen ebenso zu wie Verhaltensprobleme. Störungen der kindlichen Kommunikation erhöhen das Risiko psychischer Erkrankungen, weil Sprache und Kommunikation eine wesentliche Grundlage für die gesunde Entwicklung der Persönlichkeit seien“[40]. Wundert es? Nach dem Vater hat sich auch die Mutter zurückgezogen aus dem häuslichen Leben. Sie arbeitet in der Firma.

Kälte zieht ein

Den Kindern werden die Mütter entzogen. Der ehemalige SPD-Generalsekretär Scholz strebt nach der „Lufthoheit über Kinderbetten“[41]. Der sozialistisch geprägte Staat hat das Visier fallengelassen. Er greift nach der Seele von Kind, Mutter und Familie. Ziel der Politik ist es, den Kindergarten, den Kinderhort und die Schule zum Mittelpunkt der Familien zu machen.

Kalt und bürokratisch wie das amtliche Wortungeheuer „flächendeckende Kinderbetreuungssysteme“[42] ist die Haltung der Menschen, die derartige Sozialpläne aushecken. Steuer- und Sozialgesetze, welche alleinerziehendes Mutterdasein, Singledasein und Schwulenehe der Ehe gleichstellen, tragen dazu bei, daß intakte Familien geringgeschätzt werden.

Ein Kind braucht Vater und Mutter. Eine Familie ist dort, wo Mutter, Vater und Kinder unter einem Dach zusammenleben. Wie die Rattenfänger von Hameln flößen Feministen und Politiker den Frauen ein: Karriere macht frei. Sie behaupten, daß sie von sich aus berufstätig sein wollen. Sie irren. Die meisten Frauen sind dazu verführt worden, sich ihren Kindern zu entfremden. Sie wollen treu sein, ihre Kinder selbst großziehen. Der Meinungsdruck erzeugt Gefühle der Minderwertigkeit in der Frau, solange sie sich um ihre Kinder kümmert.

Wenn Ideologen etwas zu verheimlichen haben, verbrämen sie den Mißstand mit einem neuen Begriff: Tagesmutter. Mutter? Mitnichten. Es soll lediglich das schlechte Gewissen beruhigt werden, daß die Mutter nicht zugegen ist.

Auf das Unwort Erziehungsurlaub folgt nun die Elternzeit. Es war wohl kein Urlaub. Was kommt nach der Elternzeit? Das Abgeben von Kindergutscheinen an Fremdbetreuer? Welche Menschen entstehen hier? Wortungeheuer aus dem Wörterbuch des entmenschlichten Bürokraten verraten eine boshafte Absicht: Auflösen des Familienbildes. Karriere fasziniert. Aggressives Verhalten ist modern auch für die Frau. Kinder belasten. Aggression, Sex, Strukturarmut des Zusammenlebens und Sucht sind die Stimmen, denen diese Kinder folgen.

Kinder brauchen Liebe, Wärme, Zuwendung. Eine Mutter, die nach sechs Wochen ihr Kind Tageseltern überläßt, eine Mutter, die wechselnde Au-Pairs aus fremdsprachigen Ländern heranzieht, um sich den Kleinen zu entziehen, eine Mutter, die ihr Kind schon zwei Wochen nach dessen Geburt ohne Not zur Arbeit schleppt, die nach sechs Wochen abstillt, zeigt dem Kind, daß anderes für die Mutter wichtiger ist als das Kind. Der Säugling findet keine Ruhe in sich selbst, weil die Mutter unruhig und abwesend ist. Morgens um 5.30 Uhr ab ins Auto, hin zur Tagesmutter. Leiheltern ersetzen keine Mutter. Familien mit einem *hohen Unruhegrad* fördern das ADHS-Syndrom. Unruhe heißt, arbeiten gehen, dem Kind wechselnde Beziehungspersonen zumuten, seine Pflicht als Mutter vernachlässigen, auch sich *zuviel* um das Kind kümmern. Abgeschoben vors Fernsehen macht unruhig und passiv. Reize überfluten das junge Hirn. Das ADHS-Syndrom ist Trostpflaster für unruhige, karrierebetonte Frauen, die später mit ihrem Kind von Arzt zu Arzt rennen, um etwas wieder gutzumachen. Anstatt auf ihr Inneres, ihr Herz, ihre Träume zu hören und ihnen zu folgen, spurten Frauen der Karriere hinterher. Zuweilen geht die Unruhe auch von überfürsorglichen, einengenden Eltern aus, welche die Identität des Kindes nicht ausreichend achten.

Oder die Eltern sind schwach. Sie kümmern sich nicht um das Kind. Sie vernachlässigen es. Das Kind braucht Mutter und Vater. Der Mensch neigt dazu, die Ursache nicht bei sich zu sehen, sondern bei den anderen, hier in den Genen des Kindes: Sein Hirn hat ADHS. ADHS sollte umbenannt werden in KZfdK: Keine Zeit für das Kind.

Die Befürworter des ADHS sollten bedenken: Wo Vater und Mutter als Strukturgeber fehlen, hat ein Kind mit einer cerebralen Dysfunktion geringe Chancen, diese Schwäche auszugleichen. Sie sollten das Syndrom nicht vorwiegend auf biologische, hirnorganische Strukturen zurückführen. Das Hirn ist sehr wohl in der Lage, Mängel auszugleichen, wenn ihm die Chance hierzu gegeben wird. Eine Zeit, in der Kinder vorwiegend als Hindernis auf dem Weg zur Karriere angesehen werden, in der Vernachlässigung sich ausbreitet, gebiert zunehmend ADHS = KZfdK.

Kinder haben keinen Anwalt

Kinder werden nicht gefragt, ob sie eine Mutter wollen, die sie mit ins Büro trägt, die den ganzen Tag aushäusig ist, ob sie die Zigarettensucht ihrer Mutter erdulden, ob sie als Einzelkind aufwachsen wollen. Kinder werden nicht gefragt, ob sie zwei Lesben oder Schwule als Vorbilder haben wollen. Sie gehorchen, wollen gefallen, sie sind prägsam. Sie schweigen, sie entwickeln Krankheiten. Es gibt kein Recht für sie, die Eltern zu verklagen, weil die Mutter geraucht, Alkohol getrunken, sich unter Streß gesetzt hat wegen ihrer Berufsausbildung; oder weil die Mutter aus Schuldgefühlen, daß sie aushäusig arbeitet, das Kind übermäßig verwöhnt und an sich gebunden hat.

Kinder erfordern Geduld und Einfühlungsvermögen, vor allem dann, wenn sie schwierig sind. Eine Mutter, die im Streß ist, die zusieht, wie sie ihre Kinder wegorganisiert, vernachlässigt ihre Kinder.

Nicht nur Bäche und Flüsse wurden von Kurzsichtigen eingezwängt, ihrer natürlichen Umgebung entrissen, auch das durchschnittliche Kind findet z.Zt. keine günstigen Lebensbedingungen vor – seine Eltern sind der Gier nach Geld, Ansehen und anderen Göttern erlegen. Doch für Kinder gibt es keine Grünen, keine Partei. Kinder haben keinen Anwalt. Politiker entdecken die Familie, weil es Stimmen bringt. Sie reden von Familienpolitik, meinen aber die Zerstörung der Familie, indem sie Krippen, Ganztagsschulen schaffen, Horte, in denen Kinder beaufsichtigt werden. Schwulenehe und Adoptivrechte verändern das Bild von Ehe und Familie zutiefst. Eine Gesellschaft, die ihre Kinder nicht liebt und straft, die ihre Kinder in Horte gibt, in Pflegefamilien, mißrät.

Scheidungskinder – Sorgenkinder

Scheidung macht Kinder zu Opfern und Spielbällen der Eltern. Scheidungskinder klammern oder sie sind bindungsschwach. Eine innere Sicherheit, erfolgreich Partnerschaften zu gestalten, Kinder zu erziehen, fehlt den Scheidungswaisen, weil sie Treue selber nicht erfahren haben. Bei der Hälfte der geschiedenen Ehen sind Kinder betroffen[43].

Die Augenwischer, die nicht zur Selbsterkenntnis streben, verharmlosen das Unglück von Beziehungsabbrüchen. Sie wollen nicht wahrhaben, daß eine zerbrochene Familie keine Familie mehr ist. Scheiden tut weh. Vater und Mutter fügen sich und dem Kind Schmerzen zu. Die Kinder werden nach der Trennung oft verwöhnt und vernachlässigt. Entzogene Liebe und Wärme unter der Woche werden am Wochenende nachgeholt. Vater und Mutter übertreiben, sie lassen zuviel durchgehen, damit es ihr Kind wieder gut hat. Sie verteufeln den Trennungsgegner. Dieser überschüttet das Kind mit geldwerten Dingen und Freizeitvergnügen.

Eine verwöhnende Erziehung, Vernachlässigung und die schmerzhafte Trennung der Eltern führen zu psychischen Störungen beim Kind. Hierzu gehören erhöhte Aggressivität, neurotische Fehlhaltungen und verringerte soziale Kompetenz[44].

Die Zeichen sind zahlreich: Lern- und Verhaltensstörungen, mangelhafte Schulleistungen, Angstkrankheiten, Süchte, Eßstörungen, kriminelles, asoziales Verhalten der Kinder mehren sich. Meinen die Sozialversteher, zerbrochene Familien würden keine Wunden in die Beteiligten reißen? Vor allem nicht in die Seele der Kinder? Es sei doch nicht so schlimm wie dargestellt, sagen viele.

In Schweden haben *Söhne von Alleinerziehenden ein fünffach höheres Risiko, an den Folgen eines Alkohol- und Drogenmißbrauchs zu sterben.* In diesem Land begehen *Mädchen doppelt so häufig Selbstmord und sterben dreimal öfter an den Folgen von Alkohol und Drogenmißbrauch als Kinder, die zusammen mit Vater und Mutter aufwachsen*[45].

Häufig heißt es: „Es ist besser, wenn die Eltern sich trennen, weil sie sich nicht mehr verstehen.“ Die Scheidung ist jedoch für die Kinder eine sehr schlechte Lösung. *Vor der Ehescheidung sollte die Pflicht bestehen, sich über die tiefenpsychologischen Hintergründe der Konflikte zu orientieren. Die Eltern sollten sich ändern, sich der unbewußten Streitursachen bewußt werden und Rücksicht auf die Kinder nehmen, indem sie die Trennungsgründe in sich selbst überwinden, anstatt sich in eine neue Partnerschaft zu flüchten.*

Tief verankerte Strukturen

Artikel 6 unserer Verfassung garantiert den Schutz von Ehe und Familie. In der Tiefe der Seele sind diese Strukturen fest angelegt, wie zahlreiche Träume offenbaren: Der Mensch will erwachsen sein, heiraten, Kinder zeugen und gebären, selbständig handeln, fühlen und denken. Das Hirn strebt der Verwirklichung dieser Anlagen entgegen. Weil es plastisch und komplex ist, können die Strukturen zugedeckt werden und somit brachliegen.

Die Selbstverliebten erliegen einem Trugschluß. „Die individuelle Entscheidung für oder gegen Kinder ist als Ausdruck von Freiheit zu respektieren.“ So Prof. Di Fabio, Richter am Bundesverfassungsgericht[46]. Von Freiheit kann hier nicht die Rede sein, innere Zwänge, Flüche des Elternhauses und das zerstörte Familienbild verhindern zumeist, daß Mann und Frau als reife Erwachsene einen Lebensbund in Ehe und Familie bejahen und schließen.

Opfer Kind

Leidtragende der feministischen Ideologie sind vor allem Kinder. Wer das Abschieben von Kindern in die Kita, hinter den Fernseher, in die Ganztagsschule als Befreiung empfindet, sollte in sich gehen und die Abspaltung seiner Gefühle erfahren. Denn Kinder entwickeln Störungen. Sie sind Wachs, Hilflose in den Händen der Eltern, der Erzieher und Lehrer. Kinder brauchen zuerst Wärme, Liebe, Zuwendung durch Sprache und Gegenwart, später Grenzen und Regeln.

Eine Mutter sagt: „Ich gebe meine Kinder zur Tagesmutter, weil sie mir zu anstrengend sind." Nach sechs Wochen wird abgestillt. Nach sechs Wochen wird zur Arbeit gegangen, weil Kinder eine Last sind. Zum Wohl der Kinder gehört, daß sie ausreichend oder mindestens ein halbes Jahr gestillt werden. Daß sie mit jemand aufwachsen, der ihnen Sprache beibringt und Gefühle erwidert. Wie kann es sein, daß sich die TV-Moderatorin Eva Herman dafür entschuldigt, mit ihrem Buch „Vom Glück des Stillens" für das Stillen zu werben[47]? Die Feministen hatten zu keiner Zeit das Wohl des Kindes im Auge. Sie bekämpfen die Mutterrolle bis heute – vor allem in sich selbst.

Ein Kind – Sorgenkind

Eine Tagesschule lindert die Sorgen des Einzelkindes geringfügig. Es bleibt mit seinen Eltern allein. Sie werfen ihre verbleibende Energie und Zuwendung punktförmig am Abend, an den Wochenenden und im Urlaub auf das Kind. Es gibt keinen Gleichaltrigen zum Kuscheln, zum Schmusen, zum Streiten, zum Herausfordern. Wo lernen sie, sich zu vertragen? Zu spielen? Sich abzugrenzen? Abzugeben? Zu teilen? Sie werden verwöhnt, alles konzentriert sich auf sie. Ein Sprichwort sagt: „Ein Kind – Angstkind; zwei Kinder – Spielkinder"[48]. Entweder ist das Einzelkind mit vielen zunehmend Verhaltensgestörten zusammen oder mit sich und seinen Eltern allein. Es guckt Fernsehen, es spielt mit dem Rechner, es wird altklug und naseweiß. Die Abgabe in eine Kindertagesstätte ist eine schlechte Lösung. Das Kind bleibt trotzdem Einzelkind. Einzelkinder sind Sorgenkinder.

Versuchskind

Das Einzelkind ist auch deswegen ein Sorgenkind, weil das Erstkind immer auch ein Versuchskind ist. Versuchskind heißt, hier machen die Eltern Fehler. Aus Fehlern zu lernen gilt auch für die Kindererziehung. Eltern mit mehreren Kindern haben einen größeren Erfahrensschatz als Eltern mit nur einem Kind. Diese haben nicht die Möglichkeit, an den Erfahrungen für das nächste Kind zu reifen. Erst ab dem zweiten und dritten Kind sind die Eltern zumeist befähigt, ihre charakterlichen, auf Unreife beruhenden Schwächen so stark an den Kindern auszuleben.

Aufzucht

Einige Experten raten zur Einschulung ab dem vierten Lebensjahr[49]. So wird das Kindsein zerstört. Lernmaschinen. In Indien steigt die Rate der Selbstmorde unter Schülern und Studenten: „Gute Zensuren sind in Indien das Allerwichtigste“[50].

Vierjährige wollen spielen, die Welt entdecken. Die Disziplinierung eines Menschen kann auch überzogen werden, so daß er zu einer Maske verkommt, die allein der Leistung frönt. Der Mensch – das Kind – bleibt auf der Strecke. Diese Experten sind Seelenzerstörer, abgehoben.

Die betriebsfreundliche Familie

„Die massive politische Ganztagsoffensive ‚überrollt uns alle, Eltern wie Kinder‘. Wo sind die Gegenstimmen, um dieser kinder- und familienfeindlichen Entwicklung etwas entgegenzusetzen? Die Interessen von Randgruppen und ganztagsberufstätigen Frauen werden vertreten, wo bleibt die ‚Mitte‘?

Familien, in denen der Schwerpunkt der Kindererziehung und außerschulischen Förderung und Betreuung zu Hause liegt, als Lebensschwerpunkt gewünscht und gewollt? Werden diese geschützt und gefördert? Nein, in Zukunft soll es auch in Deutschland die ‚betriebsfreundliche Familie' geben, staatlich verordnete Ganztagsunterbringung …

Das Maximale an Leistung und Förderung soll aus Kindern herausgeholt werden. Wer fragt nach den Bedürfnissen von kleinen und großen Kindern, nach deren seelischer Reife und Stabilität bei einem Achtstundentag außer Haus? Soziale Überforderung, Lärm, Rang- und Hackordnung, Kleider- und Markenterror in Verbindung mit Leistungsdruck führen nachweislich zu seelischen Störungen. Durchorganisierte Freiräume bestimmen den größten Teil des Tages. Familienleben, Eßkultur, Naturerleben, Freiheit, Ruhe und Individualität werden an den Rand gedrängt, auf Abend und Wochenende verlegt. Tut das gut?" … Elisabeth Bark, Tübingen (Leserbrief zum Artikel in der Frankfurter Allgemeinen Zeitung vom 10.11.2005)[51].

Narzißtische Mütter

Selbstbewußte Frauen schieben Kinderwagen skatend. Wer ist hier Kind? Die Antwort gibt die Zeit: Es ist 21.45 Uhr. Die selbstverliebte Mutter kennt keine Grenzen, nicht ihre, nicht die ihres Kindes. Sie setzt ihrem Kleinkind in der Ostseehalle Ohrenschützer auf. Es spielt der THW Kiel von 20 Uhr bis 21.30 Uhr.

Wenn das Kind weint, weil es sich verschluckt und hustet, spottet die Mutter: „Das hast Du nun davon." Das Kind ist zwei Jahre alt. Eine andere Mutter holt ihr Kind aus dem Auto, es ist Februar, kalt. Sie schiebt das Kind ohne Mütze vor sich her. Eine Passantin spricht: „Das Kind braucht eine Mütze." Antwort: „Ich habe keine Zeit." Mutter und Kind haben ein Geschenk im Spielladen besorgt. Das Kind ist begeistert: „Guck mal, Püppi." Fünfmal sagt das Kind den Satz. Die Mutter hört nicht, schiebt das Kind weiter. Herrscht es an: „Laß mich!" Sie zieht das Kind weg. Diese Mütter wissen nicht um das Wohl des Kindes. Sie folgen modernen Leitlinien.

Was tut der Mensch, um Kinder vor Schaden zu bewahren? Die Antwort lautet: Er weiß es nicht so recht. Die Mutter säugt das Kind unzureichend oder gar nicht. Das Kind wächst in der Kinderkrippe oder allein auf. Es hat keine Geschwister, mit denen es sich zu Hause die Zeit vertreiben kann oder mit denen es sich in der sozialen Wahrnehmung übt. Es hat keinen Vater, der weiß, wo es längs geht, keine Mutter, die es betreut. Einem Kind treu sein heißt auch, während einer bestimmten Zeitspanne darauf zu verzichten, sich als Architektin zu verwirklichen und sich den ganzen Tag als Mutter den Kindern zu widmen.

Krisen meistern

Bald werden die zahlreichen, gezüchteten Narzißten unter ihrer Kälte anfangen zu frieren und zu zittern. Ihre Nachkommen werden diese Lebensform abstreifen und einen Familiensinn wiederfinden, tiefer und reicher gestalten als zuvor. Der Glaube an Gott, die 10 Gebote, der Glaube an das Gute, an die Wärme, die Liebe, der Glaube und das Wissen, daß Tiefenpsychologie und die Überwindung des Infantilismus, des in der Kindheit gezeugten Selbsthasses und der Selbstablehnung herausragende, ein Leben lang andauernde Aufgaben sind, all das wird sich in den Seelen unserer Nachfahren durchsetzen – auf einer reiferen Stufe als zuvor.

Familie der Zukunft

Freude haben wird das Paar, wenn es die Fesseln der Infantilität gelöst hat. Es begrüßt Familie und Fruchtbarkeit. Die Frau wird die Selbstausbeutung und die Doppelbelastung abstreifen, vor allem die Infantilneurose. *Die Frau wird sich wertvoll fühlen mit drei Kindern.* Sie wird ihre gelernte Tätigkeit zu einem späteren Zeitpunkt wieder aufnehmen. Eine Frau wird ihre Fruchtbarkeit, ihre Liebe zu Kindern bejahen, weil sie einen bewußten Kinderwunsch hat. Auch Männer haben sich zäh an die Erlaubnis heranzuarbeiten, Vater sein zu dürfen. Die eheliche Treue wird wieder ein kostbares Gut. *Eltern sind wieder Eltern – auf einem höheren, nämlich erwachsenen Niveau.*

Je mehr Kinder, je mehr Glücks[52].

Literatur

1 Kierkegaard, S.: Entweder – Oder. Teil II. Deutscher Taschenbuch Verlag, München (1988), S. 609

2 Die Welt: Nr. 78-14 (5.4.2005), S. 31

3 Montada, L. in: Poerter, R., Montada, L.: Entwicklungspsychologie. 5. Aufl., Beltz DVU (2002), S. 61

4 Kierkegaard, S.: Siehe 1, S. 605

5 Frankfurter Allgemeine Zeitung: Nr. 245 (22.10.2002), S. 8

6 Klocke, A., Becker, U.: Die Lebenswelt Familie und ihre Auswirkungen auf die Gesundheit von Jugendlichen. In: Hurrelmann, K. Klocke, A., Melzer, W., Ravens-Sieberer, U. (Hrsg.): Jugendgesundheitssurvey. Internationale Vergleichsstudie im Auftrag der Weltgesundheitsorganisation WHO, Juventa Verlag, Weinheim, München (2003), S. 236

7 Beithoft, G., et al: Lancet (2003); 361, S. 271

8 Stone, M. H.: Entwickelt sich die Borderline-Persönlichkeitsstörung zu einem Massenphänomen? Überblick über epidemiologische Daten und Hypothesen in: Kernberg, O. F., Dulz, B., Sachsse, U. (Hrsg.): Handbuch der Borderline-Störungen, Schattauer Verlag, Stuttgart, New York (2000)

9 Kieler Nachrichten: Nr. 12 (15.1.2003), S. 28

10 Schubert, I., Horch, K., Kahl, H., Köster, I., Meyer, C., Reiter, S.: Schwerpunktbericht der Gesundheitsberichterstattung des Bundes. Gesundheit von Kindern und Jugendlichen. Hrsg. Robert Koch-Institut, Berlin, Mercedes Druck, Berlin (2004), S. 26

11 Die Welt: Nr. 210-36 (8.9.2005), S. 4

12 Schubert, I., Horch, K., Kahl, H., Köster, I., Meyer, C., Reiter, S.: Siehe 10, S. 69

13 Ebenda, S. 70

14 Die Welt: Nr. 190-33 (16.8.2005), S. 1 und 3

15 Die Welt: Nr. 19-04 (23.1.2006), S. 27
16 Frankfurter Allgemeine Zeitung: Nr. 196 (24.8.2005), S. N 2
17 Ebenda
18 Ebenda
19 Döpfner, M., Plück, J., Berner, W., Fegert, J., Huss, M., Lenz, K., Schmeck, K., Lehmkuhl, U., Poustka, F., Lehmkuhl, G.: Psychische Auffälligkeiten von Kindern und Jugendlichen in Deutschland – Ergebnisse einer repräsentativen Studie: Methodik, Alters-, Geschlechts- und Beurteilereffekte. Zeitschrift für Kinder- und Jugendpsychiatrie und Psychotherapie 25 (1997), S. 218–233
20 Frankfurter Allgemeine Zeitung: Nr. 266 (15.11.2003),S. B5
21 Stern: Nr. 24 (2004), S. 52
22 Schubert, I., Horch, K., Kahl, H., Köster, I., Meyer, C., Reiter, S.: Siehe 10, S. 60
23 Die Welt: Nr. 131-23 (8.6.2005), S. 32
24 Schleswig-Holsteinisches Ärzteblatt: Nr. 6 (2004), S. 2
25 Schubert, I., Horch, K., Kahl, H., Köster, I., Meyer, C., Reiter, S.: Siehe 10, S. 62
26 Die Welt: Nr. 275-48 (23.11.2004), S. 31
27 Richter, M., Settertobulte, W.: Gesundheits- und Freizeitverhalten von Jugendlichen. In: Hurrelmann, K. Klocke, A., Melzer, W., Ravens-Sieberer, U. (Hrsg.): Jugendgesundheitssurvey. Internationale Vergleichsstudie im Auftrag der Weltgesundheitsorganisation WHO, Juventa Verlag, Weinheim, München (2003), S. 142
28 Ebenda
29 Kieler Nachrichten: Nr. 254 (29.10.2004), S. 18
30 Kieler Nachrichten: Nr. 160 (12.7.2004), S. 1
31 Albrecht, M., Lerner, M., Schulze, H.: Suchtmittel im Straßenverkehr 2003 – Zahlen und Fakten. In: Deutsche Hauptstelle für Suchtfragen e.V. (Hrsg.): Jahrbuch Sucht 2005. Neuland Verlagsgesellschaft, Geesthacht (2005), S. 107–110
32 auto motor sport: Nr. 16 (2004), S. 130
33 Frankfurter Allgemeine Zeitung: Nr. 280, (30.11.2004), S. 3
34 Die Welt: Nr. 199-34 (26.8.2005), S. 1
35 Frankfurter Allgemeine Sonntagszeitung: Nr. 31 (1.8.2004), S. 48
36 Frankfurter Allgemeine Zeitung: Nr. 191, (18.8.2004), S. 7
37 Frankfurter Allgemeine Zeitung: Nr. 10, (13.1.2005), S. 7
38 Die Welt: Nr. 305-52 (30.12.2005), S. 1
39 Die Welt: Nr. 22-04 (26.1.2006), S. 8
40 Die Welt: Nr. 67-12 (21.3.2005), S. 31
41 Frankfurter Allgemeine Zeitung: Nr. 256 (4.11.2002), S. 1

42 Frankfurter Allgemeine Zeitung: Nr. 26 (31.1.2002), S. 12
43 Bei 50,1 % der geschiedenen Ehen im Jahr 2004 waren minderjährige Kinder betroffen, nämlich 168 859.
Statistisches Bundesamt: Zahl der Ehescheidungen im Jahr 2004 nahezu unverändert. Pressemitteilung vom 13.7.2005. www.destatis.de
44 Malti, T.: Einfluß familialer Merkmale auf Persönlichkeitsentwicklung und Aggression bei Kindern. In: Ittel, A., von Salisch, M. (Hrsg.): Lügen, lästern, leiden lassen. Aggressives Verhalten von Kindern und Jugendlichen. Kohlhammer Verlag, Stuttgart (2005), S. 118
45 Ringbäck Weitoft, G., Hjern, A., Haglund, B., Rosén, M.: Mortality, severe morbidity, and injury in children living with single parents in Sweden: a population-based study. The Lancet, Vol. 361 (2003), S. 289–295
46 Frankfurter Allgemeine Zeitung: Nr. 237 (12.10.02), S. 7
47 Kieler Nachrichten: Nr. 265 (13.11.2003), S. 17
48 Simrock, K.: Die deutschen Sprichwörter, Philipp Reclam Jun., Stuttgart (1988), S. 289
49 Kieler Nachrichten: Nr. 263 (11.11.2003), S. 2
50 Spiegel: Nr. 11 (2004), S. 150
51 Frankfurter Allgemeine Zeitung: Nr. 278 (29.11.2005), S. 10
52 Simrock, K.: Die deutschen Sprichwörter, Philipp Reclam Jun., Stuttgart (1988), S. 289

14. Frauenemanzipation und Weiblichkeit

Das Thema Weiblichkeit und Emanzipation spannt einen weiten Bogen in uns. Er reicht von der rein persönlichen Auffassung über den Kulturbereich hinaus bis zur biologischen Bestimmung von Mann und Frau.

Zur Weiblichkeit gehören Begriffe wie: Liebe, Zärtlichkeit, Hingabe, Gebären, Sorgen, Nähren, auch rund, sanft, schön, lieblich und verführerisch. Dieses sind Eigenschaften der guten Mutter, nach der wir uns alle sehnen.

Die guten Eltern werden jedoch zu furchtbaren, zu verschlingenden Eltern, wenn sie ihre Kinder zu sehr festhalten, verletzen oder vernachlässigen. In diesem Zwiespalt wächst jeder mehr oder weniger auf. Während der eine Mutter und Vater erfährt, die seine Identität und Grenzen achten, hat der andere vielleicht Eltern, die aus Schuldgefühlen oder aus einer angstneurotischen Haltung heraus sich zu sehr an ihr Kind klammern. Was sind die Folgen einer Erziehung, welche die Identität und Autonomie eines Kindes nicht achtet?

Die Feministinnen und ihre Elternbindung

Familiäre Bindungsgewalt geschieht oft versteckt, auf unterschiedlichen Ebenen und unsichtbar für Außenstehende. Eltern besitzen durch ihre Funktion als Erzieher eine ungeheure Macht über ihre Kinder, die leicht zu Opfern werden in Anbetracht des starken Machtgefälles und ihrer Unfähigkeit, sich gegen zu starke Bindungskräfte zu wehren.

Der Haß und die Ohnmacht aus der Kindheit üben später eine verhängnisvolle Wirkung aus. Die Destruktivität, die viele Menschen später gegen sich oder andere richten, hat ihren Ursprung in der Bindung an die Eltern, den Demütigungen, in den Grenzüberschreitungen und Enttäuschungen, nicht als eigenständiger Mensch wahrgenommen worden zu sein. Wenn die Bindung an die Eltern mit der entsprechenden Intensität erfolgt, entsteht ein hohes Maß an Bindungsgewalt, das mit Ausbruchsschuld, Ablehnung der Geschlechterrolle, Infantilität und mit einem enormen Haß einhergehen kann. Der Psychoanalytiker. Stierlin spricht von Familienterrorismus, von Diktatur in Familien und von familiärer Bindungsgewalt[1,2]. Unter Bindungsgewalt ist die Macht und Kraft zu verstehen, mit der Eltern Kinder an sich binden. Das Wort Gewalt beinhaltet seelische und körperliche Gewalt. Das an der eigenen Seele erfahrene Unrecht verkehrt der Fanatiker in eine unverrückbare, mit Eifer und Haß vorgetragene Idee um.

Der Loslösungsprozeß vom Elternhaus ist mit Aggressivität, Trauer und Depressivität verbunden. Die Abwehr dieser Gefühle und eine erhebliche Ausbruchsschuld verhindern eine ausreichende Emanzipation vom Elternhaus. Statt sich der familiären Bindungsgewalt bewußt zu werden und von ihr frei zu machen, leben Feministinnen mehr oder weniger ihren ursprünglich gegen die Eltern gerichteten Haß in ihrer Ideologie aus. Lesen wir die umfangreiche Literatur der Frauenbewegung, so schlägt uns nicht selten ein ungebrochener Haß entgegen. Neid und Mißgunst begegnen uns. Weiblichkeit wird abgewertet und abgelehnt, der Mann mit dem Bösen verglichen und verteufelt. Das Lesen feministischer Literatur hinterläßt ein Gefühl der Leere und der Zerstörung.

Die Abwertung des Weiblichen

Einen Einblick in das Innenleben einer Feministin gewährt das Buch „Sonja“[3] von Offenbach. Es handelt von unglücklicher Liebe zu anderen Frauen, von denen die Autorin innigliche Nähe und Liebe erwartet. Im Vordergrund steht die Liebe zu ihrer Freundin Sonja. Der masochistische Kampf der beiden, ihr zerstörerisches Werk gegeneinander wird eingehend beschrieben. In diesem Buch zeigt sich klar, daß der uralte Kampf der Geschlechter ein Kampf zwischen den Elternhäusern ist. Es ist ein Kampf auf Leben und Tod. Ihre Freundin Sonja begeht mehrfache Selbstmordversuche, unfähig, sich von ihrem verschlingenden Mutterbild zu lösen. Beide Frauen hatten unter einer identitätszerstörenden, grenzüberschreitenden und depressiv-strengen Mutter gelitten. Sie hatten sich nicht von dieser Mutter-Imago gelöst, sondern waren in ihr verhaftet geblieben. Offenbach schreibt über ihr Verhältnis zur Mutter: „Es macht mich immer wieder besonders verzweifelt, daß ausgerechnet meine eigene Mutter das unmenschliche Prinzip, das mich hier knebelt und niederdrückt, am reinsten verkörpert. Es bleibt mir nur übrig, sie auszuhalten, so wie ich auch die sonstige Unterdrückung aushalten muß. Aber ich fühle, daß meine Verzweiflung und damit meine Risikobereitschaft wächst. Was habe ich schließlich zu verlieren? ... Ich habe manchmal Lust ..., mich dann einfach umzubringen[4]“. Die Todessehnsucht ist immer auch eine Sehnsucht nach dem ruhenden und lockenden Mutterschoß.

Eine ungelöste, krankmachende Bindung an die Mutter und die mangelnde Loslösung von der ihr können bei einem gleichzeitig enttäuschenden Vaterbild Homosexualität, eine Ablehnung der eigenen Weiblichkeit und eine fehlende Erlaubnis zu weiblichen Werten zur Folge haben. Offenbach: „Weibliche Homosexualität ist etwas ganz anderes als männliche: Sie ist *wählbar* in dem Maße, wie sie als *der* Ausweg, als konsequente Absage an patriarchalische Herrschaftsansprüche erkannt wird[5].“ Besonders deutlich zeichnet die Feministin Offenbach ihren Haß gegen die männliche Sexualität in dem Buch „Feminismus-Inspektion der Herrenkultur“: „Immer mehr Frauen begreifen ihre Heterosexualität als das, was sie ist: Resultat einer permanenten Dressur und Gehirnwäsche, an ihnen vollzogen, ausschließlich im Interesse des Mannes“[6]. Die Besessenheit von einer einzigen Idee, daß das Patriarchat die Wurzel allen Übels sei, ist hier eindrücklich zu erkennen.

Über ihre verdrängte Aggressivität schreibt Offenbach: „Wie ich es schon immer mit meinen Rivalinnen gemacht habe: Statt sie zu bekämpfen, verliebte ich mich in sie. Demütige

Anbietung ist mir leichter gefallen als Aggression. Ich konnte Wellensittiche quälen, aber mehr noch nicht"[7].

Offenbach neidet den Männern die Kraft und Stärke, ohne zu merken, daß sie sich zuallererst ihrer Mutter unterlegen und minderwertig fühlt. Immer noch ist sie mit dem allmächtigen mütterlichen Objekt identifiziert und sucht dessen Nähe. Ihre Mutter hatte ihre Seele vergiftet, wie sie es selber nennt: „Wehe mir, wenn meine Mutter wieder in meiner Seele fußfassen sollte. Ich muß dieses Gift jedesmal entschlossen ausspeien, sollte es wieder einmal bis in meinen Mund gelangen"[8].

Judith Offenbach kann sich aus der sadomasochistischen Verstrickung mit ihrer Freundin genauso wenig befreien, wie sie sich bisher von ihrem Mutterbild gelöst hat. Der ursprünglich gegen ihre Mutter gerichtete Haß war so elementar und mit Schuldgefühlen verbunden, daß er dem Abwehrmechanismus der Projektion unterlag. Bei diesen Feministinnen wird das Bild der omnipotenten Mutter auf das Patriarchat verschoben.

Feminismus und Leistungsdenken

Die Verabscheuung des Weiblich-Mütterlichen in sich selbst hat eine Überbetonung der männlichen Seiten zur Folge: Leistung, Intellektualität, das Abwürgen des Gemüt- und Triebhaften, der Mütterlichkeit, die Angst vor Abhängigkeit von Kind und Mann lassen die Frau hart und überaktiv werden.

Ist denn das Leben des Mannes in Hektik und Leistungsdruck, Krieg und Dreck so erstrebenswert, daß Frauen ihm nacheifern müssen? Ist es nicht auch schön, das Lächeln eines Kindes nicht nur abends zu sehen, sondern auch tagsüber und mit ihm seine Sorgen und Nöte, seine Entwicklungsschritte und seine Freuden zu teilen? Natürlich nicht in einer Mutter-Kind-Beziehung, in der die Mutter sich vom Kinde verschlungen fühlt. Versuchen nicht viele Mütter, aus dieser Enge in die Berufswelt des Mannes zu flüchten, damit sie Erlaubnis erhalten, sich wenigstens hier erwachsen zu fühlen?

Die Zerstörung der Familie führt zu Verwöhnung und Verwahrlosung der Kinder zugleich. Erziehung findet überwiegend abends und am Wochenende statt. Es haben sich dann eben Sozialarbeiter, Lehrer, der Staat um das Wohl des Kindes zu kümmern.

Mit dem Schaffen von Kindertagesstätten, Ganztagsschulen, mit dem Angebot der Arbeitgeber, Frauen ganztags oder halbtags zu beschäftigen, läßt die Frau ihre Arbeitskraft in der Wirtschaft. Auf der anderen Seite wird die Familie ihrer eigentlichen Aufgabe beraubt, nämlich zu existieren, Kinder hervorzubringen, Geborgenheit zu geben, Grenzen zu setzen und das Kind zu einer selbständigen, selbstsicheren Persönlichkeit werden zu lassen.

Dämonische Züge des Mannes

Die Ursachen menschlichen Leids und Unglücks sind komplex, sie sind nicht reduzierbar auf die Formel: Das Patriarchat ist Schuld.

Zahlreiche feministische Bücher drehen sich um Machtausübung von Männern, welche „Frauen zur Gratisarbeit im Haus gezwungen[9]" – so Schwarzer – haben. Abwertung von Frauen und Männern, die Verachtung der Liebe haben ihren Ursprung auch in einem ungeheuren Haß, der sich gegen besitzergreifende Mütter und grenzverletzende Väter richtet. Es ist auffällig, daß der Feminismus den Begriff der emotionalen Ausbeutung durch Eltern, die ihren Kindern zu nahe kommen und sie emotional mißbrauchen, nicht aufgegriffen hat. Schwarzer spricht – wie andere Ideologen auch – von der Ausbeutung der Frau durch den Mann: „Die Ausbeutung der Frauen hat sich in den letzten Jahrzehnten nicht gelindert, sondern verschärft. Frauen arbeiten mehr denn je zuvor. Nur die Formen dieser Ausbeutung sind manchmal subtiler, schwerer faßbar geworden. Das, was offiziell unter Emanzipation verstanden wird, bedeutet für Frauen oft nicht mehr, als daß aus Sklavinnen frei Sklavinnen wurden.[10]"

Der Mann erhält bei den Feministen dämonische Züge. Menschliches wird von ihm abgespalten und verdrängt. Es entsteht das Bild des bösen Mannes, der gefürchtet und daher bekämpft wird. Schwarzer übersteigert, verallgemeinert, lose Assoziationsketten bildend: „Die Verhinderung eines drohenden Atomkrieges bedeutet nicht automatisch auch die Beendigung des herrschenden Geschlechterkrieges: Dieses Krieges, den sie, die Männer, die Mächtigeren, alltäglich gegen uns führen.[11]" So Schwarzer.

„Im Namen der Liebe werden Frauen ausgebeutet. Darum ist Sexualität nicht privat, sondern politisch"[12]. „Unsere Körper, Terrain männlicher Normen, männlicher Gewalt, männlicher Besitznahme, sind seit Jahrtausenden enteignet, kolonialisiert vom Patriarchat"[13].

Ein treffendes Beispiel für unverhüllte Aggressivität findet sich in dem Buch „Männerhaß": „Vordergründig ganz einfach. Wenn ich eine Rechnung aufstelle, eine logische Folgerung ziehe, meine persönlichen, negativen Erfahrungen mit dem Wissen über Macht, Unterdrückung und Vernichtung an Frauen durch die Männer addiere, steht unterm Strich: HASS"[14]. Bergermann zitiert in diesem Buch aus der *EMMA 4/1981:* „Christa Reinig beginnt 1981 ihren Essay mit *Frauenhaß: ‚Nicht jeder Mann ist ein Frauenschlächter und Frauenschänder. Aber jeder Mann gehört dem Volk der Frauenschlächter und Frauenschänder an.*'"[15].

Dem Mann wird nicht nachgegeben. Um jeden Zentimeter, um jeden Millimeter wird gekämpft, weil die ideologisierte und beziehungsgestörte Feministin den Ehepartner mit der allmächtigen Mutter oder dem ausbeutenden Vater verwechselt. Die Ideologiebildung hemmt ein Bewußtwerden der innersten Schichten, die unreflektiert ihr zerstörerisches Werk vollbringen.

Das Unbewußte kann eine sehr gefährliche, zerklüftete und widersprüchlich-chaotische Kraft sein. Gefühlsübertreibungen, Haßtiraden, Abwertungen des anderen, Sprachwendungen, die primitive und tiefere Schichten in den einzelnen Menschen ansprechen, haben in der Politik des 20. Jahrhunderts wenig zu suchen. Wir alle sollten uns darin einig sein, daß Politik von Sorge und Liebe zum Menschen und seiner Umwelt getragen ist[16].

Frau- und Muttersein bedeutet, sich mit einem fordernden Kind auseinanderzusetzen, sich abzugrenzen, nachzugeben und Ärger und Liebe zu zeigen. Diejenige, *die Angst hat, sich mit einem verschlingenden Wesen einzulassen, die keine Erlaubnis hat, eine erwachsene Frau zu sein, zu geben und zu nähren, die Angst hat, sich gegenüber dem Partner abzugrenzen,* diejenige wird Minderwertigkeitsgefühle haben. Sie wird unter Depressivität, psychosomatischen Symptomen und erheblichen Partnerschaftsschwierigkeiten leiden.

Die männliche Seite – unterentwickelt in der Frau

Der Feminismus spricht das Unbewußte von Frauen an, die ihre Männlichkeit nicht genügend entwickelt haben. Hierunter versteht das Unbewußte Aktivität, Aggressivität, Durchsetzungsvermögen, Abgrenzungsfähigkeit. Viele Menschen, Frauen wie Männer, haben diese Seiten unzureichend ausgebildet. Die Einseitigkeit, mit der die Frauenbewegung männliche Härte propagiert hat, läßt wiederum die andere Seite der Frauen verkümmern: Das typisch Weibliche, Bejahung des Mutterdaseins erleben viele Frauen heute unter Zweifel und Schuldgefühlen.

Die Angst vor männlicher Sexualität

Feministische Frauen sehen sich als Opfer männlicher Sexualbegierden. Sie kennen die Macht ihrer Seele und ihres Körpers nicht. Aus der Traumanalyse ist bekannt, daß viele Frauen Angst vor einer männlich geprägten Sexualität haben. Das Unbewußte neigt zu drastischen Übertreibungen und produziert eine Fülle von Träumen, in denen Frauen furchtvoll und schreiend vor Männern mit Speeren und Pistolen davonlaufen.

Hier sind zumeist nicht Mißbraucher, Vergewaltiger oder Mörder auf offener Straße gemeint, sondern diese Träume symbolisieren *die eigene, verdrängte Männlichkeit* oder die Hingabeangst, die dem Partner gilt, aber vor allem einem Elternteil, der als grenzüberscheitend erlebt worden ist. Die Feministen setzen sich jedoch nicht mit ihrer inneren Konfliktwelt auseinander, sondern leben diese auf der Bühne des Geschlechterkampfes – unbewußt seiend – aus.

Schwarzer schildert ein ohnmächtig-allmächtiges Beziehungsgeflecht zwischen Mann und Frau: „Auch ist die psychologische Bedeutung dieses in sich gewaltsamen Aktes des Eindringens für Männer sicherlich nicht zu unterschätzen: Bumsen, wie es im Volksmund heißt, als höchste Demonstration männlicher Potenz[17]! „Je männlicher und potenter ein Mann sich gebärdet, um so geringer ist die Wahrscheinlichkeit, daß die Frau mit ihm eine befriedigende Sexualität erleben kann …“[18]. Verwechselt wird das Penetrieren des Leibes durch den Mann mit der ursprünglichen Dominanz einer Elternfigur, die sich allzu sehr durch Inzest, sexuellen, emotionalen Mißbrauch des Kindes oder anderswie bemächtigt hat. Feministinnen fürchten sich in der Tiefe ihrer Seele vor einer starken Persönlichkeit in sich selbst.

Zerstörung der Familie

Das Opfer des Feminismus ist die Beziehung zwischen Mann und Frau. Gelebter Feminismus zerstört weibliche und männliche Werte. Schwarzer wertet die Rolle der Mutter und die Heirat massiv ab. Sie spricht von der Mutterideologie[19]. „Heiraten? Nein danke. Das sagen immer mehr Frauen. Sie leben lieber unverheiratet mit einem Mann (oder einer Frau) zusammen oder wohnen ganz alleine. Da mag die Männerpresse noch so viel von Heiratswut und Babyboom palavern, die Statistik beweist: Die Ehe ist out. Mit gutem Grund. Unverheirateten Frauen geht es einfach besser. Sie sind unabhängiger, beruflich erfolgreicher und haben weniger Hausarbeit am Hals"[20]. „Jedes fünfte Paar pfeift heute auf den Trauschein"[21]!

Es ist jedoch keine Leistung, nicht verheiratet zu sein, sondern dieses geschieht aus tiefer, innerer Not.

Sowohl in der Sprache als auch in seinen ideologischen Zielsetzungen will der Feminismus nichts anderes als zerstören. Mann und Familie sind seine Gegner. Das Bild von der Frau als Mutter und Hausfrau soll zerschlagen werden – auch mit **List**. So schildert es Frau *Sichtermann: „Aus dem Feld schlagen müssen wir die Männer woanders – im Berufs- und öffentlichen Leben. Da wäre mir jede List, auch ein Betrug recht, da ist jeder Zentimeter Terrain ein Sieg, da geht es nicht ohne Verdrängungskonkurrenz"*[22].

Die Herrschaft der Frau über den Mann

Die größte Herrschaft über den Mann hat die Frau inne durch ihr Wesen als Frau. Es ist für den Mann sehr schwer, einer Frau zu widerstehen, die ihn verführen will. Odysseus gelang es nur mit List und Tücke, den Sirenen und auch der Circe zu entkommen. Viele Dichter und Schriftsteller haben die Kraft und die Schönheit, den Lockruf des Weibes, ihre Verführungskünste und ihre Machtausübung über den Mann dargestellt.

Die Feministen haben übersehen, daß den Frauen seit Alters her eine enorme Fülle von Macht und Fähigkeiten gegeben ist. Frauen sind weit mehr als der Mann, *Spenderinnen des menschlichen Lebens.* Auch in anderen Bereichen des Privaten üben sie eine erhebliche Macht aus.

Lösungen aus dem Dualismus zwischen Frau und Mann

Beide Geschlechter sollten es lernen, sich aus familiärer Bindungsgewalt zu befreien, sich von allmächtigen, grenzverletzenden, zerstörerischen Vater- und Mutterfiguren zu lösen und Schritt für Schritt in Liebe aufeinander zuzugehen.

Das Mutterdasein und der Hausfrauenberuf sind hoch zu achten. Es sind gesellschaftliche Strukturen im Denken, Handeln und Fühlen zu fördern, die das mütterliche Dasein gutheißen. Eine Frau muß in der Lage sein, sich als Mutter wieder wohlzufühlen und zu sagen: „Ich bin stolz, Mutter zu sein." Hierzu gehört eine zufriedenstellende finanzielle Versorgung.

Die aushäusige Karriere einer Mutter kann auch nach Beendigung der Kindererziehung oder der Fruchtbarkeitsperiode beginnen. Dann wird sie kein schlechtes Gewissen haben gegenüber ihren Kindern, dann wird sie frei sein von Streß und Überbeanspruchung. *Es gibt andere Möglichkeiten, familiärer Enge zu entweichen und ein Familienleben abwechslungsreich zu gestalten als die Wahl einer kinderfeindlichen Karriere.*

Die Frauen können aus sich heraus Selbstbewußtsein entwickeln, ohne immer auf den Mann zu schauen. Die Identität einer Frau ist weitaus mehr als beim Manne durch ihre Fruchtbarkeit und ihren Pflegeinstinkt geprägt. Um diesen zentralen Punkt der Weiblichkeit sollte sich für eine gewisse Zeitspanne alles kristallisieren. Nach der beruflichen Ausbildung, sei sie auch noch so qualifiziert, kommt für die Frau die Zeit, in der sie sich ganz der Familie widmet.

Mögen die Frauen, die wollen, sich frei und ungehindert in der Karriere selbstverwirklichen. Es müssen sich aber vor allem die Frauen, die sich dazu entscheiden, Mutter zu sein, gut und allgemein anerkannt fühlen. Selbstverwirklichung der Frau heißt vornehmlich: die Frau kann sich in ihrer Weiblichkeit und Fruchtbarkeit annehmen, auch in ihrem Beruf als Mutter. Sie hat sich in ihrem elementaren Bedürfnis nach Kindern verwirklicht, sie hat gelernt, sich zu wehren, sich abzugrenzen und sich hinzugeben. Sie hat sich aus dem mütterlichen oder väterlichen Nebel befreit, sie ist kämpferisch dem Schoß der Mütter und Väter entstiegen. Sie ist eine gute Gemahlin, Hausfrau, Mutter. Karrierefrau vorher und nachher. Sie ist stark, weich, liebevoll und streitbar. Sie hat erkannt, daß das Leben als Frau in Ehe und Familie ein wertvolles Spannungsfeld ist, das es für alle, Kinder, Mann und für sie selbst, in Liebe und Treue auszuhalten und zu gestalten gilt.

Literatur

1 Stierlin, H.: Delegation und Familie. Suhrkamp-Verlag, Frankfurt a. M. (1978)
2 Stierlin, H.: Diktatur in der Familie und Diktatur außerhalb der Familie: Ähnliche Konfliktlösungen? Familiendynamik 12 (1987), S. 3–14
3 Offenbach, J.: Sonja. Eine Melancholie für Fortgeschrittene. Suhrkamp Verlag, Frankfurt a. M. (1981)
4 Ebenda, S. 145
5 Offenbach, J.: Feminismus – Heterosexualität – Homosexualität. In: Pusch, L. F.: Feminismus. Inspektion der Herrenkultur. Suhrkamp Verlag, Frankfurt a. M. (1983), S. 213
6 Ebenda, S. 230
7 Ebenda, S. 211
8 Ebenda, S. 275
9 Schwarzer, A.: Der kleine Unterschied und seine großen Folgen. Frauen über sich – Beginn einer Befreiung. S. Fischer Verlag, Frankfurt a. M. (1975), S. 220
10 Ebenda, S. 178–179
11 Schwarzer, A.: 10 Jahre Frauenbewegung. So fing es an! Emma-Frauenverlags GmbH, Köln (1981), S. 7
12 Schwarzer, A: Siehe 9, S. 207
13 Schwarzer, A. (Hrsg.): Das neueste Emma-Buch. Deutscher Taschenbuchverlag, München (1991), S. 214
14 Meyenburg, C., Mächler, M.-Th. (Hrsg.): Männerhaß. Ein Tabu wird gebrochen. Frauenoffensive Aktuell, München (1989), S. 73
15 Bergermann, U.: Vernünftige Verneinung, „Männerhaß" als ein Thema der neuen Frauenbewegung. In: Meyenburg, C., Mächler, M.-Th. (Hrsg.): Männerhaß. Ein Tabu wird gebrochen. Frauenoffensive Aktuell, München (1989), S. 37

16 Flöttmann, H. B.: Zur Psychologie der Gewalt. Über den Ursprung von Fanatismus, Faschismus und Terrorismus. In: TW Neurologie Psychiatrie 5 (1991), S. 377–388
17 Schwarzer, A.: Siehe 9, S. 203
18 Ebenda, S. 184
19 Schwarzer, A. (Hrsg.): Siehe 13, S. 297
20 Ebenda, S. 199
21 Ebenda, S. 202
22 Sichtermann, B.: Weiblichkeit. Zur Politik des Privaten. Klaus Wagenbach, Berlin (1987), S. 115

15. Feministische Seelenvergiftung

Es ist an der Zeit, auf die Auswirkungen des Feminismus zu schauen. Viele meinen, der Feminismus habe seine Zeit hinter sich. Diese Bewegung sei ausgestorben. Hier irren sie. In Politik und Verwaltung sind sie auf dem Durchmarsch, regeln die Sprache, sorgen für Quoten und für gesetzlich geregelte Kinderversorgung. So vergleicht die führende schwedische Feministin Schyman im Jahr 2005 die schwedischen Männer mit den Taliban in Afghanistan[1]. In jenem Jahr wurde in Schweden eine feministische Partei gegründet, welche die Ehe durch Partnerschaften ersetzen will, unabhängig von Geschlecht und Zahl der Partner[2].

Die Familie, so wie sie in den seelischen Strukturen von der Natur angelegt ist, hat in der Ideologie der Feministen abzutreten. Der Feminismus erntet die gestreute Saat: In den Kinderstuben herrschen Stille, Einsamkeit und Unsicherheit der Mütter. Das Bild der Frau, der Mutter und der Familie ist vernebelt, verschüttet, immer weniger existent unter jungen Leuten. *Angewandtes feministisches Denken führt in die Kinderarmut.*

Wodurch minderwertig?

Der feministische Geist, der weite Teile des öffentlichen Seins durchzogen hat, trägt weiterhin schleichend zur Zerrüttung des weiblichen Selbst und der Familie bei. Nicht Befreiung ist die Folge feministischen Gedankenguts, sondern die Frauen haben sich der Leistungsideologie unterworfen. Eine Frau darf nicht mehr Kinder und Familie genießen, sondern sie hat aushäusig zu arbeiten. Ersatzmütter halten Kinder von der Mutter fern, damit diese das vorgegebene Leistungssoll erfüllen kann.

Als Mutter fühlen sie sich minderwertig. Diese Minderwertigkeit hat zwei wesentliche Gründe: Mangelnde Loslösung von einem infantilisierenden und bindenden Elternhaus. Das unbewußte Verbot, sich zu einer erwachsenen Ehefrau mit Mann und Kindern zu entwickeln, sich in der Welt von Müttern wohl und sicher zu fühlen, führt zu Ängsten und dem Gefühl der Minderwertigkeit. Unterstützt wird diese persönlich bedingte Werdenshemmung durch die Forderung der feministischen Ideologie, Karriere zu machen. Frauen, die nicht außer Haus arbeiten, Mütter, die Kinder großziehen, seien keine vollwertigen Frauen, sondern Abhängige ihres Mannes und der Kinder.

Um ihre vermeintliche Minderwertigkeit zu mindern, übernehmen die meisten Frauen die feministische Vorstellung, sie müßten sich weiterbilden, außer Haus tätig sein. Das gesellschaftliche Vorbild der im Beruf erfolgreichen Frau haben viele Männer und Frauen unreflektiert übernommen. Hat eine Frau mit einem Mann eine Familie gegründet, packt sie das zumeist durch Elternbindung hervorgerufene und durch den Feminismus verstärkte Schuldgefühl in Gestalt des Ehrgeizes: Kinder und Studium. Sonntags wird gelernt, abends wird gelernt, die Kinder stören, der Ehemann übernimmt einen Teil der Pflichten. Er fährt mit den Kindern ins Grüne, während Mutti erschöpft lernt.

Erfolg der Feministen

Extreme Persönlichkeiten mit einer starken Suggestivkraft und einem unverrückbaren Sendungsbewußtsein stehen zumeist an der Spitze ideologischer Strömungen. Eifernde verstehen es, Menschen in den Bann ihrer überwertigen Gedankenwelt zu ziehen. Auch der Feminismus entbehrt nicht sensibler, aber haßerfüllter, charismatischer Frauen. Der aus der Kindheit stammende Haß wurde gegen die weiblichen Seiten der Frau gerichtet und gegen den Mann. Daß die Feministen über ihr Ziel hinausgeschossen sind, das Kind mit dem Bade ausgekippt haben, die Rolle der Mutter und der Familie zerstört haben, war und ist ihnen recht.

Warum hat das ideologische Gedankengut der Feministen fruchtbaren Boden gefunden? Einige Gründe seien hier genannt:

1. Die Kritik der früheren Frauenrechtlerinnen war berechtigt: Frauen hatten in wichtigen Lebensbereichen weniger Rechte als Männer.
2. Feminismus verheißt Glück und Freiheit.
3. Der Feminismus spricht unbewußte, innere Konflikte an, die aber nicht gelöst, sondern nur geschürt und am Falschen ausgetragen werden.
4. Es wurde den Forderungen der Radikal-Feministinnen nicht genügend Einhalt geboten.

Die Feministinnen thematisieren – wie andere Ideologen auch – Probleme, die im Ablösungskonflikt mit den Eltern auftreten. Es ist jedoch immer fatal, wenn man innere Welten, sobald sie haßerfüllt, zerstörerisch und schuldbeladen sind, in eine Weltsicht umformt. Diese wird häufig mit Haß, Ablehnung, Selbstablehnung und Verachtung des nunmehr politischen Gegners fanatisch vorgetragen. Feindbilder haben von jeher Kreuzzüge und Schlachten geprägt. Seit der französischen Revolution dient der Ausbeuter, der Unterdrücker, der Ungerechte, der Ungleiche als Projektionsfläche großer und kleiner Fanatiker. Ob Kommunismus, Nationalismus, Islamismus, Globalisierungsgegner. Alle sind mehr oder weniger besessen von Befreiungs- und Erlöserphantasien. Gespeist werden diese durch unbewußte Kräfte, deren Zentrum der Haß ist. Blindwütig gehen sie gegen die Wirklichkeit vor, selbst Spuren der Zerstörung in der Zeitgeschichte ziehend.

Der Mensch ist verführbar. Er schließt sich der Mehrheit an. Das uralte Thema des Ausgebeutetseins, der Abhängigkeit vom Elternhaus bildet einen fruchtbaren Nährboden für Ideologen. Im Feminismus sitzt ein ganzes Geschlecht als „Ausbeuter“ auf der Anklagebank. Die Feministinnen klagen über die Männer im Namen der Frauen, die aus feministischer Sicht schwach und hilflos sind. Jede Art von Ideologie oder Glaubenssystem – wird sie nur geschickt vorgetragen – kann die Herzen der Menschen verwirren. Die Welt der Fanatiker besteht aus Zerrbildern und Haß. Für sie gibt es nur Gerechte – Ungerechte, Unterdrückte – Ausbeuter, Freunde – Feinde, Schuldige – Unschuldige. Männer hier, Frauen dort. Auf der Strecke bleiben der Mensch, die Familie und vor allem die Kinder.

Den Feministen gerät die Frau amputiert. Sie ist umgeben von boshaften Ausbeutern, den Männern. Die eigentliche Rebellion richtet sich aber gegen elementare Grenzüberschreitungen der Eltern. Anstatt sich mit diesen auseinanderzusetzen, schafft sich der unbewußte Mensch später verzerrte Feindbilder. Er lebt seinen Haß und seine Phantasien in der Projektion aus. So bleiben sie weitgehend angstfrei.

Vereinfachte Denkformen

Feministen neigen zur Spaltung: hier die unterdrückte Frau, dort der boshaft ausbeutende Mann. Die Frau als Opfer des Mannes. Die Frau als Opfer des Kindes. Zirkuläres Denken, das die Welt der Kinder, der Familie und des Mannes in ihrer Komplexität einbezieht, ist ihnen fremd. Sie verallgemeinern, übertreiben, werten sich und andere massiv ab. Ihr Denken ist geprägt von Allmachts- und Ohnmachtsphantasien – Zeichen einer symbiotisch-narzißtischen Haltung.

Feministische Sprachregulierung

Zeichen der Ideologisierung des Feminismus ist sein Sprachgebrauch. Ideologien neigen dazu, ein eigenes Weltgebäude und auch eine eigene Sprache aufzubauen. Nur wer die vorgeschriebene Sprache benutzt, ist linientreu. Jeder, der sich nicht dieser ideologisierten und von oben verformten Sprache bedient, wird als Gegner betrachtet.

In dem Buch „Das Deutsche als Männersprache" kommt die archaische Wut der Autorin Pusch in einer affektgeladenen Sprache klar zum Ausdruck: „Nächtelang war ich wütend über vergewaltigende und prügelnde Ehemänner, über die systematische Benachteiligung der Frau im Beruf, über den alltäglichen Sexismus in den Büchern und in den Medien"[3]. Die Linguistin gibt einer „männlichen Sprache" die Schuld: „Wir alle werden durch derartige Akte des Ignorierens permanent in unserer Identität beschädigt"[4]. „Penetrant in der Tat ist für uns Frauen diese Männersprache und überhaupt alles"[5].

Die Autorin hat Angst vor der Liebe eines Mannes und fürchtet, mit ihr in Berührung zu kommen. Die Angst vor der Penetration, die Angst vor der Herrschaft des Männlichen ist ursprünglich die Angst vor einer grenzverletzenden Elternfigur.

Autonomie ist nicht dadurch zu erreichen, daß man Sprachstrukturen verändert. Die Allmacht des Wortes, der Gedanken und der philosophischen Systeme läßt einen zwar die real erfahrene Ohnmacht in der Kindheit nicht mehr spüren. Hilfreicher ist es jedoch, sich mit seinem Unbewußten auseinanderzusetzen.

Genetisch bedingte Frauenrolle

Die Mütterlichkeit, das typisch Frauliche ist im Erbgut verankert. Da mögen sie noch so viel an der Sprache basteln, noch so viel Radwege bestücken mit zweigeschlechtlichen Fahrradsymbolen und noch so viele Frauenbeauftragte in die Firmen zwängen, typisch weibliches Verhalten läßt sich nicht von oben herab verändern. Eine Frau bleibt eine Frau. Sie empfängt, sie hegt, sie gebiert unter Schmerzen. Sie freut sich, sie lächelt ihrem Kind entgegen, sie säugt und zieht es auf. Eine Gesellschaft, die Geld hochachtet und Kinder geringachtet, läßt verführbare, zur Anpassung neigende Frauen vor ihrer Mutterrolle flüchten in die Welt der Computer und der staatlich bestellten Ammen.

Jede Arbeit kann schlechtgeredet werden. Was ist an Steinesetzen, Automatenarbeit und anderen Dienstleistungen so viel besser, als seine eigenen Kinder zu erziehen? Zumal wenn man seiner eigentlichen genetischen Bestimmung, dem Ziel des Lebens, nämlich Kinder großzuziehen, an ihnen zu wachsen, sich zu erfreuen, so nahekommt? Für eine Frau zählt im Innersten ein erfüllter Kinderwunsch mehr als die steile Karriere. Zumindest für die Mehrheit der Frauen, die sich einen Zugang zu ihrer Weiblichkeit bewahrt haben.

Feministen haben Frauen und Kinder ins Unglück gestürzt. Diese Mütter haben nun Quote und Lohnarbeit. Daß Kinder und Beruf keine Belastung bedeuten, trifft nur für wenige Frauen und schon gar nicht für die Mehrheit der Kinder zu. Für das Wohl der Frauen als Mütter haben sich die maßgeblichen Feministinnen wenig interessiert, da sie selbst weder kinderlieb waren, noch familienfreundlich.

Was ist gut für mich?

Die Selbstverwirklichung der männlich geprägten Frau steht auf den feministischen Fahnen geschrieben. Das Ergebnis läßt sich sehen: Frauen nehmen ihre Kinder mit auf nächtliche Volksfeste. Sie muten ihrem Kleinkind das Pfeifen und Schreien im Stadion zu. Damit das Kind seine Ruhe hat und hält, setzen ihm die Eltern Ohrenschützer auf. Hauptsache, die Eltern haben ihren Spaß. Die Frauen fragen sich kaum: „Was ist gut für das Kind?", sondern, *„Was ist gut für mich?"* Sie grübeln noch während der Schwangerschaft: „Wie kann ich meinen Job fortführen? Am besten nehme ich das Kind nach einem Monat mit in die Firma. So komme ich weiter."

Vermag sich eine solche Frau in die Seele eines Kindes zu versetzen? Nimmt sie seine Bedürfnisse nach Geborgenheit, Liebe und Zuwendung denn nicht wahr? Sie hat es verlernt, sich auf Kinder einzustellen. Diese Frauen machen es dem Manne gleich. Die Kinder fallen heraus. Sie dienen lediglich als Erfüllungsgehilfen der narzißtischen, feministisch und materialistisch geformten Selbstverwirklichung. Der Mensch wünscht sich ein Kind, doch von dem Wissen um dessen Wohl hat er sich soweit entfernt wie das Flugzeug von der fernen Heimat. Einzelfälle? Mitnichten. Verhaltensstörungen von Eltern und Kindern wachsen. Kinder – ein Anhängsel, das man sich wie ein Schmuckkettlein um den Hals legt und je nach Wunsch und Lage in staatlich geschützte Schatullen steckt. Gelebter Feminismus und engherzige Geldgier gebären häßliche Wesen: Verwahrlosung, Verwöhnung, Verweichlichung, Verlust der Gemeinschaft in der Familie.

Ideologie und Bewußtsein

Der infantile Mensch meidet eine dauerhafte Beziehung oder aber er klammert. Er erstarrt als ewiger Jüngling oder als ewige Jungfrau. Er steckt im Familiengefängnis. Später träumen diese Menschen vom KZ. Sie sehen sich im Traum als gequältes Opfer, als Christusfigur. Einige sind bereit, sich aus dem inneren Käfig zu befreien. Kommunistische, sozialistische und feministische Ideologien sind Spiegelbild ungelöster, innerer Konflikte. Die aggressive Energie richtet sich ursprünglich gegen identitätszerstörende Eltern. Unbewußt, blind für das Innere, wird dieser Haß verdreht, nach außen gestülpt auf feindliche Figuren, wie Völker, Rassen, Geschlechter und Reiche. *Ausbruchsschuld verhindert die innere Befreiung vom Elternhaus.* Ideologien regen den unsicheren, suchenden, sich aus dem Käfig der Eltern befreien wollenden Menschen an. *Ideologien machen blind für den inneren Weg.*

Die Rache der Feministen

Das *Prinzip der Rache* wird von den folgenden Feministinnen propagiert. *Rache ist aus moralisch-ethischen Gründen abzulehnen.* Es führt zur Selbstjustiz und zu einer Entdifferenzierung der emotionalen Bezogenheit. Das Gespräch miteinander ist wichtiger und konstruktiver, als das Verteufeln und das Rächen. Rache ist kein Mittel, um sich einem anderen näher zu bringen.

Die Rache ist Selbstzweck, in ihr entlädt sich primitive, archaische Aggressivität. Kränkbarkeit und Kränkungen sind subjektiv und haben in ihren aufgeblasenen Rachegelüsten mit dem realen Anlaß wenig zu tun. Die eigentlichen Kränkungen haben in der frühen Kindheit stattgefunden. Später geben geringe oder auch weniger geringe Ungerechtigkeiten Anlaß, übermäßig auf Verletzungen zu reagieren.

Haß, Rachegefühle und auch erhöhte Kränkbarkeit entstehen in Familien, wo übermächtige, symbiotische Väter oder Mütter waren oder in denen der Vater entweder fehlte und seine Vaterrolle kaum wahrgenommen hat. Söhne und Töchter, die unter der Gefühllosigkeit ihres Vaters leiden, fühlen sich gekränkt, wenn sie vom Vater nicht angenommen und als Mädchen nicht bestärkt wurden.

Ein Beispiel für die Absurdität der Rache ist die Blutrache. Auf diese Weise werden heute noch Familien ausgerottet, da sie einem mittelalterlichen Mythos, nämlich dem eines übertriebenen Zusammengehörigkeitsgefühl und der daraus resultierenden Blutrache Folge leisten. Die Begriffe des *Rachedurstes* und der *Rachegier* zeigen die tiefen, unbewußten Triebregungen der Rache auf. In zahlreichen Sagen, auch in Kriegen, die aus Rachegelüsten heraus geführt wurden, sehen wir die negativen und destruktiven Folgen einer ausgelebten Rache.

Die Feministin Richter verwechselt Rache mit Streit und Ärger, die Annäherung und Verteidigung zum Ziele haben. „Die Rache der Frauen ist eine Antwort auf die Entwertung ihrer Person. Die Grundlage ihrer Rache bildet nicht nur die Tatsache, daß Frauen Unrecht erfahren haben, sondern entscheidend ist auch das Gefühl, ein Recht zu haben, das eingefordert werden muß, wenn es mißachtet wird. Wenn sie physisch und psychisch am ‚Lebensnerv' getroffen werden, denken sie an Rache mit allem, was ihnen zur Verfügung steht. Die verletzende Situation kann durch Respekt- oder Grenzenlosigkeit entstehen, durch eine Drohung, durch Betrug oder Sachschädigung, durch körperliche Gewalt oder dadurch, daß die Frau verlassen wird … Wenn der andere nicht zugänglich ist, wenn man gegen eine Wand rennt, dann sinne ich auf Rache, dann werden diese Rachegedanken übermächtig"[6]. Rache ist erst befriedigt, wenn der vermeintliche Gegner tief unten am Boden liegt.

Es fehlt diesen Feministinnen gegenüber dem Mann das Prinzip der Versöhnung. Nach einem Streit, nach einer Kränkung muß grundsätzlich Versöhnungsbereitschaft bestehen, sonst führt das menschliche Miteinander zur Zerstörung von Werten oder von Leben. Das Loblied zahlreicher Feministen auf die Rache spricht für die These ihrer infantilen, unreflektierten Haltung.

Das absichtliche Benutzen des Wortes Rache in der Diskussion um die aggressive Gehemmtheit mancher Frauen hat folgenden Sinn: Es wird durch das Wort Rache eine tiefe Schicht des Unbewußten angesprochen, die Emotionen erweckt. Rache nimmt der Feminismus an etwas anderem, nämlich an einer identitätszerstörenden, übermächtigen Elternfigur, von der er sich befreien möchte.

Rache, wie sie Richter an dem Beispiel der verlassenen Geliebten beschreibt[7], ist von niederen Racheinstinkten geleitet. Die betroffene Frau hätte gleich den Liebhaber zur Rede stellen sollen und müssen. Sie hätte in dem Augenblick der Enttäuschung, als ihr ihr Liebhaber offenbarte, daß er sie verlassen will, ihre Wut ausdrücken sollen.

Die Anwendung körperlicher Gewalt ist prinzipiell auch als Kampf der Geschlechter abzulehnen. Sie ist Zeichen von archaischer Selbstjustiz, die den anderen ins Krankenhaus bringen kann und einen selbst in das Gefängnis.

Frau Richter verwechselt Rache mit Aggressivität. Sie stellt fest, daß Frauen ihre Aggressivität immer noch nicht äußern dürfen. Dieses ist genauso falsch, wie man behaupten kann, daß alle Männer aggressiv seien. Auch Männer haben häufig große Schwierigkeiten, sich in der Partnerschaft direkt abzugrenzen. Das Prinzip der Rache aber ist heimtückisch, hinterlistig und im hohen Maße zerstörerisch. Rache kann die begangene Grenzüberschreitung und Demütigung nicht rückgängig machen. Rache zerstört. Die Feministinnen Zeller und Jung empfehlen: „Diskussionen und kleinere Vergeltungsmaßnahmen zeigen nie Wirkung, deshalb müssen Sie sofort eine härtere Gangart einschlagen: 1. Brechen Sie ihm im Halbjahresturnus Arme und Beine, unterbinden Sie eine Einweisung ins Krankenhaus. Endlich muß er sich Ihnen so widmen, wie Sie es wünschen." … „Trennen Sie sich von diesem Kerl, und suchen Sie sich einen kleinen, geistig minderbemittelten und armen Mann, auf dem Sie herumtrampeln können. Der wird Sie garantiert respektieren"[8].

Selbstverständlich ist es notwendig, sich von seinem Inzesttäter und Demütiger abzugrenzen und ihm auch Zorn zu zeigen, wenn er weiterhin zu Grenzüberschreitungen, welcher Art auch immer, neigt. Bass und Davis sprechen von Vergeltung und Rache und fordern Therapeuten dazu auf, Patientinnen nicht zur Versöhnung zu bewegen: „Sag nie, die Klientin solle dem Täter vergeben. Und deute das auch nicht an. Verzeihung ist für die Heilung nicht notwendig … Wenn du glaubst, daß Überlebende dem Täter vergeben müßten, um zu heilen, solltest du nicht mit Überlebenden arbeiten"[9]. Weiter schreiben sie zur Vergebung: „Ich finde, jede Minute, die du damit zubringst zu versuchen, dem Täter zu vergeben, ist vergeudete Zeit. Du versuchst doch auch nicht, Hitler zu verzeihen"[10]. Rachedurst, Vulgarität und Zorn spielen bei der Bildung des fanatischen Charakters eine prägende Rolle[11].

Infantil ausgelebter Haß

Die feministische Literatur ist von Haß gegen Mutter- und Vaterschaft geprägt. Sie ist gekennzeichnet durch einen hohen Narzißmus, der allein das Ego der Frau kennt oder die absolute Symbiose mit einem für sich selbst gezeugten Kind. „Mein Kind soll keinen Vater haben, nur mich. Und mich ganz"[12]. Bronnen schreibt über ihre Schwangerschaft: „Ich kannte fast die gesamte feministische Literatur und hatte immer nur gelesen, daß Mutterschaft heutzutage eine Falle sei, daß hinfort meine persönliche Freiheit, meine Unabhängigkeit, meine Beweglichkeit, mein Privatleben, meine Selbstverwirklichung eingeschränkt, wenn nicht auf Null reduziert seien. Ich kannte die militanten amerikanischen Feministinnen, die von Männern nur noch das Sperma wollten, ebenso wie die militante Gegenpartei des ‚Pronatalismus', die sich gegen die Mutterschaftsmystik wandte, das Losungswort Kinderfreiheit gegen das Wort Kinderlosigkeit setzte und einen Nicht-Elterntag forderte"[13]. In dem Kapitel: „Die patriarchalische Saat" schreibt sie: „Die Mutterschaft ist bei den Feministinnen in der Krise. Sie spaltete die Frauenbewegung in zwei Lager. Gegnerinnen stellten die rüde Frage: Wer will sie überhaupt? Wer braucht sie? Ihre lakonischen Antworten lauteten: erstens die Gesellschaft, zweitens die Frauen selbst … Bleiben die Frauen. Unter ihnen kamen immer mehr zu dem Schluß: auch wir brauchen keine Kinder mehr. *‚Nieder mit den Männern, dem Kinderkriegen und der Mutterschaft!'* hieß die neue Losung … Die einen arbeiteten daran, das Monument der Großen Mutter vom Sockel zu stürzen: ‚Feministinnen müssen nicht nur die gesamte westliche Kultur in Frage stellen, sondern die Kultur selbst, mehr noch: sogar die Natur' forderte Shulamith Firestone in ‚Frauenbefreiung und sexuelle Revolution'.

‚Ich gratuliere mir jeden Tag dazu, kein Kind zu haben', verkündete ‚Mutter' Simone de Beauvoir ihren unschlüssigen Töchtern. ‚Ich denke nicht daran, dieser Gesellschaft ein Kind zu schenken!' rief die getreue Alice Schwarzer. Kate Millett definierte Mutterschaft als einen Zustand, der Frauen auf Grund ihrer Anatomie hindere, ein freier Mensch zu sein. Shulamith Firestone nannte Schwangerschaft barbarisch, eine Verunstaltung des Körpers zugunsten des Fortbestehens der Gattung"[14].

Firestone will *„die Familie zerstören, welche die Psychologie der Macht erzeugt"*[15]. Sie schwärmt von der „neuen Gesellschaft", in der „die Menschheit wieder zu *ihrer natürlichen polymorphen Sexualität zurückfinden"* könnte, alle Formen der Sexualität wären erlaubt …"[16].

Eine derartig zerstörerische Literatur, die zu ihrer Zeit *massenhaft* gelesen wurde, hat zur Bindungsarmut, zur Kälte zwischen Mann und Frau, zwischen Mutter und Kind in der westlichen

Welt erheblich beigetragen. Das Buch „Das andere Geschlecht" von Simone de Beauvoir erschien erstmals 1949. Es wurde von 1951 bis 2000 allein in Deutschland **vierzigmal** aufgelegt. Es ist in zahlreiche Weltsprachen übersetzt worden. Das Buch „Der kleine Unterschied" von Alice Schwarzer erschien von 1975 bis 2004 in **20 Auflagen**.

Haß, Rachegedanken, Fanatismus, Ideologie sind schlechte Berater des Menschen. *Die mutwillige Zerstörung der Familie ist einer der Abwege, auf welche die Menschheit schon oft geraten ist, um sich letztendlich auf eine höhere Stufe zu entwickeln.*

Kontrapunkt

Einen deutlichen Kontrapunkt zu feministischem Denken und Fühlen erkennen wir in den Gedanken einer Frau: „Wer Familienförderung betreiben möchte, kommt an der Erkenntnis nicht vorbei, daß es unerläßlich ist, die zentrale Rolle der Frau in der Familie herauszustellen. Formulierungen wie ‚Frau-am-Herd-Politik' sind nicht nur schädlich, sie entmutigen auch alle Frauen, die bereit sind, diese Rolle zu übernehmen. Voraussetzung wäre allerdings, daß auch in der Öffentlichkeit ein Umdenken erfolgt, das zeigt, welche vielfältigen Aufgaben in der Familie anfallen, die das Leben aller Beteiligten bereichern können. Solange die Forderung Beruf und Familie als Ideallösung angepriesen wird, ist nicht zu erwarten, daß Frauen mit qualifizierter Berufsausbildung sich für die Familie einsetzen. Die Weitergabe von Wissen an die eigenen Kinder ist sicherlich eine der beglückendsten Aufgaben. Außerdem ist die Familie der einzige Ort, an dem alle – nicht nur die Kinder – Geborgenheit suchen, wonach sich jeder sehnt. Frau Dr. Lotte Büschges, Bornheim"[17].

Literatur

1 Die Welt: Nr. 78-14 (5.4.2005), S. 6

2 Frankfurter Allgemeine Zeitung: Nr. 212 (12.9.2005), S. 5

3 Pusch, L. Frohmut: Das Deutsche als Männersprache. Suhrkamp-Verlag, Frankfurt a. M. (1984), S. 9

4 Ebenda, S. 26

5 Ebenda, S. 75

6 Richter, U.: Rache der Frauen. Neue Formen weiblicher Selbstbehauptung. Heyne Verlag, München (1997), S. 32–33

7 Ebenda, S. 33–35

8 Zeller, B., Jung, J.: Wenn Frauen hassen. Ullstein Verlag, Frankfurt a. M., Berlin (1990), S. 87 u. 88

9 Bass, E., Davis, L.: Trotz allem – Wege zur Selbstheilung für sexuell mißbrauchte Frauen. Orlanda Frauenverlag, Berlin (1991), S. 325

10 Ebenda, S. 140–141

11 Conzen, P.: Fanatismus. Psychoanalyse eines unheimlichen Phänomens. Kohlhammer Verlag, Stuttgart (2005), S. 66

12 Bronnen, B.: Mütter ohne Männer. Rowohlt Taschenbuch Verlag, Reinbek (1985), S. 82

13 Ebenda: S. 9

14 Ebenda: S. 85 (Der Fett- und Kursivdruck erfolgte durch den Autor.)

15 Firestone, S.: Frauenbefreiung und sexuelle Revolution. Fischer Taschenbuch Verlag, Frankfurt a. M. (1975), S. 192

16 Ebenda, S. 193

17 Frankfurter Allgemeine Zeitung: Nr. 270 (18.11.2004), S. 8

16. Der Kinderwunsch lebt

Die eigentlichen Beweggründe seines Handelns sind dem Menschen selten bewußt. So stehen Politiker und Demographen ratend vor der Frage, woher die Kinderarmut in der westlichen Welt kommt. Sie stochern an der Oberfläche. Sie fragen die Menschen, ohne ihre Seele zu kennen. Die angegebenen Gründe der Kinderlosen sind vorgeschoben, Rationalisierungen. Der Mensch sucht nach Erklärungen, ohne sich seiner Verdrängungsmechanismen, geschweige denn seiner Infantilität, bewußt zu sein. Der Wunsch nach einem Kind ist in den Seelen aller tief verwurzelt. Persönliche und politisch ideologisch geprägte Einstellungen beeinflussen die Kinderzahl. Ob der Kinderwunsch in einem lebendig ist oder verblaßt, erfüllt oder verhungert, darüber bestimmen mehrere: Der Glaube, der Zeitgeist, der medizinische Fortschritt, vor allem aber das innere und unbewußte Verbot, Kinder haben zu dürfen, weil der Kinderlose zumeist infantil geblieben ist.

Vor allem die Zahl junger Menschen ohne Kinderwunsch steigt: Mehr als 11,2% der Frauen in Deutschland wünschen sich keine Kinder. 24,2% der Männer lehnen es ab, Vater zu werden[1]. Die fehlende innere Erlaubnis, das einseitige Streben nach Besitz und Vergnügen haben zusammen mit dem virulenten Geist des Feminismus kinderfeindliche Lebensformen geschaffen.

Wer fürchtet, daß „Kinder seine Bestrebungen nach Selbstverwirklichung behindern und die Beziehung zum Partner gefährden könnten“[2] zeigt, daß er nicht zu sich selbst gefunden hat. Er hat Angst, von seinen Kindern aufgesogen und seiner Bewegungsfreiheit beraubt zu werden. Anstatt sich zu entwickeln, seine Persönlichkeit zur Reife zu bringen, beschließen Frauen und Männer, keine Kinder in die Welt zu setzen oder sie anderen zu überlassen.

Kinderarmut ist Lebensarmut

Leistung bestimmt das Leben der modernen Frau. Sie erkennt sich an, wenn sie beruflich aufsteigt. Sie verbietet das typisch Weibliche in sich, nämlich die Fruchtbarkeit. Kinder ja, aber nicht jetzt. Der Kinderwunsch rückt in unverbindliche Ferne. Der Leistungswille der Frau läßt die Freude an Kindern in ihrer Seele vertrocknen. Ihre Fruchtbarkeit verkümmert. Die Pflanze der Liebe, das Kind, darbt und welkt in der Seele der Eltern. Leistungswahn, Reiselust, harmlose Geschlechtslust stoßen Einzelne wie das Ganze in die freud- und kinderlose Leere. Kinderarmut ist Armut des Lebens.

Ich habe keine Kinder

Eine 44jährige Sekretärin sagt: „Ich habe keine Kinder. Man wollte erst noch arbeiten und Geld verdienen. Dann haben wir gesagt: ‚Nein, jetzt haben wir uns an das Leben gewöhnt.‘ Wir wollten nicht. Ich bin überhaupt nicht traurig, daß wir keine Kinder haben. Ich bin froh, daß wir uns damals so entschieden haben. Ich habe lieber fünf Hunde oder Katzen um mich herum als Sorgen mit Kindern.“

Unbewußte Mächte

In der Tiefe ihrer Seele hält eine andere, dunkle Macht diese Frau davon ab, Kinder zu gebären. Die Macht des Unbewußten hat nicht nur ihren Kinderwunsch verdunkelt, sondern auch ihre Ehe und ihre Lebensfreude. Seit Monaten quält sie Angst. Innere Spannungszustände hält sie nicht aus: sie raucht und trinkt. Sie hat es vermieden, sich zu einer erwachsenen Frau und zu einer Mutter zu entwickeln.

Den Weg in die kinderarme Gesellschaft pflastern Steine aus Eigennutz, verdrängter Aggression, Angst und dunkler Unbewußtheit. Kinderlosigkeit ist zumeist kulturell bedingt. Akademikerinnen bleiben in Westdeutschland zu 43 % kinderlos[3]. Infantilität, Feminismus, Materialismus und Sozialismus münden in Kinderarmut.

Wer studiert, der nicht gebiert

Frauen, die lernen, studieren und doktorieren, verdrängen während dieser Zeit zumeist Gedanken und Wunsch nach Kindern. Später müssen sie sich diese mühsam erarbeiten, weil sie ihren Verstandesapparat überentwickelt haben. Erschwerend wirken hierbei Elternbindung und feministische Fehlsteuerung. Regierungen, die das Leistungsstreben verherrlichen, Kind und Familie seit Jahrzehnten in Verruf bringen, zerstören ihre Grundlage. Fruchtbarkeit wird gering geachtet, Arbeit in Betrieben, Forschung und Verwaltung hingegen gutgeheißen. Kinder und Familie haben Arme, Ausländer, Einfache, Gemüthafte oder Befreite. Befreit haben sie sich vom feministisch geprägten Meinungsdruck, von den inneren Fesseln und Flüchen, die Erwachsensein und Elternschaft behindern.

Jeder möge nach seiner Fasson selig werden. Dieser Satz Friedrich des Großen unterstützt das Bild eines Volkes, das sich nicht als Gemeinschaft begreift, sondern in Egoisten, Einzelpersonen und Einzelhaushalte zerfällt. In Würzburg und Wilhelmshaven bestehen ca. **54 %** aller Haushalte aus **einer** Person[4]. Über die tieferen Ursachen einer kinderfeindlichen Einstellung ist bislang wenig bekannt. Die Tiefenpsychologie hat bisher keinen Eingang in die Debatte um das vergreisende Deutschland gefunden. Aus zahlreichen Gesprächen mit Jungakademikern und aus ihren Träumen ergibt sich, daß ihnen vor allem die innere Erlaubnis fehlt, eine eigene Familie zu gründen und hierdurch erwachsen zu sein. Aus eigener Kraft – ohne die prägenden Ideale einer kinderbejahenden Gesellschaft und ohne die freigelegte Macht der Fruchtbarkeit – schaffen sie es nicht, ihre Infantilstörung abzustreifen, als Vater und Mutter Verantwortung zu übernehmen.

Je mehr Kinder, je mehr Glücks[5]

Kinder sind Ausdruck von Lebenswillen. Kinder erfreuen unser Gemüt. Säuglinge sind süß, schnuckelig. Sie spenden Glück und Freude. Sie schaffen tiefe, innere Zufriedenheit in Mutter und Vater. Kinder fördern das Erwachsensein, die innere Reife. Kinder erziehen heißt: Verantwortung tragen, konfliktfähig sein oder werden. Medien und Politiker gaukeln den Menschen vor, Kinderarmut entspringe dem Mangel an Ersatzmüttern und Ganztagsbetreuung. Ein Trugschluß. *Lebensbejahende* Mütter haben drei und mehr Kinder. Sie sind gern Hausfrau und Mutter. Die Krise der Völker ohne Kinder entspringt einer vielschichtigen Kulturkrise. Deren wesentliche Ursache liegt in einem Mangel an Selbstverwirklichung des inneren Vater- und Mutterbildes. Der lebendige Mensch will eine Familie haben, das Mutter- oder Vaterbild in sich entfalten. So ist es in den Genen und in der Seele des Menschen festgeschrieben.

Eine 34jährige kinderlose Erzieherin mit starkem, aber schuldbeladenem Kinderwunsch ruft unter Tränen: „Wozu bin ich denn auf die Welt gekommen? Doch zum Kinderkriegen!" Kinderlosigkeit bedeutet vor allem Hemmung, Fluch der Bindung an die Eltern, fehlende Erlaubnis. Es folgen als wichtige Verursacher der Kinderarmut feministische Verführung und das Streben nach Besitz. *Auch die massive, kollektive und depressive Selbstabwertung des deutschen Nationalgefühls beeinträchtigt die Fruchtbarkeit der Deutschen.* Kinderlose Ehen entstehen nicht aus einer freiwilligen Selbstbestimmung heraus, sondern weil sich die Paare Kinder nicht gönnen oder verbieten. Von den Medien und den Einzelnen wird diese Unfähigkeit nicht wahrgenommen, sondern gepriesen als Weg, auf dem Mann und Frau ihr – fremdbestimmtes – Selbst verwirklichen.

Der staatliche Griff nach Kind und Familie

Die Obrigkeit hat jahrtausendelang in die Erziehung eingegriffen, gierig hat sie nach den Früchten der Familien gegriffen, nach ihren Kindern. Verführbar und jung hatten sie im Krieg zu verrecken. Wahnartige Glaubensgebäude haben die Herrschenden mit Gewalt und Tücke durchzusetzen versucht. Auch der Angriff auf die Institution Familie wird gezielt vorangetrieben. Er wird von Menschen unterstützt, die sich ihrer eigenen Beziehungsstörung und Eisigkeit nicht bewußt sind. Hierzu zählen die Sozialversteher, viele antiautoritäre 68ziger, Grünenpolitiker, Feministen. Das Bild der Familie zerbröselt. Grünenpolitikerin Göring-Eckardt: „Wir wollen weg von der Subvention der Ehen – zu einer Subvention der Kinder“[6]. In diesen Menschen besteht ein abnormes Ablehnungs- und Haßpotential gegen die Familie mit verdienendem Vater, hegender Mutter und Kindern.

Ausbruchsschuld und Fruchtbarkeit

Während die Fortpflanzung höchstes Ziel alles Lebendigen ist, hat der moderne Mensch seine Fruchtbarkeit eingeschränkt. Hier hat der Mensch sich frei gemacht von der Macht der Natur. Er entscheidet, ob er Kinder möchte oder nicht. Verhütungsmittel und Abtreibung dienen ihm als Werkzeug. Anti-Baby-Pille: ein Mittel gegen das Kind. Eine der ersten und wichtigen Entscheidungen im Leben der modernen, heranwachsenden Frau lautet: „Ich entscheide mich gegen ein Kind.“ Das sitzt tief. Die Entscheidung gegen Kinder kommt der derzeitigen öffentlichen Meinung und eigenen, unbewußten infantilen Haltung entgegen.

Karriere, Geld, Haus, Vergnügen – diese Dinge bestimmen über Jahre den Lebensrhythmus vieler Menschen. Taucht irgendwann – zumeist ab dem dreißigsten Lebensjahr – ein Kinderwunsch auf, fühlen Frau und Mann sich plötzlich anderen, scheinbar fremden Mächten ausgesetzt. Während der Mensch früher den Urkräften der Schöpfung freien Lauf zu lassen hatte, sieht er sich nun einem Entwicklungsschub gegenüber: Heraustreten wird und muß er aus der Welt des Kindes, wenn er sich seinen Kinderwunsch erfüllen will. Doch oft wird ihm dieser Wunsch erschwert oder verweigert. Er kann keine Familie gründen, weil er beschließt, ein Kind zu bleiben. Er leidet unter Schuldgefühlen, so daß ihn Angst und Depression überkommen, sobald er sich an seinen Kinderwunsch heranwagt. Die Abwehr der sich äußernden Symptome verhindert, daß ein Kind geboren wird. Unterstützt wird die Infantilität des Einzelnen durch eine infantile Öffentlichkeit, welche die Familie als eine veraltete Einrichtung verspottet.

Die Reden der Kinderlosen

- Wir wollen noch was von der Welt sehen.
- Ich muß erstmal zu mir selber finden.
- Ich habe doch studiert. Ich will erst Geld verdienen.
- Nichts überstürzen.
- Ich möchte die Verantwortung nicht übernehmen.
- Dafür bin ich zu alt.
- Ich habe keine Lust auf Kinder. Wir sind uns so genug.
- Ich muß erst mein Examen machen.
- Ich habe den Richtigen noch nicht gefunden.
- In diese schlechte Welt setze ich keine Kinder.
- Karriere geht vor. Später ja, das kann ich mir dann vorstellen.
- Ich habe keinen Draht zu Kindern.
- Dafür fehlt mir der Mut.
- Ich habe mit mir genug zu tun.
- Man muß erst 'ne richtige Zukunft haben.
- Wozu? Wo sich so viele scheiden lassen.
- Ist nicht nötig.
- Ich bin noch nicht soweit.
- Ich will meine Ruhe haben.

- Statt Kinder habe ich viel Spaß.
- Ich bin noch so ängstlich.
- Ich trau mich nicht.
- Ich will mich noch im Beruf beweisen.
- Ich will mich noch selbst verwirklichen.
- Das ist noch so weit weg.
- Ich könnte krank werden durch die Schwangerschaft.
- Ich habe Angst vor Schwangerschaft und der Geburt.
- Ich befürchte, kein eigenes Leben mehr zu haben, nur noch für das Kind dazusein.
- Das Kind könnte meinen Wünschen nicht entsprechen.
- Ich möchte arbeiten und für die Welt interessant sein.
- Mit zwei Kindern kann ich nicht alles unter einen Hut kriegen.
- Für 2 Kinder reicht das Geld nicht.
- Für die Kinder bekomme ich ja kein Geld. Da fehlen mir 300 im Monat. Dann kann ich mir nichts kaufen und keinen Urlaub machen.
- Ich wollte Kinder, aber ich habe mir immer die falschen Frauen ausgesucht. Meine Ex-Frau wollte von vornherein keine Kinder. Meine jetzige Freundin wollte auch jahrelang nicht und jetzt ist es zu spät.
- Kinder, das können andere machen. Ich habe ein Praktikum im Kindergarten gemacht. Das ist nichts für mich. Das hat mir gereicht.

Diese Aussagen werden von der Studie des Bundesinstitutes für Bevölkerungsforschung bestätigt. Hier gaben 74,4 % der 30 bis 39jährigen als Grund für ihre Kinderlosigkeit an, daß sie alleine oder ohne festen Partner seien[7].

Ich bin ungerecht

Eine 30jährige verheiratete Verkäuferin, die unter einer besitzergreifenden und grenzüberschreitenden Mutter leidet, sagt: „Ich möchte kein zweites Kind. Das muß ich nicht haben. Ich möchte gern wieder arbeiten. Wenn ich ein Kind habe, reicht das doch. Nein, das kann ich nicht ab. Ich komme mit soviel Lärm und Nervenaufreiben nicht klar. Ich kenne mich, ich bin ungerecht."

Während sie in der Gruppentherapie es allmählich lernt, sich gegen ihre Mutter zu behaupten und weniger aufbrausend mit ihrer dreijährigen Tochter umzugehen, zeigt sich in ihren Träumen der Wunsch nach einem zweiten Kind. Sie fragt ganz erstaunt über sich selbst die Frauen in der Gruppe, wie sie handeln würden. Eine Pastorin bestärkt sie in ihrem Kinderwunsch, woraufhin sie zufrieden lächelt.

Ein Postbeamter

Ein 36jähriger, unverheirateter Postbeamter wird von heftigen Panikattacken heimgesucht. Er ist hochgradig an seine Eltern, vor allem an seine Mutter gebunden: „Ich grenze mich nicht genug von meinen Eltern ab. Alle zwei bis drei Tage telefoniere ich mit ihnen oder schaue vorbei. Ich gebe bei allen Sachen klein bei, damit es keinen Streit gibt."

Weiter schreibt er zu der Hausaufgabe: Alle meine inneren und äußeren Beweggründe, warum ich bisher nur ein Kind will: „Meine Gedanken gehen dahin, daß ich mein Leben nicht mehr richtig genießen kann. Ich müßte mehr zu Hause bleiben, ich könnte mein Leben halt nicht so einrichten, wie ich es möchte. Ich habe Angst, daß das Kind nicht gesund ist. Außerdem möchte ich mir auch weiterhin vieles leisten können, was bei einem zweiten Kind schon schwieriger wird. Ich möchte zwei Kinder haben, aber noch nicht jetzt. Ich möchte erst noch etwas anschaffen. Ich möchte meinen Kindern finanziell auch etwas bieten können."

Wohlstand spielt bei der Familienplanung eine große Rolle. Doch das Geld dient als Ausrede. Die eigentlichen Beweggründe sind verdrängt. *Die verschütteten Wünsche lauten: Ich will frei sein von mich einengenden elterlichen Bindungen. Ich will heiraten und Kinder haben.*

Kollektive Infantilneurose

Wer seelenkundig ist, täglich mit den Problemen unseres Volkes zu tun hat, stellt fest, daß viele Menschen einer tief sitzenden Infantilität unterliegen. Immer mehr Paare sind ohne Trauschein[8]. Heirat und Ehe werden gering geachtet. 79 % der Deutschen glauben nicht mehr an die traditionelle Familie[9]. Man sagt: „Meine Schwiegermutter oder mein Mann", obwohl man niemals verheiratet gewesen ist. Die Ehe wird von vielen willentlich ihres Sinnes beraubt, von infantilen Mediengestaltern und Politikern unterhöhlt. Selbst Kind seiend meiden sie Verantwortung für Kinder und Familie.

Die Frau ist verunsichert. Sie traut sich nicht zu, zwei Kinder oder gar drei großzuziehen. Sie klagt darüber, daß es schon mit einem Kind anstrengend sei. Sie hat Ausflüchte. Sie hat Angst, Hemmungen, Mutter zu werden und zu sein. Es ist nicht das Geld, der Wohlstand, welche die Menschen in die Kinderlosigkeit treibt. Vornehmlich die Infantilität des Einzelnen bedingt die heutige Kinderlosigkeit.

Die Macht der Infantilität

Infantil zu sein bedeutet, daß jemand in wesentlichen Bereichen seiner Persönlichkeit auf kindlichem Niveau stehengeblieben ist. Ihm mangelt es an innerer und äußerer Struktur. Der Mensch gibt sich seinen ungezügelten, unreifen Sehnsüchten, Süchten, Schwächen und Neigungen hin. Infantilität kann durch Überfürsorglichkeit, aber auch durch Vernachlässigung entstehen. Das Ich entwickelt nicht genügend Stärke, um Ordnung zu schaffen.

Der Mensch hat zum ersten Mal in seiner Geschichte die Sexualität von ihrer Hauptfunktion der Fortpflanzung abgekoppelt. Nunmehr wirken andere Kräfte auf diese überragende Aufgabe des Sexuellen ein. Der Wunsch des Menschen, Kinder zu haben, ist in allen Menschen angelegt, er kann bewußt und unbewußt beeinflußt werden. Das Ich der Frau und des Mannes steht vor einer neuen Aufgabe: Entweder entfaltet sich deren Wille oder aber die Macht der Infantilneurose entscheidet.

Alle gängigen Argumente, mit denen sich ein Paar gegen die Familie wendet, sind vorgeschoben. Die Unreife, die Angst vor Verantwortung als Vater oder Mutter, steuern unbewußt die Meinung über das Kinderkriegen. Mann und Frau sind an die Eltern gebunden, sie haben keine Erlaubnis, eine Familie zu gründen. Die Macht der Eltern siegt über den Kinderwunsch. Die Zerstörung familiärer Werte in Medien und Politik verstärkt die Angst des Menschen, selbst Vater oder Mutter zu werden. Hinzu kommt, daß Mädchen und Jungen in den Beruf gedrängt werden, ohne auf die Zeit der Ehe und Familie vorbereitet zu sein. Dem Sog einer leistungsstarken und feministisch geprägten Öffentlichkeit können sich nur wenige entziehen.

Hilflose Eltern

Die Zerrissenheit zwischen Infantilität und erwachsener Fürsorge zeigt sich bei einer 36jährigen Lehrerin. Sie ist Mutter eines sieben Monate alten Mädchens und eines eineinhalbjährigen Jungen: „Am liebsten würde ich für meine Kinder und für meinen Mann am Herd stehen und kochen, ich habe aber Angst, daß nicht genug Geld hereinkommt, weil mein Mann einem brotlosen Künstlerhandwerk hinterhergeht. Nunmehr bewerbe ich mich auf eine Stelle mit vierzig Stunden pro Woche. Meine Nerven sind schon in der Bewerbungsphase angespannt. Mein Töchterlein ist seit drei Tagen krank. Sie schläft unruhig und schlecht. Mir sind vor zwei Tagen die Nerven geplatzt: Ich gehe zu meiner Tochter nachts ans Bett und schimpfe in ärgerlichem Ton: „Maria, was soll das? Ich halte das hier nicht mehr aus!" Ich bin barsch und laut. Daraufhin stellt mein Ehemann mich zur Rede. Ich reagiere ungehalten. Anschließend habe ich ihn aus der Wohnung geschmissen. Mein Mann ist ein Weichling, ein Nicht-Abgrenzen-Könner." Er sagt hierzu: „Das Verhalten meiner Frau kann ich verstehen. Ich weiß nicht, was rechts und links, oben und unten ist." – Marias Eltern sind selbst noch Kinder.

Das Ehepaar hat Probleme, sich gegenüber den Kindern abzugrenzen. Die sieben Monate alte Tochter schläft im Schlafzimmer der Eltern. Sie wagen es nicht, ihr Bettchen im Nebenzimmer aufzustellen. Sie rücken es zentimeterweise von sich fort: „Die Methode des langsamen Verrückens des Bettes über mehrere Monate von einem Raum in den anderen ist eine sanfte Methode." – Die Eltern wissen nicht, wie sie ihre Kinder zu erziehen haben. Sie sind führungslos. Die Ehefrau reibt sich auf zwischen Mann, Kindern und aushäusigem Beruf. Auf der Strecke bleiben die Ausgeglichenheit und die Lebensfreude. Ein Einzelfall? In Elternkursen versuchen inzwischen die Erziehungsgeschwächten ihre politisch herbeigeführte Hilf- und Richtungslosigkeit zu überwinden[10].

Geschlechtsreif, aber unreif

Die Haltlosigkeit junger Menschen spiegelt sich in der Praxis eines Frauenarztes aus Kiel. Er sagt: „In einer Woche kamen zu mir fünf schwangere Mädchen um die fünfzehn herum. Der eine Erzeuger war zwölf Jahre alt." Schwangerschaftsabbrüche in diesem jungen Alter sind keine Seltenheit mehr. Im Jahr 2001 wurden bei 8100 minderjährigen Mädchen Schwangerschaftsabbrüche vorgenommen. Um 150% hat die Zahl der Abtreibungen in Berlin bei ca. 15jährigen Mädchen in der Zeit von 1996 bis 2004 zugenommen. Jeder achte Schwangerschaftsabbruch erfolgt in Berlin bei unter 20jährigen. Auch bundesweit hat sich die Zahl der Abtreibungen bei Mädchen unter 15 Jahren in diesem Zeitraum fast verdoppelt[11].

Zügellosigkeit des sexuellen Verhaltens, zu große Freizügigkeit und Vernachlässigung in der Erziehung fördern die innere Strukturarmut dieser Jungen und Mädchen.

Mein Bauch gehört mir

Die gegen den Menschen gerichtete Ideologie des Feminismus hat das Bild von der Familie mit einer fürsorglichen Mutter und einem treuen Vater zerstört. Kinder als sinnstiftender Segen und Quell der Freude sind ihnen ein Greuel. Das Recht auf Selbstverwirklichung steht obenan: „Mein Bauch gehört mir – ich treibe ab, wann ich will." So lautete 1976 der Kampfspruch der linken, feministisch geprägten Szene in der ehemaligen BRD. Heute wird die Zahl der Abtreibungen in Deutschland auf 128 000 im Jahr 2003 geschätzt[12]. Auf sechs Geburten kommt eine Abtreibung[13].

Die propagierten Ideale sind: Karriere und Geld. Wer modern ist und dazugehört, geht diesen offiziell geforderten Weg der scheinbaren Selbstverwirklichung der Frau. Doch verwirkt ist in ihnen die Liebe, das Gemüt, die Familie und die Kinder – ganz den feministischen Schriften und Reden der Feministen entsprechend.

Archetypen drängen ins Bewußtsein

Der Einzelne macht das Ganze. Nicht nur der Einzelne hat Komplexe auf Grund unbewußter Abwehrmechanismen, auch Gruppen und Völker unterliegen ihnen. Die Seele läßt sich jedoch auf Dauer nicht hinters Licht führen, das Verdrängte dringt nach außen. Was ist die Wahrheit in Bezug auf Selbstverwirklichung, Sex, Liebe, Ehe und Familie? Jeder Mensch will Kinder. Die tief in der Seele verankerten Archetypen drängen ins Bewußtsein, um verwirklicht zu werden. Hierzu gehören der Wunsch nach Heirat, nach Treue, nach Familie und Kindern.

Schuldgefühle und Schwangerschaft

Die Schwangerschaft fordert Mann und Frau heraus: Nun lösen sie sich aus ihrer Rolle der Kinderlosen. Sie sind zur weiteren Reifung als Mutter oder Vater aufgefordert. Nicht selten brechen reifungsbedingte Schuldgefühle in den werdenden Eltern auf. Sie führen dazu, daß sich einer der Partner aus dem Ehebett zurückzieht. Es sind die Schuldgefühle, die sagen: „Was, du pflanzt dich fort? Du entfernst dich aus unserem Einflußbereich? Du bist und bleibst unser Kind! Du willst doch nicht etwa erwachsen werden? Und wenn du etwas in diese Richtung unternimmst, Kinder zeugst oder gebierst, dann wird es dir schlecht ergehen, weil du dich aus dem Machtkreis deiner Eltern entfernst." Die Ausbruchsschuld wiegt besonders schwer um die Zeit der Schwangerschaft.

Ein Kind verändert das Beziehungsgefüge zwischen Mann und Frau. Der frische Vater und die beschäftigte Mutter sind allzu leicht bereit, sich durch den Säugling von dem Platz der Liebe und Sexualität verjagen zu lassen. Das Kind ist ein Grund, die Ehe im Auftrag der Eltern zu gefährden. Als erstes schwinden Zärtlichkeit und Sex. Die Liebe versiegt. Das Kind gilt als Ausrede dafür, daß kein Sex stattfindet. Es schläft z. B. bei den Eltern im Schlafzimmer oder im Ehebett. Die Sexualität als Ausdruck von Nähe und Liebe verstummt aus unbewußter Ausbruchsschuld, so daß einer der Beiden sich enttäuscht zurückzieht, fremdgeht oder sich mit Trennungsgedanken trägt. Die symbiotische Haltung, die mit Vater oder Mutter eingegangen wird, ist die häufigste Ursache der sexarmen Ehe.

Feminismus macht kinderarm

Das Bundesinstitut für Bevölkerungsforschung betont, daß strukturelle Rücksichtslosigkeit der Gesellschaft gegenüber den Familien die Kinderzahl bestimmt[14]. Rücksichtslos, voller Ablehnung und Haß gegenüber der Familie haben sich zahlreiche Feministinnen in ihren Schriften geäußert. Daß diese vielfach gelesene Literatur des 20. Jahrhunderts tiefe Spuren hinterlassen hat, steht außer Zweifel.

Ein Mädchen, welches nach feministischem Vorbild erzogen wird, welches in der Schule nichts über Partnerschaft, Mutterglück, Erziehung von Kindern und über Psychologie der Elternbindung, der Liebe und der Treue erfährt, diesem Mädchen schwebt auch später wenig anderes vor, als sich durch Leistung zu bewähren und wert zu fühlen. Wie sollte es auch anders sein, wo ihm keine anderen Ideale in seiner prägsamen Kinder- und Jugendzeit in Schule und medialem Umfeld geboten wurden? Lehrerinnen sind feministischem Gedankengut verpflichtet: Sie halten den „Girlsday"* ab, um Mädchen an die Männerwelt heranzuführen.

Feministen spalten das Weibliche, das Fraulich-Fruchtbare in sich ab. Eindimensionales Denken und Fühlen beherrschen viele Feministen. Sie sehen neidisch auf die Fähigkeiten des Mannes, die mütterlichen Eigenschaften des Weibes verleugnen sie. Diese sind ihnen fremd geblieben. Sie übersteigern die männlichen Eigenschaften: Durchsetzungsvermögen, Aggressivität und Aktivität. Ein Mensch, der die Welt derartig grob schwarz-weiß wiedergibt, der das eigene Geschlecht derartig herabwürdigt und das Gegengeschlecht so stark beneidet, urteilt unreif. Schriftstellerinnen wie Schwarzer und Beauvoir gestalten den Menschen nach ihren Vorstellungen. Sie wüten gegen das genetisch bedingte Bild von Mann und Frau. Anstatt sich anzuerkennen, hochzuschätzen in ihren weiblichen Eigenschaften, haben die Feministen weniger haß-

---

* An diesem Schultag werden ausschließlich Mädchen der Schulen in Männerberufe eingeführt.

erfüllten, gutgläubigen Frauen vorgegaukelt, daß Beruf, Unternehmertum, Egoismus und Unabhängigkeit von Mann und Kind Frauen glücklich machen würden. Auch aus diesem Trugbild resultiert die psychologisch bedingte Unfruchtbarkeit.

Bislang ist der Feminismus in der Verwirklichung seiner Ziele erfolgreich.

Auf Simone de Beauvoir, Alice Schwarzer und andere Feministen angesprochen, antworten viele: „Das ist doch Vergangenheit." Sie stellen die geistige Urheberschaft familienfeindlicher Gedanken gar nicht mehr in Frage, sondern empfinden sie als gegeben und normal. Sie sind Kinder einer feministisch geprägten Zeit. Wie selbstverständlich und ohne den umstürzlerischen Haß der Altfeministen denken und handeln sie nach feministischen Grundsätzen. Sie gehen davon aus, daß typisch männliches Verhalten reines Erziehungsprodukt sei, bar jeder Genkonstellation. Sie halten es für selbstverständlich, daß eine Frau ihr Kind frühzeitig fremdem Erziehungseinfluß überläßt. *Der Feminismus hat das Bild der Frau über ihre Weiblichkeit, ihre Fruchtbarkeit, über ihr Mutterdasein zerrissen und tiefgreifend verändert.**

Selbst zumeist kinderlos hat das Wohl des Kindes den Feministen zu keiner Zeit am Herzen gelegen. Sie haben ihre unbewußten Konflikte auf dem Schlachtfeld der Geschlechter ausgetragen. Ihre Weiblichkeit und Fruchtbarkeit lehnen sie voller unbewußtem Selbsthaß ab, den sie auf die Männer richten. Kinder, Mütterlichkeit, Familie sind ihnen fremd, da diese Gefühlsbereiche in ihnen verdrängt und verdorrt sind.

---

* Siehe auch die Kapitel 12: Angriff auf die Familie, Kapitel 14: Frauenemanzipation und Weiblichkeit und Kapitel 15: Feministische Seelenvergiftung.

Verschütteter Kinderwunsch

Es ist für viele schwer faßbar, wie groß die Macht des Elternhauses ist. Die verinnerlichten Eltern verbieten einem, dem naturgegebenen Kinderwunsch nachzugeben. Verbot und Wunsch sind über viele Jahre unbewußt. Stark ist die Abwehr gegenüber den ungelösten Konflikten und dem Wunsch nach Selbstverwirklichung als Mutter. Nicht die angeblichen Ketten des Ehemanns und der Kinder, nicht die angebliche Phantasie- und Aufgabenlosigkeit des Mutterdaseins führen zur Selbstzerstörung des weiblichen Selbstbewußtseins in der Tiefe der Seele. Vor allem familiäre Fesseln, Infantilität und sekundär die feministische Ideologie inklusive Materialismus verunglimpfen die Welt der Werte von Mutter- und Vaterschaft.

Selbstverständlich ist es für die Unabhängigkeit der Frau wichtig, daß sie einen qualifizierten Berufsabschluß hat und Arbeit in diesem Beruf. Solange, bis sie beschließt, eine Familie zu gründen. Dann beginnt der allgemeine Meinungsdruck, das Verächtlichmachen und Spotten über die Frauen, die nicht zur Arbeit gehen. „Die ruht sich aus", heißt es oder „Die will sich der beruflichen Herausforderung nicht stellen." So werden in ihr Gefühle der Minderwertigkeit geschürt. Frauen, die sich trotz Herabwürdigung des Mutterdaseins zu Kindern entschlossen haben, überfordern sich: Mutter, Ehefrau, Hausfrau, aushäusiger Beruf. *Die verbreitete Mißachtung ihres Mutterdaseins trägt dazu bei, daß sie aus diesem nicht genügend Kraft schöpft.* So hat die Forderung des Feminismus nach „Befreiung und Selbstbestimmung" der Frau in das Gegenteil geführt: Mütter überlasten sich, sie gönnen sich wenig, sie beuten sich aus. Sie füllen ihre Kraftquellen unzureichend. Sie zweifeln an sich, an ihrer Aufgabe und an ihrem Dasein. Sie wollen nur ein Kind. Sie geben die Kinder ab. Sie beginnen, sich mit Tabletten zu besänftigen, Alkohol zu trinken. Sie rauchen. Sie gleiten ab in die Depression oder sie entwickeln Angststörungen. – *Mütter und Kinder gehören geachtet, geehrt und geliebt.*

Ein 26jähriger Steuerfachangestellter berichtet, daß er mit vierzehn Frauen zusammenarbeite. Sie seien hübsch, 25 bis 32 Jahre alt, mit einem Mann befreundet, noch kinderlos. Während die eine, 26 Jahre, tippt und arbeitet, fragt er sie: „Warum tippst du hier den ganzen Tag vom Band, was der Rechtsanwalt dir erzählt? Warum heiratest du nicht? Warum ziehst du keine Kinder groß und hast darin dein Glück?" Daraufhin nimmt sie ihren Ohrstöpsel aus dem Ohr und sagt: „Da kann ich mich nicht selbst verwirklichen." Dann tippt sie weiter. – Den Frauen fehlt die Wertschätzung als Mutter.

Arbeit macht Spaß. Ja. Und das Muttersein? Ist das keine Arbeit? Wenn eine Mutter sich mit dem Leben in sich identifiziert, sich Kindern gegenüber öffnet und die herrlichen Stunden genießt, die Kinder schenken, wenn diese Mutter für ihr Dasein als Mutter gesellschaftliche Anerkennung finden würde, wäre sie zufriedener. Sie würde ihre Arbeit als reich, sinnvoll und erfüllend achten. Abhängigkeiten lassen sich weder hier noch dort beheben. Sie sind Bestandteil unseres Daseins.

Träume und Kinderwunsch

In Psychotherapien tauchen häufig Kinderwunschträume auf. Während einige Frauen sich hierüber erstaunt, aber auch erfreut zeigen, wehren andere ihren bislang unbewußten Wunsch zunächst ab. Erst allmählich öffnen sie sich mit Hilfe der Traumanalyse ihren innersten Wünschen.

Neues Denken und Fühlen

Eine Frau schätzt und liebt sich als Mutter. Sie zieht sich aus ihrem Berufsleben zurück, nachdem sie sich für eine Familie entschieden hat. Durch die Verhütung ist die Frage einer Familiengründung von der inneren, sittlichen und persönlichen Reife der Frau und des Mannes abhängig. Haben sie sich soweit von ihren bindenden Elternteilen gelöst, daß sie selber Eltern sein wollen, nehmen Frauen gerne vorübergehend Abschied von ihrem Beruf. Kinder gelingen, wenn Mütter und Väter ihre unterschiedlichen Rollen bejahen.

Nach der beruflichen Qualifikation erntet eine Frau hohes Ansehen, sobald sie sich über mehrere Jahre aus ihrer Karriere ausklinkt. Sie zieht tagsüber die Kinder auf. Wenn Tagesmütter viel Geld kosten, können Mütter gleich Mütter sein. Eine Familie ist finanziell zu unterstützen. Es entfällt der subventionierte Ganztags- und Müttterersatzapparat. Nach der Kinderzeit hat eine Mutter Förderung zu erhalten, damit sie Arbeit findet. Es reicht jedoch nicht, äußere Bedingungen herzustellen, damit die Familie an Wert gewinnt. Die *Überwindung der kollektiven Infantilneurose*, das Bewußtsein, in einer solchen zu stecken, müssen hinzutreten.

Zurück an den Herd? Ja, für die Zeit der Kinder. Alles zu seiner Zeit. Studentin, Heirat, Karriere – Kinderglück – Karriere, Alter und Tod.

Literatur

1 Dorbritz, J., Lengerer, A., Ruckdeschel, K.: Einstellungen zu demographischen Trends und zu bevölkerungsrelevanten Politiken. Ergebnisse der Population Policy Acceptance Study in Deutschland. Bundesinstitut für Bevölkerungsforschung beim Statistischen Bundesamt, Wiesbaden (2005), S. 36

2 Levend, H.: Warum kein Kind? In: Psychologie Heute, Nr. 6 (2003), S. 65–69

3 Die Welt: Nr. 209-36 (7.9.2005), S. 4

4 Kieler Nachrichten: Nr. 283 (4.12.2003), S. 32

5 Simrock, K.: Die deutschen Sprichwörter, Philipp Reclam Jun., Stuttgart (1988), S. 289

6 Frankfurter Allgemeine Sonntagszeitung: Nr. 40 (6.10.2002), S. 2

7 Dorbritz, J., Lengerer, A., Ruckdeschel, K.: Siehe 1, S. 37

8 Frankfurter Allgemeine Zeitung: Nr. 72 (25.3.2004), S. 9

9 Kieler Nachrichten: Nr. 84 (8.4.04), S. 1
10 Der Spiegel: Nr. 29 (2005), S. 124–133
11 Statistisches Bundesamt: Pressemitteilung vom 8.4.02. www.destatis.de
12 www.aerzteblatt.de
13 Die Welt: Nr. 300-52 (22.12.2004), S. 5
14 Dorbritz, J., Lengerer, A., Ruckdeschel, K.: Siehe 1, S. 39

17. Homosexualität und Entwicklung

Wie kommt es zur homosexuellen Ausrichtung?

Homosexualität ist in ihrer Ursächlichkeit bei manchen umstritten. Vor allem von den Homosexuellenverbänden wird eine Psychodynamik ihrer sexuellen Ausrichtung strikt abgelehnt.

Eine junge Frau leidet an der ersten Liebe zu einem Mann. Sie fühlt tiefes Unglück. Ausbruchsschuld, sich einem Manne zugewandt zu haben, unterwirft sie einer Seelenqual. In ihr tauchen Zweifel auf. Sie flüstern ihr zu: „Männer bereiten dir Kummer. Frauen sind anders. Sie verstehen dich. Dort fühlst du dich wohl. Du gehörst doch eher der Welt der Lesben an." Die Vorstellung von einer erfüllenden, gleichgeschlechtlichen Liebe gewinnt in ihr Oberhand. Lesbisch – na und? Diese Parole der Schwulenbewegung unterstützt ihre Umentscheidung.

Manchmal genügt eine einzige Leidenserfahrung für eine Umorientierung, zuweilen sind hierfür mehrere gescheiterte Beziehungen erforderlich. Ausbruchsschuld bahnt sich einen symptomreichen Weg durch die komplexeste Erfindung der Evolution, das Gehirn. Mal zeigt sich die Neurose in Gestalt von Zwangsgedanken, im schwarzen Kleid der Depression, in einer quälenden Psychosomatik, mal im Gewand der Angstneurose oder auch im Schwulentum. Homosexualität ist einzuordnen als eine der zahlreichen Spielarten, die unsere Seele, unser Geist und unser Körper wählen, wenn Angst, Ausbruchsschuld, Not, Zerstörung, Aufweichung, Verbiegung, Verleugnung des Selbst einen quälen. Warum den einen die Angstneurose trifft, den anderen die Depression, die Zwangsstörung oder die Homosexualität, diese Frage ist ungelöst[1]. Hier spielt Veranlagung eine Rolle.

Die Homosexuellen haben viel erreicht. Auch ich habe sie 1964 in ihrem Kampf gegen den Paragraphen 175 unterstützt. Mit dem Wunsch nach Ehe und Adoption überschreiten sie jedoch Grenzen, die tiefenpsychologischer und ethischer Natur sind.

Die Homosexuellenbewegung und die gegenwärtige Politik wischen psychoanalytische Überlegungen und Erfahrungen beiseite. Sie bezeichnen Homosexualität als normal. Es wurden Beispiele aus dem Tierreich hinzugezogen, auch fragwürdige Untersuchungen aus der Neuroanatomie bemüht. Hieraus schließen Homosexuelle, daß sie keinen Wandlungsbedarf hätten, sondern Homosexualität angeboren sei[2]. Selbst wenn eine genetische Komponente zuträfe, bleibt Homosexualität vorwiegend eine psychodynamisch bedingte Entwicklungsstörung.

Bei den mir bekannten Homo- und Bisexuellen haben die Eltern wie bei vielen anderen seelisch gestörten Menschen einen intimitätsheischenden, emotionalen, auch sexuellen Mißbrauch betrieben. Ein Elternteil – zumeist der Vater – stand als positive Identifikationsfigur wenig oder nicht zur Verfügung[3]. Die Angst vor einer verschlingenden Mutter oder einem identitätszerstörenden Vater richtet sich später auf den gegengeschlechtlichen Partner. Der Homosexuelle hat vor allem Angst und Schuldgefühle, sich dauerhaft dem Anderen hinzugeben. In der Homosexuellenszene bezeichnen sich einige selbst als Verzauberte. Hinter ihrer Homosexualität steht der Zauberspruch der Eltern: „Meine Tochter, mein Sohn, bleib unser! Bleib uns treu, indem du dich der Gleichgeschlechtlichkeit zuwendest. Gründe keine Familie. Finde nicht zu dir. Pflanze dich nicht fort. Bleib einsam, indem du dich immer wieder trennst."

Das Scheitern in einer Freundschaft oder Ehe löst oft die innere Umstellung aus. Nicht immer steht ein mehr oder weniger pathologischer Narzißmus im Vordergrund. Unbewußte Schuldgefühle führen dazu, daß die Beziehung zum anderen Geschlecht ausgeschlagen wird. Begünstigt wird die Umentscheidung zum gleichen Geschlecht durch ein Umfeld, welches Homosexualität als natürliche Spielvariante eines lächelnden Schicksals betrachtet.

Die Kränkungen wiederzuerleben, sich gegen die verinnerlichten Grenzverletzungen aufzubäumen, das Treueband zu Vater und Mutter zu lösen, ist eine Lebensaufgabe, an der Homosexuelle sehr oft scheitern. Anstatt ihre Störung zu bearbeiten, öffnen sie eine Zaubertüte. Sie wünschen sich Kinder und die Ehe, ohne dafür geeignet zu sein. Heirat und Ehe dienen dem Erzeugen und der Sicherung von Kindern. Kinder brauchen Vater *und* Mutter als gegengeschlechtliche Pole, damit sie sich gesund entwickeln.

Sexueller Mißbrauch

Sexueller Mißbrauch spielt nach den Angaben in der Literatur und nach meiner Erfahrung eine erhöhte Rolle in der Entstehung homosexuellen Verhaltens[4–8].

Doll veröffentlichte hierzu folgende Ergebnisse: Von 1001 homosexuellen **männlichen** Studienteilnehmern* hatten **50 %** vor ihrem 18. Lebensjahr sexuelle Gewalt erlitten. Diese wurde durch eine überlegene Person ausgeübt. In 94 % waren die Täter ältere Männer[9]. **Bisexuelle oder lesbische Studentinnen** aus Minnesota gaben in **22 %** der Fälle an, sexuell mißbraucht worden zu sein – im Gegensatz zu den heterosexuellen Frauen, bei denen diese Prozentzahl bei 13–15 % lag[10]. Eine gleich hohe Mißbrauchsrate von 22 % wird in einer New Yorker Studie über junge homosexuelle Männer festgestellt[11].

Emotionaler wie sexueller Mißbrauch bewirkt eine tiefgreifende Beziehungsstörung zu sich und zu anderen[12]. Mißbrauch hat neben Ängsten, Depression und Drogenmißbrauch, sozialen Anpassungsstörungen und riskanten Sexualpraktiken eine sexuelle Identitätsstörung zur Folge[13–19]. Sexueller Mißbrauch ist verstärkt in der Anamnese Homosexueller vorzufinden[20, 21].

---

* Die Untersuchung bezieht sich auf homosexuelle und bisexuelle Männer, die wegen einer Geschlechtskrankheit eine Klinik aufsuchten.

Von Männern sexuell mißbrauchte Mädchen suchen später im Gleichgeschlechtlichen den Schutz und die Liebe zu erhalten, die ihnen die Mutter nicht gewährt hat. Gleichzeitig vermeiden sie, die stark ambivalente Gefühlswelt dem männlichen Geschlecht gegenüber zu erleben. Auch Männer, die emotional oder sexuell durch ihre Mutter ausgebeutet wurden, fürchten die dauerhafte Nähe zur Frau, so daß sie sich dem Manne zuwenden. Wenn Jungen von Männern sexuell mißbraucht werden, erleben sie später Männer nicht selten als anziehend und grenzverletzend, sich ihnen ohnmächtig ausgesetzt fühlend.

Rollenzuschreibungen

Erzieht der Vater seine Tochter wie einen Sohn, so entwickelt sie eine typisch männliche Identität. Sie hat Hosen zu tragen, zu sein wie ein Junge, an Wettkämpfen teilzunehmen und sich aggressiv-durchsetzungsfähig zu verhalten. Anderenfalls würde sie den Vater enttäuschen oder Strafen auf sich ziehen. Dementsprechend bildet sie schon früh eine Geschlechterrolle aus, die ihrer genetischen Ausstattung als Frau widerspricht. Das gleiche Schicksal kann einen Jungen treffen: Die Mutter kleidet ihren Sohn von Anfang an mit rosa Wäsche, es folgen Kleider und Puppen. Auch hier prägt die Mutter eine geschlechtliche Orientierungsstörung, die später in die Homosexualität münden kann. Abgesehen davon, daß diese Elternteile das natürliche Geschlecht eines Kindes mißachten und hier schon einen schweren Erziehungsfehler begehen, erzeugen sie im Kind starke Schuldgefühle und Bindung, sobald es sich aus dem ihm zugeschriebenen Verhalten entfernen möchte. Auch Bisexuelle haben nach meinen Erfahrungen keine eindeutige geschlechtliche Identität entwickeln können, weil identitätszerstörende, massiv grenzverletzende Mütter oder Väter ihr Kind in ein familiäres Gefängnis gesteckt haben.

Mein Weg zum Lesbentum

Eine Pharmaziestudentin kommt mit depressiven Symptomen zur Behandlung. Sie berichtet: „Ich habe seit 3 Jahren keinen Freund. Ich hatte noch keine langen Beziehungen. Ich möchte mich gefühlsmäßig auf Menschen einlassen können. Wenn ich zu Freunden fahre, kann ich mich nicht freuen. Ich weiß nicht, wie ich mit meiner Mutter umgehen soll. Sie will, daß ich regelmäßig mit ihr telefoniere und sie alle zwei Wochen besuche. Sie stört mich mit ihren Anwandlungen: Sie läuft manchmal ohne jegliche Oberbekleidung herum, auch wenn ich dabei bin. Mir ist das immer schon peinlich gewesen. In der letzten Zeit kriege ich einen richtigen Haß auf sie, wenn ich daran denke."

Zur dritten Sitzung schreibt sie: „In meiner Jugend kamen für mich nie homoerotische Erfahrungen in Frage. Eigentlich kam dieser Gedanke erst auf, als ich im Studium mit dem Fußballspielen anfing. Ich denke, daß ich keine Balance in meiner Psyche gefunden habe und nun in das andere Extrem gefallen bin. Da in diesem Sport die männliche Seite angesprochen wurde, hat sich dieses zu sehr ausgeprägt. Ich wurde insgesamt männlicher. Ich wurde aggressiver, ich schlug weniger die Beine übereinander. Die frauliche Komponente geriet auf einmal in den Schatten.

Da es bei mir mit dem männlichen Geschlecht nicht klappte, wollte ich es mit dem anderen Geschlecht versuchen. Ich wußte zu diesem Zeitpunkt nicht, daß es an mir und meiner mangelnden Bereitschaft lag, mich auf einen anderen Menschen einzulassen. Ich freundete mich mit dem Gedanken an, mal auf eine Lesbenparty zu gehen.

Ich habe manchmal lesbische Phantasien. Konkretere Gestalt nahm es vor drei Monaten an. Meine Fußballmannschaft und ich fuhren zu einem Spiel. Diesmal kam eine definitive Lesbe mit. Sie war mir vorher nicht aufgefallen. Auf einmal fand ich sie aber interessant. Ihr Mund erinnerte mich an den Mund von meinem Ex-Freund. Oder an den Mund meines Vaters.

Ich fand sie interessanter als andere Frauen. Ich hatte sofort ein Gefühl von Geborgenheit in ihrer Nähe. Ich glaube, daß sie mich auch attraktiv fand, trotzdem hielt sie ein wenig Abstand, da sie mich zu jung fand. Ich glaube, daß sie auch schüchtern war. Ich sah sie danach nicht mehr, hatte aber oft an sie gedacht. Ich stellte mir vor, wie sie mich oral im Wald befriedigt.

Während dieser Zeit hatten sich meine sexuellen Phantasien im sexuellen Bereich sehr verschoben. Ich träumte von Gruppensex mit Frauen.

Ich mochte das Gefühl nicht, daß der Penis in mich eindringt. Mein Freund hatte sich darüber beschwert, daß ich ihn nicht ganz reinlasse. Ich wollte das auch nicht. Es hätte ein Fallenlassen und einen Vertrauensbeweis bedeutet. Außerdem hinderten mich auch Minderwertigkeitskomplexe. Ich dachte, daß ich nicht gut genug im Bett wäre. Diesen Problemen war ich mit dem Weg ins Lesbentum aus dem Weg gegangen.

Ich ging dann in die Lesbenszene, um mich beraten zu lassen. Ich wurde dort regelrecht indoktriniert. Die Lesben waren sehr intolerant anderem Gedankengut gegenüber, vor allem was die Heteros betraf. Sie brachten mir bei: ‚Alles ist möglich unter Schwulen und Lesben, vor allem im Sex.‘ Sie sagten: ‚Wenn du glaubst, daß du es draußen alleine schaffst, wirst du scheitern.‘ Ich habe mich von dieser Szene wieder entfernt, weil ich mich dort nicht wohlfühlte.

Ich glaube, daß die Homosexuellen große Verdrängungskünstler sind und daß sie den Zugang zu ihrer Gefühlswelt verloren haben. Es fällt schwer, den echten und hüllenfreien Menschen hinter der Fassade zu entdecken.“

Die Untreue Homosexueller

Elterliche Bindungsgewalt bedingt häufig Untreue. Der Fremdgeher zerschneidet das Band zu den Eltern nicht, sondern er hält ihnen unbewußt die Treue. Auch die Angst, von einem Partner verschlungen zu werden wie damals von grenzüberschreitenden Elternfiguren, spielt eine große Rolle bei dem Partnerwechsel. Die Bindung an das elterliche Objekt führt häufig zu einer Bindungsunfähigkeit. Die elterliche Bindungsgewalt führt zudem dazu, daß der Sexualität ein hohes Maß an Aggressivität beigemischt ist. Der kompensatorisch ausgeübte Don-Juanismus sind Merkmale einer Hingabestörung und Angst vor Nähe. Die Macht und der Sog der elterlichen Bindungen verhindern das Eingehen einer monogamen Partnerschaft. Das Phänomen der Untreue trifft homosexuelle Männer in erhöhtem Maße.

Bei lesbischen Frauen macht sich die Neigung zur Untreue zuweilen erst nach Jahren bemerkbar, bricht dann aber genauso elementar und wuchtig auf das Pärchen herein wie bei den männlichen Paaren. Denn zwischen Schwulen und Lesben gibt es je nach Temperament und Charakter einen großen Unterschied in Bezug auf das Treueverhalten: Der Mann neigt schneller dazu, die Partnerschaft zu zerstören als die Frau. Selbst wenn homosexuelle Paare nach vielen Kämpfen miteinander zusammenbleiben sollten, so wechseln Nähe und Abstand extrem. Das Beziehungsunglück ist häufig groß. Sie gestatten sich einen Freiraum, der die Untreue in der Sauna einbeschließt. Vor allem Schwule sind kaum in der Lage, treu zu sein. Verletzungen des Partners ereignen sich häufig. Nach einigen Jahren einer konfliktreichen Freundschaft wird das Verhältnis unter Schmerzen zerstört. Viele Homosexuelle sind zum **Beziehungsunglück und zur Wanderschaft** bestimmt. Hier ist festzustellen, daß ausgelebte **Bisexualität** von **vornherein Untreue** bedingt.

Lediglich 2,7 % der über 49 Jahre alten befragten, australischen homosexuellen Männer waren gänzlich ihrem Partner treu geblieben[22]. Nach Saghir und Robins hält eine homosexuelle Beziehung unter Männern bei 80 % der über 40jährigen **ein bis drei Jahre**[23].

Eine holländische Studie belegt, daß Partnerschaften zwischen homosexuell lebenden Männern im Durchschnitt nicht länger als **1,5** Jahre dauern. Innerhalb dieser „Dauerpartnerschaften" haben die Partner **pro Jahr 8 sexuelle Kontakte zu andern Männern**[24]**.**

Zur homosexuellen Liebe schreibt Giese: „Die Potentia satisfactionis* im Gefolge der Potentia coeundi** ist als solche noch gefährdet durch die Tatsache der Gleichgestalt der beiden kohabitierten*** Leiber. Das Bild der homosexuellen Kohabitation entspricht einem Spiegelbild, dem Umgang quasi mit sich selbst. Die nahe Verwandtschaft mit dem narzißtischen Akte der Selbstbespiegelung und Selbstbefriedigung legt die Deutung homosexuellen Verhaltens als Entwicklungshemmung, Unreife oder Vorbeientwicklung nahe. Hier setzen auch die meisten psychoanalytischen Deutungsversuche an. Der Schritt zum anderen Geschlecht wird nicht getan, der Schritt zum gleichen Geschlecht ist kürzer, weniger aufwendig, müheloser, wie gesagt, einfacher, geht vor allem aber, indem er das Risiko des Versagens, Verantwortens, Verstehens (sagen, antworten, verstehen), kurz das Risiko ‚in der Welt' scheut, ein neues Risiko ein, nämlich das der Selbstigkeit, ... das sich auf die Dauer dann doch als ein größeres Risiko erweist. Von hier, d. h. von der Situation des eigenen Leibes aus, der mit dem Partner als von vornherein gleichvertraut und gleichgewohnt wiederkehrt, öffnet sich der Weg sehr leicht zum Verlangen nach dem Reiz hin, nach dem bloßen Abbild, nach der Wiederholung, schließlich nach der Anonymität, die die Mühe der Entdeckung nicht mehr wert ist, d. h. in Richtung auf den perversen Zirkel hin"[25].

Der Kinsey- Report enthält Daten zu dem Treueverhalten homosexueller Männer: **43 %** der weißen, männlichen Homosexuellen berichteten, daß sie in ihrem Leben Sex mit mindestens **500** Partnern gehabt hätten. **28 %** der weißen Homosexuellen hatten Sex mit **1000** oder mehr Partnern ausgeübt. **79 % gaben an, daß über die Hälfte ihrer Sexualpartner Fremde gewesen waren**[26]**.** Weitere Literatur und Zahlen hierzu stehen am Ende dieses Kapitels.

---

* Potentia satisfactionis: Fähigkeit der dauerhaften Liebe im Zufriedensein

** Potentia coeundi: Fähigkeit, den Koitus zu vollziehen

*** Kohabitieren: Beiwohnen, beischlafen, koitieren

Das Argument, auch die Heterosexuellen neigten zur Untreue, hinkt genauso, wie der Vergleich zwischen drei Wassertropfen und einem unablässigen Regenguß. Verschiedene Studien belegen, daß **75 % bis 81 % der verheirateten Männer** und **85 % bis 88 % der Ehefrauen** zu keiner Zeit ihrer Ehe außereheliche sexuelle Beziehungen gehabt haben[27, 28, 29]. Selbst die Zunahme der Scheidungsehen, die im Schlepptau der sich selbst infantilisierenden und ihre innere Struktur zerstörenden Völker auftreten, ist als Übergangsstadium von einer niedrigen zu einer höheren Entwicklungsstufe zu betrachten.

*Hohe Komorbiditätsrate**

Homosexualität erstreckt sich von der neurotischen, über die narzißtische bis zur Borderline-Persönlichkeitsstörung. Kernberg berichtet, daß er und seine Kollegen aus der klinischen Erfahrung keine männliche Homosexualität ohne ausgeprägte Charakterstörung kennen[30]. Hinweise für das Vorhandensein einer Entwicklungsstörung ergeben sich auch aus mehreren Studien[31, 32]. In Neuseeland wurde die psychische Gesundheit von 1007 männlichen und weiblichen Jugendlichen im Alter von 14–21 Jahren untersucht. **2,8 %** der Jugendlichen bezeichneten sich als homo- oder bisexuell. Bei sieben von acht untersuchten Auffälligkeiten bzw. Problemverhalten hatten die **homosexuellen** oder **bisexuellen** Jugendlichen eine deutlich **höhere Rate an psychischen Störungen** als die heterosexuellen Jugendlichen. Sie wiesen verstärkt Suizidgedanken auf, Suizidversuche, Depression, Angststörungen, Verhaltensstörungen und Suchtverhalten (Siehe Tabelle 1 und 2).

Mills berichtet, daß die 7-Tages-Prävalenz** einer Depression homosexueller Männer mit 17,2 % deutlich höher lag als im US-Durchschnitt[33]. Wer zahlreiche Lebensschicksale Ho-

---

* **Komorbidität:** Das gemeinsame, zeitgleiche Auftreten verschiedener Krankheiten

** Prävalenz: Bestand einer Krankheit zu einem bestimmten Zeitraum.

mosexueller und Bisexueller kennt, weiß, daß deren wesentlich höhere Suizidalität und Komorbidität nicht in einer ablehnenden Einstellung anderer begründet sind, vielmehr liegen die Ursachen in der ausgeprägten neurotischen und symbiotischen Haltung der Homosexuellen*. **Symbiotisches Verhalten** zeigt sich z. B. in einem überzogenen Narzißmus, in Zerstörung von Nähe, in Depressivität oder in Suizidalität.

Das Greifen nach der Ehe

Das Greifen der Homosexuellen nach der Ehe entspringt ihrer Sehnsucht, in ihrer Andersartigkeit gemocht und anerkannt zu sein. Sie wollen dazugehören. Obwohl sie Verzauberte sind, tun sie so, als hätten sie die Möglichkeit, ein Leben zu führen wie Heterosexuelle. Sie wollen den Makel tilgen, indem sie mit Hilfe der künstlichen Insemination Kinder zeugen.

Viele Homosexuelle haben keine innere Erlaubnis, sich zu ändern. Sie dürfen ihr inneres Gefängnis und den Panzer der Störung nicht verlassen. Das Streben der Homosexuellen nach der Ehe verunglimpft all jene, die sich ernsthaft, suchend und nach Höherem strebend ihrer Ehe die Treue halten, wissend, wie schwer diese Herausforderung wiegt. Treue ist aber Grundbestand der Ehe. Die Aufgabe, Kinder zu zeugen, zu erziehen, Verantwortung zu tragen, Entbehrung, Entsagung, aber auch Reichtum durch Kinderglück, Leid, Krankheit der Kinder zu erfahren, all dies ist dem Homosexuellen auf Grund seiner Störung nicht vergönnt. Man kann im Leben nicht alles haben, auch wenn man wie ein Kind alles haben will.

Der Satz: „Jeder möge nach seiner Fasson selig werden." hat da seine Grenze, wo er andere nicht schädigt. Mit dem Griff nach Ehe und Adoptionsrecht verrückt die Homosexuellenbewegung die Wertvorstellungen der Mehrheit. Die Erziehung von Kindern und Kleinkindern an sich ziehend,

---

* Weitere Fakten zu diesem Thema stehen am Ende des Kapitels auf Seite 222–226.

berühren sie folgenschwer das Schicksal anderer, nämlich unmündiger Kinder.

Gegen das Symptom der Homosexualität ist so wenig und so viel einzuwenden wie gegen andere neurotische Symptome. Für sein persönliches Schicksal kann zunächst niemand. Er hat aber Verantwortung zu übernehmen und sich somit aus seiner neurotischen Störung herauszuentwickeln, sobald sich diese auf die Gemeinschaft negativ auswirkt. Eine staatlich anerkannte Beziehung zwischen Homosexuellen wird auf Dauer kein Vorbild sein, dem unsere Kinder wie der heterosexuellen Ehe nachstreben. Alles andere ist ideologisch, vom Zeitgeist gefärbte Zweckbehauptung.

Schwul, na und?

Das Schlagwort der Schwulenbewegung: „Schwul, na und?“[34] beantwortet die Frage nach ihren propagandistischen Mitteln. Sie haben den Politikern eingeflößt, daß Schwulsein ohne Ausdruckscharakter sei. Gemäß dem Satz des Kanzlers Schröder: „Familie ist da, wo Kinder sind“, wird eine Störung als neue und harmlose Lebensform gutgeheißen. Wer käme auf die Idee, seine Angstneurose, seine Phobie, seine Zwangsgedanken, seine sexuelle Gehemmtheit, seinen Alkoholmißbrauch, seine depressiven Verstimmungen oder Schlafstörungen als unauffällig zu bezeichnen? Es gibt neurotisches Verhalten, das von den Betroffenen nicht wahrgenommen wird. Sie haben weder einen Leidensdruck noch ein Bewußtsein für ihre Störung. So auch viele Homosexuelle.

Völker haben Ideale, an denen sie festhalten, weil sie sich bewährt haben und tief in der Seele der Menschen verankert sind. Bewährt ist das, was sich als wahr erweist. Der Zeitgeist flattert hin und her. Diejenigen, die sich gegen die rechtliche und kirchliche Gleichstellung der Homosexuellen äußern, werden listigerweise von der homosexuellen Propaganda in die Schamecke der ewig Gestrigen, Spießigen und konservativen Phobiker gestellt.

Der Neurotiker neigt mehr als andere Menschen dazu, sich seine Welt so hinzubiegen, daß sie seinen Wünschen und Vorstellungen entspricht. In dem Maße, in dem die allgemeinen Werte verschoben werden, steigt die Chance, daß der Unsichere, in der Pubertät Suchende sich für die homosexuelle Ausrichtung entscheidet, da ihm diese als normal hingestellt wird. Indem er sich nicht mit seinen inneren Konflikten auseinandersetzt, geht er den leichteren Weg. Homosexualität ist kein Leitbild, sondern die Folge einer Identitätsstörung, die zu tolerieren ist, aber nicht gutzuheißen.

Homosexualität als Symptom einer behandlungsfähigen Entwicklungsstörung würde sich in vielen Fällen auflösen, sobald die dahinterliegenden Konflikte, Traumata, Bindungen und Kränkungen aufgedeckt und damit verbundene Blockierungen behoben sind. Auch aus diesem Grund ist Homosexualität nicht als anthroposophische Komponente eines Daseinsentwurfes zu sehen, sondern als Symptom, welches dahinterliegendes Leiden verbirgt.

Homosexualität und Ideologie

Das Thema Homosexualität ist inzwischen mit einem Tabu belegt, sobald sich jemand kritisch über sie äußert. Wie stark die Ideologisierung fortgeschritten ist, zeigt sich in einem französischen Gesetz, welches „homophobe" Äußerungen in der Öffentlichkeit unter eine **Höchststrafe** von **45 000 Euro** stellt[35]. Ideologen benutzen die Sprache, um die Realität nach ihren Vorstellungen umzumünzen. Das Wort „homophob*" wird von den Homosexuellen als sog. „medizinische" Neuschöpfung eingesetzt, um ihre Angst vor der Heterosexualität anderen in die Schuhe zu schieben.

---

* Homophobie: Angst vor Homosexualität

Der Wunsch nach Gleichheit

Die Homosexuellenbewegung sieht sich herabgewürdigt durch eine Gesellschaft, die ihre Andersartigkeit nicht anerkennt. In der Tiefe ihrer Seele werten sich Homosexuelle in ihrer Geschlechtsidentität, Fruchtbarkeit und in ihrer Entwicklungsfähigkeit herab: Ihre Unreife, ihre Neigung zur Promiskuität und zur narzißtischen Selbsterhebung und Erniedrigung sehen sie nicht als Herausforderung zu reifen. Sie meinen, ihr mißlungener Lebensentwurf stecke nicht in ihnen, sondern in einer Gesellschaft, die ihnen Kinder verwehrt, auch Ehe, Vater-, Mutterrolle und Schwulenfamilie.

Sie wollen dazugehören, obwohl sie spüren, daß sie anders sind. Ein Ziel menschlichen Daseins besteht darin, Ideale zu verwirklichen oder ihnen nahezukommen. Der neurotisch erkrankte Mensch ist aufgefordert, sich seiner Störung bewußt zu werden, sich zu ändern. Der außerhalb der sittlichen Norm Stehende, der sich nicht ändern mag, muß sich bescheiden, wenn er seine neurotisch bedingten Ansprüche nicht verwirklichen darf. Die Homosexuellen setzen die Ablehnung ihrer politischen Forderungen mit einer Geringschätzung ihrer Persönlichkeit gleich. Ihre Wünsche nach Ehe und Kindern weisen *viele* aus gutem Grund ab: Homosexuelles Verhalten ist weder ehefähig, noch familientauglich, noch kinderwürdig.

Kinderadoption

Wer sich nach einer enttäuschenden Ehe vom anderen Geschlecht abwendet, seine geschlechtliche Identität ändert, mag das tun. Sind jedoch Kinder im Spiel, entsteht hieraus eine **erhöhte Verantwortung**. Kinder brauchen Vater und Mutter, damit sie wohl gedeihen. „In der Identifikation mit der Mutter probiert das kleine Mädchen phantasierend aus, ob es wohl die Rolle als Frau übernehmen könnte. In diesem Sinn muß es auch am Vater lieben lernen, ebenso wie der kleine Junge in der Identifikation mit dem eigenen Vater seine erste Zärtlichkeitszuwendung der Mutter schenkt"[36]. Die psychologische und psychoanalytische Literatur hat die Notwendigkeit **von Vater und Mutter** in einer bestehenden Familie vielfach nachgewiesen. Der Sohn identifiziert sich mit der typisch männlichen Rolle des Vaters, während die Mutter für ihn die weibliche Rolle einnimmt. Umgekehrt gilt dies für Töchter. Unsicherheit in Bezug auf die Geschlechtsidentifikation wird dadurch bestärkt, daß in homosexuellen Partnerschaften der gegengeschlechtliche Elternteil dem Kind gänzlich vorenthalten wird. **Die Suche nach den genetischen, familiären und kulturellen Wurzeln des Erzeugers ist so tief im Menschen verankert,** daß allein die Unklarheit über seine Herkunft eine Identitätsstörung bedingt. Die Voraussetzungen für eine gesunde, normale Entwicklung der Kinder sind in homosexuellen und bisexuellen Partnerschaften von vornherein als ungünstig zu beurteilen.

Es bedarf keiner Reihenuntersuchungen, um festzustellen, daß ein Kind Liebe braucht, die Mutterbrust, Zuwendung, um zu gedeihen. Es bedarf auch keiner Reihenuntersuchungen, um zu wissen, daß Kinder Homosexueller ungünstige Startbedingungen haben. Amendt wirft die Frage nach der ethischen Beurteilung auf: „Eben weil die kinderbegehrenden Homosexuellen die Welt nach ihren Wünschen technisch modellieren wollen, ja weil sie Schöpfer spielen wollen, statt am Diskurs über das gattungsethische Selbstverständnis teilzunehmen, muß die Gesellschaft diesen Ethikdiskurs führen. Es muß einen daraus entspringenden normativen Imperativ geben, der homosexuelle Fortpflanzung aus Interesse am Wohl der Kinder und der Kultur ablehnt und die technische Phantasie homosexueller Fortpflanzung als aggressive Parodie kritisiert und diskursiv bändigt"[37].

Die polymorph-perverse Gesellschaft

Die polymorph-perverse Gesellschaft ist politisch gewollt[38]. Bei dem Sexualwissenschaftler Dannecker geht es „um die Denaturalisierung normativer Konzepte von Männlichkeit und Weiblichkeit, um die Entkoppelung der Kategorien Geschlecht und Sexualität …, um die Anerkennung bzw. Durchsetzung eines sexuellen und eines Geschlechterpluralismus“[39]. Wo ist die Grenze? Der Gesetzgeber legalisiert mit der Gleichstellung homosexueller Partnerschaften neurotisches Fehlverhalten, welches keine Vorbildfunktion aufweist und dennoch Weichen stellt. Die Evangelische Kirche in Deutschland sagt hierzu: „Recht kann erhebliche Auswirkungen auf die sittliche Orientierung haben. Insofern kann ein Veränderungswille sich nicht nur durch den Verweis auf die faktischen Einstellungsänderungen in der Gesellschaft legitimieren, sondern muß Rechenschaft geben können darüber, was längerfristig mit guten Gründen als gesellschaftliche Norm gewünscht und als Sollensanforderung formuliert werden kann“[40].

Das offene Propagieren und schamfreie Ausleben einer treuelos gelebten, polymorphen Sexualität und das Gutheißen dieser unreifen, infantilen Haltung unterscheidet die heutigen Homosexuellen massiv von dem Lebensstil einer christlichen Wertegemeinschaft, welche sich lebenslange Treue für das Wohl von Mann und Frau und der Familie zum Ziel gesetzt hat. Daß auch zunehmend im Zuge der Infantilisierung ganzer Völker die *Heterosexuellen* ihre Orientierung verloren haben, entlastet weder diese noch die Homosexuellen, ihren unstrukturierten Lebenswandel zu überwinden.

Meine Aussagen beruhen auf tiefenpsychologischem Wissen, das ich in einer über 40jährigen Erfahrung erworben habe. Sie wird gestützt durch die zahlreiche wissenschaftliche Literatur, von der ich einige Autoren nenne: [41–67]

Psychotherapie mit Homosexuellen

Die Frage, ob Homosexualität als Symptom einer Entwicklungsstörung veränderbar ist, läßt sich bejahend beantworten. Homosexualität ist einer psychodynamisch-verhaltenstherapeutischen Therapie zugänglich, sobald hierfür die Einsicht vorhanden ist und die richtigen therapeutischen Interventionen angewandt werden[68]. Vor allem der Narzißt sträubt sich über lange Zeit gegen sein inneres Leiden. Erst im höheren Lebensalter machen sich die verheerenden Folgen des pathologischen Narzißmus bemerkbar[69].

Homosexualität ist überwiegend als Symptom einer komplexen Entwicklungshemmung zu sehen. Somit läßt sie sich auch verändern, zumal wenn andere Symptome Krankheitswert errungen haben. Eine Therapie, die Träume einbezieht und ein psychodynamisches Verständnis von psychosomatischen und neurotischen Symptomen hat, wird den ganzen Menschen behandeln und nicht einzelne Symptome herausschneiden.

Zur Psychotherapie Homosexueller berichtet Kernberg: „Einige Patienten mit schweren Störungen der Objektbeziehungen finden es also leichter, ihre offenkundige sexuelle Orientierung umzustellen, als gesündere, neurotische Patienten mit homosexueller Struktur, die sich tiefergehend auf Objektbeziehungen einlassen“[70]. Diese Aussage Kernbergs deckt sich mit meiner Beobachtung, daß insbesondere die Menschen, die an zahlreichen psychiatrischen Symptomen auf dem Niveau einer Borderline-Organisation erkrankt sind, einen guten Zugang zu der Welt des Unbewußten haben. Kommt die Fähigkeit hinzu, die innere Wahrheit der Traumwelt zu verstehen und sich auf Grund dessen zu ändern, wird nicht nur – wie angestrebt – die depressive Symptomatik aufgelöst, sondern wie nebenbei auch die homosexuelle Ausrichtung, ohne daß der Therapeut hierauf explizit Einfluß nimmt.

Zwanghafte Gedanken, verrückt zu sein, jemanden mit einem Messer zu erstechen, Schuld zu haben am Unglück anderer, zwanghafte Angst zu sterben, einen Schlaganfall zu erleiden, all diese sich aufdrängenden Phantasien schränken das Leben ein. Verdrängt ist bei der Homosexualität der Wunsch, das Gegengeschlecht dauerhaft zu lieben. Er ist tabuisiert, verpönt, angstbesetzt und schuldbeladen. Bei Homosexuellen geht erlebte Heterosexualität mit Ekel, Schuld, Scham und enormem Widerstand einher.

Es fällt auf, daß Homosexuelle wenig in der Lage sind, über das Wesen ihrer Gleichgeschlechtlichkeit und ihrer tiefenpsychologischen Hintergründe nachzudenken. Sie reflektieren diese nicht, arbeiten zumeist nicht an der Aussage ihrer Träume. So bleiben sie zutiefst unbewußt über sich, ihr Schicksal und ihr Tun.

Was unterscheidet die homosexuelle Ausrichtung von anderen neurotischen Symptomen? Die Antwort lautet: Wenig. Was aber bedingt die Verneinung von homosexueller Ehe und Adoptionsrecht? Die Antwort lautet: Es werden mit einer Bejahung die Werte aller verrückt, vor allem wird Kindern, die nicht gefragt werden können, von vornherein ein Schaden zugefügt. Die **Einflußnahme der Homosexuellenbewegung auf die Politik, das Vordringen in die Öffentlichkeit, das Verrücken der Werte,** das in **Schulbüchern** beginnt, erfordern eine eindeutige Stellungnahme **gegen die Gleichstellung von Homo- und Heterosexualität in Kindererziehung und Ehe**[71, 72].

Es bleibt Frau und Mann als Paar vorbehalten, das hohe Ziel zu verwirklichen, Kinder zu zeugen und in gegenseitiger Liebe verantwortungsvoll aufzuziehen. Es bleibt Frau und Mann vorbehalten, im Spannungsverhältnis zwischen Frau und Mann zu reifen.

Ich war lesbisch

Wäre **Homosexualität** nicht eine **unbewußt gesteuerte Entscheidung** mit inneren Konflikten und einem **falschen Selbst**, so würde sie sich nicht in **Heterosexualität verwandeln**, sobald eine psychodynamische Therapie stattfindet. Hierzu das Fallbeispiel einer 24jährigen Chemielaborantin:

„Ich bin schon einmal bei einem Therapeuten gewesen. Das hat mir nicht so gut gefallen, weil er meine Depression mit Tabletten behandeln wollte. Das habe ich abgelehnt. Ich halte mich selbst im Moment für krankhaft eifersüchtig. Meine Freundin ist 27 Jahre alt. Sie ist Krankenschwester. Ich habe oftmals Eifersuchtsträume. Ich habe Angst, meine Freundin zu verlieren. Mir bringt kaum noch etwas Spaß. Ich bin nur noch auf meine Freundin fixiert. Ich habe mich zum Negativen verändert. Ich habe meinen Platz im Leben noch nicht gefunden. Mein größtes momentanes Problem ist meine Freundin, die ich zwar sehr liebe, mit der aber das Zusammenleben schwierig ist. Ich habe Angst vor mir selbst. Ich liege abends oft passiv auf meinem Bett. Ich fühle mich verzweifelt, hoffnungslos und wütend. Ich bin voller Mißtrauen. Bei meiner Partnerin bin ich auf jeden Anruf, jeden Brief und jeden Zettel eifersüchtig. Wenn sie nicht da ist, durchwühle ich ihre Sachen. Wenn sie bei mir ist, mich lieb hat und vor allem es mir zeigt, fühle ich mich besser. Ich will lernen, zu meiner Freundin zu stehen. Ich werde mit einer Sache im Moment nicht mehr fertig. Ich bin lesbisch. Ich kann mich damit nicht richtig abfinden. Als ich festgestellt habe, ich sei lesbisch, habe ich mir überhaupt keine Gedanken darüber gemacht, daß ich später keine Kinder haben kann, wenn ich lesbisch bin. Ich bin nämlich der Meinung, daß Kinder einen Vater brauchen, den sie auch kennen. Ich habe im letzten halben Jahr mehrfach Träume gehabt, in denen ich mit einem Mann Sex gemacht habe. Das hat mich unglaublich erschüttert und irritiert. Ich habe eine Antriebsschwäche. Ich habe Angst. Ich bin manchmal unzufrieden mit meiner Arbeit. Ich weiß im Moment nicht, wie es weitergehen soll, wie ich mir mein Leben überhaupt vorstelle. Ich möchte Kinder, aber es geht ja nicht. Ich bin seit fünf Jahren mit Frauen zusammen. Alle meine Männerbeziehungen sind gescheitert. Ich weiß nicht, warum ich mit Frauen zusammen bin. Sexuell klappt es mit Männern nicht. Ich komme nicht auf dem normalen Wege zum Höhepunkt. Ich komme nur durch intimes Streicheln zum Höhepunkt. Ich glaube, daß die meisten Männer einer Frau darin unterlegen sind, Gefühle zu zeigen.

Ich bin 7 Jahre alt gewesen, als meine Mutter sich das erste Mal hat scheiden lassen. Sie hat die Scheidung eingereicht, weil mein Vater homosexuell ist. Er hat 15 Jahre lang einen Freund gehabt. Er hat es vor ihr verheimlicht. Ich finde, mein Vater ist ein Schwächling. Meine Mutter ist nach der Scheidung lange krank gewesen. In meiner Kindheit ist meine Familie keine Zufluchtsstätte gewesen. Meine Familie ist sehr zerrüttet. Ich habe eine 29jährige Schwester. Meine Mutter ist fleißig, lieb und nervös. Ich habe meine Mutter gern, aber ich sehe sie zu deutlich. Sie ist mir zu nah. Ich finde, daß mein Vater selten Zeit für mich hatte. Ich bin die Kleine in der Familie. Von allen Gütern des Lebens wünsche ich mir am meisten Beständigkeit."

Meine Kindheit

Schleife binden, Gänseblümchen pflücken, aufs Töpfchen gehen, endlos Struwwelpeter vorlesen mit dem Rücken an der warmen Heizung, Grießbrei essen, viele Freunde, Rollschuhe und Bonbons naschen. Alles Dinge, die mich an meine ersten Lebensjahre erinnern. Für mich, wenn ich so zurückblicke, war es die schönste Zeit in meinem Leben. Wir wohnten in einer Zwei-Zimmer-Wohnung. Ich teilte mir ein Zimmer mit meiner 6 Jahre älteren Schwester. Der Altersunterschied machte sich schon früh bemerkbar. Ich wollte immer das, was sie gerade hatte. Ich wollte immer dahin, wo sie hinging. Es war die typische kleine und große Schwesterbeziehung.

Soweit ich mich erinnern kann, ging meine Mutter abends mit meinem Vater zum Kellnern. Vormittags arbeitete sie in einem Bekleidungsgeschäft. Alles war schön. Wir fuhren am Wochenende zu Oma und Opa, Tanten und Onkels. Im Sommer fuhren wir mit der ganzen Familie an den Kanal oder an die Eider. Es war eine schöne Zeit.

Opas Tod

An dem Tag, wo sich alles änderte, rief meine Tante bei uns an. Ich stand am Kleiderschrank im Kinderzimmer. Ich hörte meinen Vater aufschluchzen. Alles war plötzlich ernst und traurig. Das Bild werde ich nie vergessen. Mein Opa lag im Sterben.

Wir zogen in das Haus meines verstorbenen Opas. Meine Eltern erbten sein Haus. Ich kam auf eine andere Schule. Wieder teilte ich mit meiner Schwester ein Zimmer, doch ein großer Schrank bildete die räumliche Trennung. Meine Oma wurde zu einem festen Bestandteil in meinem Leben. Ich war gern bei meiner Oma. Sie hat mich verwöhnt.

Die Scheidung

Auch diese Zeit war schön. Aber aus den Erzählungen meines Vaters weiß ich heute, daß er da schon anfing, sich mit Männern zu treffen. Häufig erhielten wir anonyme Anrufe. Manchmal schlich jemand ums Haus herum. Irgendwie fühlten wir als Kinder schon die Spannung, die zwischen meinen Eltern herrschte. Mein Vater kam oft spät in der Nacht nach Hause. Er brachte dann meiner Mutter Geschenke mit, um sie zu beruhigen.

Einen richtigen Streit erlebte ich nur einmal mit, als meine Mutter meinem Vater eine runterhaute. Es war am Abendbrottisch. Danach schien das Eis endgültig fest zu sein. Das Wort „Scheidung" geisterte durch die Wohnung. Meine Schwester und ich heulten viel. Mehr noch meine Schwester, die ja schon alles besser verstand. Tja, und dann sagte meine Mutter zu mir: „Papa und ich lassen uns scheiden. Wir beide ziehen auf einen

Bauernhof. Deine Schwester bleibt hier." Ich fragte meine Mutter: „Wo hast Du den Mann kennengelernt?" Sie entgegnete: „Im Ball der einsamen Herzen." „Ach so." Viel mehr gab es nicht zu sagen. Die Abfahrt werde ich nie vergessen. Mein Vater stand weinend in der Küche und wusch ab. Meine Schwester lag weinend auf ihrem Bett. Und ich? Ich weiß nur, irgendwie war fast so etwas wie Abenteuerlust in mir: „Was kommt nun?"

Magere Auskunft

Als wir auf dem Bauernhof ankamen, war Abendbrotzeit. Ein Mädchen meines Alters deckte den Tisch. Zwei Jungen saßen schon am Tisch. Der neue Mann meiner Mutter hieß Erich. Er erschien mir düster und unheimlich. Mit seinen drei Kindern verstand ich mich gut. Daß sie da waren, wurde mein Glück. Der neue Lebensgefährte meiner Mutter hatte seine Frau vor sechs Jahren durch Krebs verloren. Ein geistig kranker Bruder von Erich verbrachte die meiste Zeit im Bett. Meine ältere ‚Stiefschwester' erschien mir wie eine kleine Hausfrau. Sie mußte wohl schon immer sehr viel anpacken.

Ich wurde mit in ihr Zimmer verfrachtet. An die erste Nacht kann ich mich noch gut erinnern. Eine Stalltür klapperte auf dem Hof. Der Sturm heulte in der Stromleitung. Mir war alles unheimlich. Ich suchte meine Mutter. Meine ‚Stiefschwester' ging mit mir durch das dunkle Haus. Sie öffnete eine Tür. Da sah ich meine Mutter neben Onkel Erich liegen. Ich wurde traurig, ich wollte zu meinem Vater. Ich fing an zu weinen. Beide brachten mich zurück ins Bett und standen im Türrahmen. Meine Mutter sagte: „Nun schlaf man schön. Ich kann doch jetzt auch nichts machen."

Wir wurden vernachlässigt

Es war alles aufregend auf dem Bauernhof. Wir haben viel gespielt. Wir waren viel draußen. Wir bauten Höhlen und spielten Fangen. Wir mußten auch arbeiten. Aber es brachte Spaß: Heu einfahren, Kühe hüten, Obst und Gemüse putzen, Hof fegen, Hühner füttern. Es war für mich wie große Ferien. Ab und zu trat ich mal auf einen Schweinskopf. Die trächtigen Kühe schrien im Stall, weil sie Schmerzen hatten, aber das wurde mir alles nicht so richtig bewußt.

Die Kinder zeigten Anzeichen von Vernachlässigung. Meine ältere ‚Stiefschwester' war schnell beleidigt. Meine ‚Stiefbruder' neigte zum Jähzorn. Er klaute ab und zu. Der andere war still. Man muß ihm heute noch jedes Wort einzeln aus der Nase ziehen. Alle drei waren schlecht in der Schule. Es kümmerte sich keiner von den Erwachsenen um sie. Ich fühlte mich manchmal wie ein Star unter den Dreien. Wahrscheinlich, weil ich nicht verwandt war, woanders herkam und besser in der Schule war.

In der neuen Schule kam ich sehr gut mit. Ich war eine der Besten aus der Klasse. Ich war die Schnellste im Laufen, mein Luftballon flog am weitesten, ich bekam dadurch Post aus Kopenhagen und einen Preis der Schule. Das Essen zu Hause auf dem Hof schmeckte sagenhaft. Ich saß immer mit so vielen Leuten an einem Tisch.

Die Wochenenden verbrachte ich oft bei meinem Vater. Ich fühlte mich dadurch aber auch ständig hin- und hergerissen. Er überhäufte mich mit Geschenken. An den Wochenenden war der Freund meines Vaters auch immer da. Wir unternahmen was zu dritt. Sein Freund schlief mit im Schlafzimmer und ich auf der Couch im Wohnzimmer.

Dann überschlugen sich irgendwie die Ereignisse. Meine Mutter war oft krank. Sie arbeitete zuviel. Sie kalkte das Haus von innen und außen, auch die Ställe. Sie war einmal vom Stallgiebel gestürzt. Sie schrie und schrie. Zum Glück hatte sie sich nur den Fuß verstaucht. Später hatte sie Bauchkrämpfe. Sie lag auf dem Steinboden in der Küche. Wir wußten nicht, was wir machen sollten. Einmal habe ich mitbekommen, daß meine Mutter Schläge von Erich bekam. Ich stand vor der Tür. Ich hörte die Schläge und das Weinen meiner Mutter. Und immer öfter kam meine Schwester zu Besuch. Sie tanzte in Unterwäsche in der Küche herum und bekam einen regelrechten Koller, als meine Mutter und Erich samstags abends zu Bett gingen. Das machte sich dann so bemerkbar, daß sie sich auf die Treppe setzte und wie eine Hysterische anfing, zu heulen und zu schreien. Es kann auch sein, daß sie meine Mutter vermißte. Aber nein, das glaube ich weniger, da meine Schwester zu dem Zeitpunkt schon ein Verhältnis mit dem Freund meiner Mutter hatte. Das kam erst viel später heraus. Als meine Mutter im Krankenhaus lag, machten die Geschwister meiner Mutter sie darauf aufmerksam. Meine Schwester muß damals fünfzehn oder sechzehn gewesen sein. Wenn meine Mutter krank war, hielt ich mich bei meinem Vater auf. Wir spielten viel, auch mit seinem Freund, ansonsten war ich irgendwie gehemmt und schwieg. Ich war elf, als meine Mutter mir sagte, daß mein Vater homosexuell sei. Seitdem war es noch komischer, wenn ich bei meinem Vater war. Dann kam ich sechs Wochen zur Kur. Das war sehr schön. Ich wollte gar nicht mehr nach Hause. In der Kur hatte ich mich das erste Mal verliebt.

Ein neuer Mann

Eines Tages hieß es: „Wir ziehen fort. Ich trenne mich von Erich.“ Meine Mutter war zu dieser Zeit im Krankenhaus. Meine Oma und mein Opa mütterlicherseits halfen bei dem Umzug. Ich kam erstmal zu ihnen. Wiederum wechselte ich die Schule. Als meine Mutter gesund war, wohnten wir noch vier Monate zu viert in einer kleinen Zwei-Zimmer-Wohnung unterm Dach, bis wir eine eigene Wohnung hatten. Mein Opa war oft gereizt. Vielleicht, weil ich mit im Schlafzimmer schlief und sich das Eheleben dadurch nicht mehr voll entfalten konnte. Oder er machte sich einfach nur Sorgen um seine Tochter, die ihm so viel Kummer machte. Dann kam eine Zeit, wo es uns finanziell miserabel ging, weil wir von der Sozialhilfe leben mußten. Meine Mutter ließ sich später im Altenheim als Haushälterin anstellen. Ich mußte nach der Schule lange auf den Zug warten. Meine Mutter holte mich am Bahnhof ab. Es war eine Tortur.

Mehr oder weniger wohnten wir dann wieder in unserem alten Zuhause bei meinem Vater. Kurze Zeit später war dann aber alles aus, denn die Geschwister meiner Mutter sagten ihr, wenn sie noch einmal dorthin führe, hätten sie keine Schwester mehr. Das wirkte. Für meine Mutter hieß es dann: eine Rehaklinik. Ich kam für diese Zeit zu meinem Vater. Davor bekam ich ein Telefonat mit, in dem meine Mutter meinen Vater weinend anflehte, zurückzukommen und uns wieder aufzunehmen. Wir heulten beide um die Wette. Es brachte nichts. Sie konnte ihn nicht erweichen, denn mein Vater war glücklich mit seinem Freund, ohne meine Mutter. Als meine Mutter wiederkam, brachte sie einen Kurschatten mit.

Die Zeit mit Michael

Eines Abends erschien meine Mutter in meinem Zimmer: „Du, ich habe einen Michael kennengelernt, der kommt uns nächstes Wochenende besuchen." Sie erzählte mir, wie sie ihn kennengelernt hatte und wie sie sich nähergekommen waren. Ich sah mich gegen meinen Willen in ihre Beziehungsgeschichten einbezogen. Vielleicht war das nicht gut für mich. Ich fühlte mich da schon älter als ich war, eben erwachsen. Da fing es an, daß ich mich manchmal schlauer fühlte als meine Mutter. Ich tanzte ihr die nächsten Jahre auf der Nase herum. Öfter hörte ich: „Du machst mich krank. Du bist meine ganze Krankheit."

Die Schule war schwierig. In Französisch hatte ich starke Schwierigkeiten mit der Aussprache. In Chemie und Physik war ich überfordert. Aber ich war stolz darauf, auf das Gymnasium zu gehen.

Dann kam der Neue. Als er im Flur stand, sah ich auf seine Armbandkette. Auf der Kette stand sein Geburtsdatum. Zweiundzwanzig war er, elf Jahre älter als ich. Meine Mutter machte immer ein wahnsinniges Geheimnis um sein Alter. So richtig Respekt bekam ich nie vor ihm. Wir fühlten uns einander zugehörig und gleichzeitig abgestoßen. Es war wie eine Bruder- und Schwester-Beziehung zwischen uns beiden. Wir schrien uns an und er haute mir eine runter. Mit Michael konnte ich über Vieles sprechen. Ich erzählte ihm von meiner ersten Menstruationsblutung. Daraufhin legte er mit mir einen Menstruationskalender an. Wir hatten denselben Musikgeschmack, und wenn meine Mutter nicht da war, wurde er zu einem großen Jungen, denn vor mir mußte er sich nicht zusammenreißen. Er war leider auch sehr eifersüchtig und konnte es nicht leiden, wenn ich mit meiner Mutter gegen ihn war. Am liebsten hackte er mit ihr auf mir herum. Alles war schwierig. So verliefen meine Kindheit und Jugend."

Ziele meiner Psychotherapie

- Ab heute will ich anfangen, mit mir selbst ins Reine zu kommen.
- Selbstbewußtsein stärken.
- Kontaktfähigkeit zu anderen Leuten steigern.
- Ich will in schwierigen Situationen alleine entscheiden.
- Im Alltag ohne den Rat von anderen auskommen.
- Den Mut, Dinge anzupacken, ohne sie lange aufzuschieben.
- Meine Depressionen überwinden.
- Mit dem Alleinsein fertig werden.
- Mein Herz nicht immer bei anderen ausschütten, sondern Gefühle selbst verarbeiten.
- Nicht mehr so launisch sein.
- Wieder fröhlich sein können.
- Nicht mehr eifersüchtig sein.
- Positiv denken.
- Beruflich wissen, was ich will.
- Ich will zu meinen Eltern ein normales Verhältnis aufbauen.
- Ich werde zu meinen Gefühlen in Punkto Partnerschaft stehen.
- Ich will sagen: Ja, ich liebe Frauen.
- Nicht so gutgläubig sein.
- Mehr für mich behalten.

Homosexualität im Traum

… im Traum steht manchmal für eine zu große … der Mutter. Häufig symbolisiert Homosexua… …ch Männlichkeit oder nach Weiblichkeit. Der …nde Gedanke einer Frau, homosexuell zu sein …ssen zu müssen, entspringt nicht selten einem …s auftaucht, sobald sich der an das Elternhaus …dheit Gefesselte in Liebe dem **anderen** Ge…n zuwendet. Auch Ausbruchsschuld kann die… Phantasien verursachen. Die Homosexualität ist mit einer Identitätsstörung verbunden, die sich nicht allein auf das Geschlechtliche bezieht, sondern auch auf andere Bereiche der Persönlichkeitsentwicklung.

Ich liebe eine dunkelhaarige Frau

Die Chemielaborantin berichtet **während ihrer Therapie 125 Träume**. Nach einem halben Jahr hat sie folgenden Traum: „Ein Mann sitzt aufrecht im Bett und hat zerschlagene Augen vom Alkohol. Eine Frau kommt und tupft ihm die Augen ab, tröstet ihn. Ein kleiner Junge sitzt in seinem Bett und hat auch zerschlagene Augen, aber von Fäusten. Die Mutter sagt: ‚Erst kommt Papa dran. Dir gebe ich den kleinen Rest Wundalkohol.' Sie schmiert den Alkohol aber nicht auf die Augen des Jungen, sondern auf sein Gesäß. Dann geht die Frau wieder im gleichen Zimmer zu dem Mann ins Bett und sie treiben es. Das Bett quietscht. Der kleine Junge starrt vor sich hin. Plötzlich sind vier Kinder da. Sie balgen sich alle auf einem weißen, schmuddeligen Bett in einem tristen Zimmer. Der Junge beschließt auszubrechen. Die anderen Kinder wollen mit. Auf der Flucht holt sie der Vater mit seinem Auto ein. Die Kinder laufen auf einer grünen, eingezäunten Wiese durcheinander. Der Wagen des Vaters folgt ihnen. Der Vater schreit dem Jungen hinterher: ‚Bleib stehen, du impotenter Lümmel'. Der Junge ist mittlerweile ja schon erwachsen geworden. Der Vater schreit: ‚Wenn Du auch bei den Weibern so gut wärst, wie bei Deinen Kampagnen und Büchern.' Denn das ist das einzige, wo der Junge dem Vater überlegen ist. Der Vater versucht, den Sohn zu überfahren. Man spürt den blinden Haß zwischen ihnen.

Der junge Mann ist dunkelhaarig, sehr zart, hat weibliche Züge und geht in Frauenkleidern in den tollen Männerclub, wo sein Vater auch immer hingeht. Die Männer gucken, sprechen ihn an. Er liegt auf dem Rücken, ist hingefallen. Die Angst steht im Raum: Gleich wird die Verkleidung aufgedeckt.

Dann spielt der Traum in einem Wartezimmer. Ich bin jetzt mit diesem Mann befreundet. Es hat sich nichts abgespielt zwischen uns beiden. Neben mir sitzt die Lesbe Hella von Sinnen. Sie hat eine Freundin. Diese und mein Freund müssen nun zu einem gemeinsamen Einsatz vom Rettungsdienst aus. Ich sitze neben Hella. Ich möchte, daß Hella mich anmacht, weil ich sie schön finde und weil sie lustig ist. Nur jetzt ist sie nicht lustig. Als ein Mann vorbeikommt und sie anlächelt, weil er sie schön findet, nimmt sie die Deckenstrahler und hält sie sich als Telefon ans Ohr. Sie lacht. Als er weg ist, wird sie wieder ernst. Sie vermißt ihre Freundin. Sie liebt sie sehr. Ich bin neidisch auf ihre Freundin, der Mann bedeutet mir nichts. Die beiden kommen wieder. Sie sprechen angeregt miteinander über ihren Einsatz. Sie sehen uns und strahlen. Der junge Mann erinnert mich an meinen ersten Schwarm. Er nimmt mich in seine Arme. Er möchte was von mir. Über uns hängt ein Bild mit einem schwarzen Raben. Ich zeige auf das Bild und sage: ‚Ich kann nicht. Ich liebe eine dunkelhaarige Frau.'"

Der Traum zeugt davon, daß die Patientin bereits als Kind ein Gespür für die innere und äußere Unordnung ihres Elternhauses entwickelt hat. Sie wird von ihrer Mutter trotz Wunden zweitrangig und vernachlässigend behandelt, wie die Szene mit dem Wundalkohol zeigt. Enorme Nähe und Grenzüberschreitung dokumentieren sich in der inzestuös gefärbten Szene, in der die Frau und der Mann im Beisein des vor sich hinstarrenden Jungen Sex machen. In der Kindheit muß die Patientin ähnliche Szenen zu Hause erlebt haben. Der Junge, der spätere junge Mann in Frauenkleidern, stellt ihre Geschlechtsunsicherheit dar. Das Verhältnis zwischen ihr und ihrem Vater ist von Konkurrenz und Herabsetzung geprägt. Sie darf und kann zu ihrer weiblichen Identität nicht stehen. Sie wechselt zwischen den Geschlechtern hin und her, um sich am Ende dieses Traumes einem Mann zuzuwenden, den sie jedoch aus Schuldgefühlen heraus abwehrt. Die Nähe zur Mutter, zum dunklen Raben, der die übermächtige Mütterlichkeit symbolisiert, führt dazu, daß sie Bindungsängste entwickelt und die jeweiligen Partner – Männer wie Frauen – weit von sich stößt.

Hast du mich geliebt?

Nach zwei Jahren Psychotherapie träumt sie: „Ich laufe meiner Mutter hinterher. Ich frage sie: ‚Hast du mich geliebt?' Sie bleibt kühl. Ich weine im Traum und in Wirklichkeit, als ich aufwache." Der Traum bedarf keiner Deutung, so klar ist er in seiner Aussage. Die fehlende mütterliche Liebe hat sie später in der Liebe zu Frauen gesucht.

Die Staatsfeindin wird hingerichtet

Eine Woche später träumt sie: „Die Staatsfeindin, eine hämische, harte Frau in Nazi-Uniform, soll hingerichtet werden. Sie sitzt auf einem Pferd, ihr Hals liegt in einer Schlinge. Sie hat einen gemeinen Blick. Ich habe Angst vor ihr. Ihre Haare sind zu einem Knoten gebunden. Das Pferd springt davon. Dann wache ich mit Herzklopfen auf."

Hier löst sich die Patientin von ihrem tief verinnerlichten Mutter- und Frauenbild, das sie fürchtet und als kalt, hart und hämisch empfindet. Der Tod als Wandlungssymbol deutet auch an, daß die Patientin bereit ist, die weibliche, weiche Seite in sich zu entwickeln und anzunehmen.

Kindheit und Jugend dieser Frau sind gekennzeichnet von Strukturarmut, Grenzüberschreitungen und Lieblosigkeit. Hierdurch entstanden ihre Selbstabwertung als Frau, ihre aggressive Gehemmtheit und die Angst vor Nähe bei gleichzeitiger Sehnsucht nach Liebe und Anerkennung. Das Chaos in dieser Familie liegt auch in der ausgelebten, zur Untreue führenden Bisexualität des Vaters begründet, der seiner Tochter keine eindeutige Identität als Frau ermöglicht hat. Diese Themen bildeten den Mittelpunkt der Psychotherapie, in der sie sich mit Hilfe ihrer Träume heterosexuell ausrichtete. Vor allem die Träume haben ihr den Weg zu ihrem wahren Selbst gezeigt. Gegen Ende ihrer Therapie sagt sie: „Ich war lesbisch."

Sie gründet eine Familie mit einem Mann. Sie gebiert zwei Kinder. Auch acht Jahre nach ihrer Behandlung strahlt sie vor

Glück. Sie arbeitet zwei Tage in der Woche. Ihre Kinder gehen zur Schule.

Ein offener Brief

„Doch bleibt bei allem Für und Wider, so es um die Legalisierung gleichgeschlechtlicher Partnerschaften und deren rechtliche Konsequenzen geht, die Frage offen, wie Homosexualität eigentlich einzuordnen ist, nicht nur gesellschaftlich, sondern medizinisch-biologisch. Eine Frage, die bewußt zurückgehalten wird und unerwünscht ist. Der holländische Psychiater van den Aardweg hat mit seinem Buch ‚Das Drama des gewöhnlichen Homosexuellen, Analyse und Therapie' den Nachweis geführt, daß Homosexualität nicht angeboren und genetisch determiniert ist[73]. Sie ist nicht biologisch bedingt, sondern gehört in den Bereich der neurotischen Erkrankungen. Da die Problematik der Entstehung homosexueller Fehlveranlagung nicht in einer hormonellen Fehlsteuerung, sondern im psychosozialen Bereich liegt, hält van den Aardweg eine Heilung zwar für schwierig, aber – wie es ihm Erfolge in der eigenen Praxis bestätigt haben – dennoch für möglich. In diesem Sinne ist es mehr als gewissenlos, Homo-Partnerschaften ein Adoptionsrecht zuzugestehen. Als Sozialarbeiterin weiß ich aus Erfahrung, daß Kinder und Jugendliche oft für ihr ganzes Leben traumatisiert werden, wenn auch nur ein Elternteil stark abweichende psychische Verhaltensweisen aufzeigt, nicht nur vorübergehend, sondern kontinuierlich. Jedes Kind muß das Recht und die Chance erhalten, durch Erziehung und Vorbild ein normales Verhältnis zum anderen Geschlecht zu entwickeln." *Marion Gotthardt, Freiburg*[74]

Auszüge statistischer Untersuchungen

1. Dauer und Art homosexueller Beziehungen

Im **Kinsey-Report** über weibliche und männliche Homosexuelle finden sich folgende Daten:

- **28 %** der weißen, **homosexuellen Männer** hatten in ihrem Leben mit 1000 oder mehr Männern Sex ausgeführt. **47 %** der Männer hatten gleichgeschlechtlichen Sex mit 100 bis zu 999 anderen Partnern[75]. **89 %** der homosexuellen Männer gab an, im vergangenen Jahr **3 bis 51 oder mehr Partner** gehabt zu haben[76].
- „Die Annahme, homosexuelle Männer hätten häufig eine relativ hohe Zahl von Sexualpartnern, wird von mehreren Untersuchungen bestätigt. In einer Studie wurde von zwei Dritteln der befragten homosexuellen Männer gesagt, sie hätten ‚promiskuöse sexuelle Verhaltensmuster' gezeigt. (Braaten und Darling, 1965). Ebenso wurde ermittelt, homosexuelle Männer hätten wesentlich mehr Sexualpartner gehabt als heterosexuelle Männer (Schofield 1965; Saghir und Robins, 1973). Saghir und Robins kamen auch zu der Schlußfolgerung, Lesbierinnen neigten viel weniger zur ‚Promiskuität' als homosexuelle Männer. Diese Untersuchungen halten die Vermutung, das ‚promiskuöse' Verhalten homosexueller Männer sei überschätzt worden, für wenig glaubhaft (Liddicoat, 1956; Dean, 1967a). Neben dem Ausmaß ihrer ‚Promiskuität' hat sich die Wissenschaft auch ausführlich mit dem Wesen der Partnerbeziehungen von Homosexuellen beschäftigt. Saghir und Robins (1973) schreiben, die große Mehrheit der von ihnen befragten homosexuellen Männern und Frauen hätten verschiedene Formen von Beziehungen erlebt: **‚zufällig-flüchtige' Kontakte** (d. h. ‚Partner für eine Nacht' oder eine Reihe von Begegnungen mit einer anderen Person, die weniger als vier Monate lang andauern, ‚Liaisons' (zwischen vier Monaten und einem Jahr) und zumindest eine ‚Affäre' … Eine andere Untersuchung hielt fest, daß bei den Lesbie-

rinnen, die derzeit eine feste ‚Affäre' erlebten, die Beziehungen durchschnittlich zwischen **vier und fünf Jahren** gedauert hätten (*The Ladder, 1959)*. Greenberg (1973a) berichtete, die Mehrheit der von ihm befragten homosexuellen Männer habe niemals eine Partnerbeziehung für die **Dauer eines Jahres** aufrechterhalten, und keiner habe länger als **zehn Jahre** in einer **festen Beziehung** gelebt. Wieder eine andere Studie kam zu dem Schluß, die mittlere Dauer der ‚ehelichen' Beziehungen homosexueller Männer liege geringfügig unter zehn Jahren (Dean, 1967a). Saghir und Robins (1973) schließlich haben herausgefunden, die meisten Affären der von ihnen befragten Männer wie Frauen gingen innerhalb von **drei Jahren zu Ende** ... Diese Wissenschaftler haben auch festgestellt, daß männliche Homosexuelle größere Toleranz gegenüber der Untreue des Partners zeigten, daß lesbische Beziehungen häufiger auseinandergingen, weil eine Partnerin untreu war oder ihre Homosexualität aufgeben wollte, und daß homosexuelle Männer weniger heftig auf die Beendigung einer Affäre reagierten"[77].

- Dreiviertel der älteren Männer hatten entweder einen Sexualpartner (28,5 %) oder **zwei bis zehn Partner (44,9 %)** während der letzten sechs Monate. **2,7 % der Männer hatten mit nur einem Partner Sex[78].**
- 61,2 % der 25–29jährigen homosexuellen Männer üben nach Van de Ven et al. aktiven Analverkehr aus. 52,6 % der über 50jährigen[79].
- 10,3 % der 25 – 29jährigen homosexuellen Männer üben den analen Faustverkehr aus[80].
- Positiven HIV-Status wiesen 8,8 % der 25–29jährigen untersuchten homosexuellen Männer auf, 8,1 % der 40–49jährigen[81].

2. Stark erhöhte Suizidalität bei homo- und bisexuellen Frauen und Männern

- Nach Kinsey gaben homosexuelle Männer **fünfmal** häufiger an, mindestens einmal tatsächlich versucht zu haben, Selbstmord zu begehen, im Vergleich zu 4 % der heterosexuellen Männer[82].
- Bagley und Tremblay veröffentlichten in ihrer Studie, daß suizidales Verhalten bei männlichen Homo- und Bisexuellen nahezu um das **Vierzehnfache** höher lag als bei heterosexuellen Männern[83].
- Garofalo und andere verglichen 104 männliche und weibliche Homosexuelle, ebenfalls Bisexuelle. Sie fanden eine **3,5fach** höhere Anzahl von Suizidversuchen Homo- und Bisexueller im Vergleich zu 4055 heterosexuellen Studenten[84].
- Remafedi und andere fanden bei homo- und bisexuellen Männern eine **6,7fach höhere Rate** an Suizidversuchen als bei Heterosexuellen[85].

3. Psychiatrische Störungen und suizidales Verhalten bezogen auf die sexuelle Orientierung[86]

- Fergusson, Horwood und Beautrais publizierten **1999** Ergebnisse einer Längsschnittstudie mit 1007 **Neuseeländern.** Sie wurden im Alter von 21 Jahren in Bezug auf ihre sexuelle Orientierung, Suizidalität und andere psychiatrische Erkrankungen untersucht[87]. Es ergaben sich folgende Ergebnisse:

Tabelle 1

	Heterosexuelle Frauen und Männer (97,2 %)	**Homo- oder bisexuelle Frauen und Männer (2,8 %)**
	%	%
Psychiatrische Störungen (14–21 Jahre)		
Depression	38,2	**71,4**
Generalisierte Angststörung	12,5	**28,6**
Verhaltensstörung	11,0	**32,1**
Nikotinabhängigkeit	26,7	**64,3**
Anderer Substanzmißbrauch	44,3	60,7
Mehrere (>2) Störungen	38,2	**78,6**
Suizidales Verhalten		
Suizidvorstellung	28,0	**67,9**
Suizidversuch	7,1	**32,1**

Gleichfalls wurden die Kindheit, die familiären und sozialen Hintergründe der Homo- und Bisexuellen und Kontrollgruppen miteinander verglichen. Es ergab sich für die Gruppe der Homo- und Bisexuellen, daß sie häufiger als die Heterosexuellen in ihrer Kindheit eine Scheidung und einen Elternwechsel hinnehmen mußten.

- Sandfort, de Graaf, Bijl und Schnabel veröffentlichten **2001** ihre Untersuchungsergebnisse über 7076 Hetero- und Homosexuelle **Holländer** in Bezug auf affektive Störungen, Angst und Substanzmißbrauch[88] (Siehe Tabelle 2). Auch andere Studien unterstützen diese Untersuchungsergebnisse[89–92].

Tabelle 2

	Heterosexuelle Männer (97,1 %)	**Homosexuelle Männer (2,9 %)**
	%	%
Affektive Störungen*	5,2	**17,1**
Depression	3,9	9,8
Dysthymie**	1,3	3,7
Bipolare Störung	0,8	4,9
Angststörungen	7,6	**19,5**
Substanzmißbrauch-störungen gesamt	12,7	17,1
Alkoholmißbrauch	6,5	6,1
Alkoholabhängigkeit	5,5	**11,0**
Drogenmißbrauch	0,6	**1,2**
Zwei oder mehrere DSM III R-Diagnosen	5,5	**17,1**

Literaturverzeichnis

1 Bräutigam, W.: Ursachenfragen bei neurotischen und psychosomatischen Erkrankungen, Zsch. psychosom. Med. 36 (1990), S. 195–209

2 Frankfurter Allgemeine Zeitung: Nr. 162 (16.7.1998), S. 7

3 Hirsch, M.: Realer Inzest, Psychodynamik des sexuellen Mißbrauchs in der Familie. Springer Verlag, Berlin, Heidelberg, New York, London, Paris, Tokyo (1987), S. 148–150

4 Ebenda, S. 172

5 Gundlach, R. H.: Sexual molestation and rape reported by homosexual and heterosexual women. Journal of Homosexuality 2, (1977), S. 367–384

* Anhaltende, meist schwankende Stimmungsstörungen depressiver oder hypomanischer Prägung.

** Depressionszustand.

6 Myers, M. F.: Men sexually assaulted as adults and sexually abused as boys. Arch. Sex. Behavior 3, Volume 18 (1989), S. 203–215
7 Dimock, P.: Adult males sexually abused as children. Journal of Interpersonal Violence 3 (1988), S. 203–221
8 Cosentino, C. E., Meyer-Bahlburg, H. F., Alpert, J. L., Weinberg, S. L., Gaines, R.: Sexual behavior problems and psychopathology symptoms in sexually abused girls. J Am Acad Child & Adolesc Psychia 34, Volume 8 (1995), S. 1033–1042
9 Doll, L. S., Joy, D., Bartholow, B. N., Harrison, J. S., Bolan, G., Douglas, J. M., Saltzman, L. E., Moss, P. M. und Delgado, W.: Self-reported childhood and adolescent sexual abuse among adult homosexual and bisexual man. Child Abuse & Neglect 16 (1992), S. 855–864
10 Saewyc, E. M., Bearinger, L. H., Blum, R. W., Resnick, M. D.: Sexual Intercourse, Abuse and Pregnancy Among Adolescent Women: Does Sexual Orientation Make a Difference? Family Planning Perspectives 3, Volume 31 (1999), S. 127–131
11 Martin, A. D., Hetrick, E. S.: The stigmatization of the gay and lesbian adolescent. Journal of Homosexuality 17 (1988), S. 163–183
12 Lisak, D.: The Psychological Impact of Sexual Abuse: Content Analysis of Interviews with Male Survivors. Journal of traumatic stress 4, Volume 7 (1994), S. 525–548
13 Briere, J., Evans, D., Runtz, M., Wall, T.: Symptomology in men who were molested as children: A comparison study. American Journal of Orthopsychiatry 58 (1988), S. 457–461
14 Mezey, G., King, M.: The effects of sexual assault on men: a survey of 22 victims. Psychological medicine 1, Volume 19 (1989), S. 205–209
15 Myers, M. F.: Men sexually assaulted as adults and sexually abused as boys. Arch. Sex. Behavior 3, Volume 18 (1989), S. 203–215
16 Zucker, K. J., Kuksis, M.: Gender dysphoria and sexual abuse: a case report. Child abuse & neglect 2, Volume 14 (1990), 281–283
17 Zierler, S., Feingold, L., Laufer, D., Velentgas, P., Kantrowitz-Gordon, I., Mayer, K.: Adult survivors of childhood sexual abuse and subsequent risk of HIV infection. American Journal of Public Health 81 (1991), S. 572–575
18 Carballo-Dieguez, A., Dolezal, C.: Association between history of childhood sexual abuse and adult HIV-risk behavior in Puerto Rican men who have sex with men. Child Abuse and Neglect 19 (1995), S. 595–605

19 Molina Ramos, R., Carrasco Perera, J. L., Pérez Urdaniz, A.: Sanchez Iglesias, S.: Factores asociados al diagnóstico de trastorno límite de la personalidad en pacientes psiquiátricos ambulatorios. Actas Esp. Psiquiatr. 3, 30 (2002), S. 153–159
20 Hughes, T. L.: Lesbians' drinking patterns: beyond the data. Subst. Use Misuse 11–13, Volume 38 (2003), S. 1739–1758
21 Finlinson, H. A., Robles, R. R., Colon, H. M., Soto Lopez, M.: Puerto Rican drug users experiences of physical and sexual abuse: compar 3, Volume 40 (2003), S. 277–285
22 Van de Ven, P., Rodden, P., Crawford, J., Kippax, S.: A Comparative Demographic and Sexual Profile of Older Homosexually Active Men. The Journal of Sex Research 34 (1997), S. 349–360
23 Saghir M. T., Robins E.: Male and female homosexuality. A comprehensive investigation. Williams & Wilkins, Baltimore (1973), S. 57
24 Xiridou, M. et al.: The contribution of steady and casual partnerships to the incidence of HIV infection among homosexual men in Amsterdam. AIDS 7, Volume 17 (2003), S. 1029–1038
25 Giese, H.: Zur Psychopathologie der Sexualität. Ferdinand Enke Verlag, Stuttgart (1974), S. 154
26 Bell, A. P., Weinberg, M. S.: Der Kinsey Institut Report über weibliche und männliche Homosexualität. Bertelsmann Verlag, München (1978), Tab. 7, S. 367
27 Wiederman, M. W.: Extramarital Sex: Prevalence and Correlates in a National Survey. Journal of Sex Research 34 (1997), S. 170
28 Laumann, E. O., Gagnon, J. H., Michael, R. T., Michaels, St.: The Social Organization of Sexuality: Sexual Practices in the United States. University of Chicago Press, Chicago (1994), S. 216
29 Sexual Habits of Americans Have Changed Dramatically in Ten Years: New National Survey Finds Both Men and Women More Committed and Caring. PR Newswire (1994)
30 Kernberg, O. F.: Ein konzeptuelles Modell zur männlichen Perversion. Forum Psychoanal., Bd. 1 (1985), S. 167–188
31 Fergusson, D. M., Horwood, L. J., Beautrais, A. L.: Is sexual orientation related to mental health problems and suicidality in young people? Arch Gen Psychiatry 56 (1999), S. 876–880
32 Sandfort, T. G. M., de Graaf, R., Bijl, R. V., Schnabel, P.: Same-Sex Sexual Behavior and Psychiatric Disorders. Arch Gen Psychiatry 58 (2001), S. 85–91
33 Mills, T. C., Paul, J., Stall, R., Pollack, L., Canchola, J., Chang, Y. J., Moskowitz, J. T., Catania, J. A.: Distress and depression in

men who have sex with men: the Urban Men's Health Study. American Journal of Psychiatry 2, Volume 161 (2004), S. 278–285
34 Grossmann, T.: Schwul – na und? Rowohlt Taschenbuch Verlag, Hamburg (1991)
35 Frankfurter Allgemeine Zeitung: Nr. 2 (4.1.2005), S. 36
36 Dührssen, A.: Psychogene Erkrankungen bei Kindern und Jugendlichen. Vandenhoeck & Ruprecht, Göttingen (1974), S. 97
37 Amendt, G.: Kultur, Kindeswohl und homosexuelle Fortpflanzung. Frankfurter Allgemeine Zeitung (8.11.2002), S. 8
38 Schwarzer, A.: Der „kleine Unterschied" und seine großen Folgen. Frauen über sich – Beginn einer Befreiung. S. Fischer Verlag, Frankfurt a. M. (1975), S. 207
39 Dannecker, M.: Von der Geschlechtsidentität zum sexuellen Selbst. In: Richter-Appelt, H., Hill, A. (Hrsg.): Geschlecht zwischen Spiel und Zwang, Psychosozial Verlag, Gießen (2004), S. 122
40 Kirchenamt der Evangelischen Kirche in Deutschland (Hrsg.): Verläßlichkeit und Verantwortung stärken. Hannover (2000), S. 5
41 Krafft-Ebing, R. v.: Psychopathia Sexualis mit besonderer Berücksichtigung der conträren Sexualempfindung. Ferdinand Enke Verlag, Stuttgart (1903)
42 Böhm, F.: Kasuistische Beiträge. Beiträge zur Psychologie der Homosexualität. Homosexualität und Ödipuskomplex. In: Internationale Zeitschrift für Psychoanalyse, Band 12 (Leipzig/Wien, 1926), S. 66–79
43 Kempe, G. Th., Redhardt, R.: Studien zur männlichen Homosexualität. Ferdinand Enke Verlag, Stuttgart (1954)
44 Giese, H.: Der homosexuelle Mann in der Welt. Ferdinand Enke Verlag, Stuttgart (1958)
45 Klimmer, R.: Die Homosexualität als biologisch-soziologische Zeitfrage. Verlag für kriminalistische Fachliteratur, Hamburg (1958)
46 Bieber, I., u. Mitarb.: Homosexuality. Basic Book, New York (1962)
47 Freund, K.: Die Homosexualität beim Mann. Hirzel Verlag, Leipzig (1963)
48 O'Connor, P. J.: Aetiological Factors in Homosexuality as seen in royal airforce. Brit. J. Psychiat. 110 (1964), S. 381
49 Socarides, Ch. W.: Der offen Homosexuelle. Suhrkamp Verlag, Frankfurt a. M. (1971)
50 Mc Dougall, J.: Über die weibliche Homosexualität. In: Chasseguet-Smirgel, J. (Hrsg.): Psychoanalyse der weiblichen Sexualität. Suhrkamp Verlag, Frankfurt a. M. (1974), S. 233–292

51 Fenichel, O.: Psychoanalytische Neurosenlehre. Band I, Walter Verlag, Olten und Freiburg im Breisgau (1974), S. 165
52 Humphreys, L.: Klappen-Sexualität. Ferdinand Enke Verlag, Stuttgart (1974)
53 Giese, H.: Siehe 25
54 Fenichel, O.: Psychoanalytische Neurosenlehre. Band II, Walter Verlag, Olten und Freiburg im Breisgau (1975), S. 192–209
55 Schorsch, E., Schmidt, G. (Hrsg.): Ergebnisse zur Sexualforschung. Kiepenheuer & Witsch, Köln (1975)
56 Adler, A.: Das Problem der Homosexualität und sexueller Perversionen. Fischer Taschenbuchverlag, Frankfurt a. M. (1977)
57 Bräutigam, W.: Sexualmedizin im Grundriß. Eine Einführung in Klinik, Theorie und Therapie der sexuellen Konflikte und Störungen. Thieme Verlag, Stuttgart, 2. Aufl. (1979), S. 97–116
58 Masters, W. H., Johnson, V. E.: Homosexualität. Ullstein Verlag, Frankfurt a. M., Wien (1979)
59 Freud, A.: Studien über Passivität. In: Die Schriften der Anna Freud, Bd. IV, Kindler Verlag, München (1980), S. 1243–1253
60 Loch, W. (Hrsg.): Die Krankheitslehre der Psychoanalyse. Eine Einführung. S. Hirzel Verlag, Stuttgart (1983), S. 260–263
61 Ferenczi, S.: Bausteine zur Psychoanalyse. Band I-IV, Hans Huber Verlag, Bern (1984)
62 Kernberg, O. F.: Siehe 30
63 Friedman, R. C.: Männliche Homosexualität. Springer Verlag, Berlin, Heidelberg, London, Paris, Tokyo, Hong Kong, Barcelona, Budapest (1993)
64 Green, A. H.: Impact of sexual trauma on gender identity and sexual object choice. The journal of the American Academy of Psychoanalysis 2, Volume 22 (1994), S. 283–297
65 Nicolosi, J.: Homosexualität muß kein Schicksal sein. Gesprächsprotokolle einer alternativen Therapie. Aussaat Verlag, Neukirchen-Vluyn (1995)
66 Van den Aardweg, G. J. M.: Das Drama des gewöhnlichen Homosexuellen, Analyse und Therapie. Hänssler Verlag, Neuhausen-Stuttgart (1996)
67 Meves, Ch.: Verführt. Manipuliert. Pervertiert. Die Gesellschaft in der Falle modischer Irrlehren. Resch Verlag, Gräfelfing (2004)
68 Green, A. H.: Siehe 64, S. 283–298
69 Kernberg, O. F.: Borderline-Störungen und pathologischer Narzißmus. Suhrkamp Verlag, Frankfurt a. M. (1978), S. 354
70 Kernberg, O. F.: Siehe 30

71 Ganguly, M.: Ganz normal anders – lesbisch, schwul, bi. Lebenskundesonderheft zur Integration gleichgeschlechtlicher Lebensweisen. Humanistischer Verband Deutschlands, Landesverband Berlin (2002)
72 Bischoff, S.: Gleichgeschlechtliche Lebensweisen als Thema in der Erwachsenenbildung – Erfahrungen und Anregungen. Ministerium für Justiz, Frauen, Jugend und Familie des Landes Schleswig Holstein (Hrsg.), Kiel (2002)
73 Van den Aardweg, G. J. M.: Siehe 66
74 Frankfurter Allgemeine Zeitung: Nr. 282 (2.12.2004), S. 8
75 Bell, A. P., Weinberg, M. S.: Siehe 26, S. 366
76 Bell, A. P., Weinberg, M. S.: Siehe 26, Tab. 7, S. 370
77 Ebenda, S. 93 und 94
78 Van de Ven, P., Rodden, P., Crawford, J., Kippax, S.: Siehe 22
79 Ebenda
80 Ebenda
81 Ebenda
82 Bell, A. P., Weinberg, M. S.: Siehe 26, S. 237
83 Bagley, C., Tremblay, P.: Suicidal behaviors in homosexual and bisexual males. Crisis 18 (1997), S. 24–34
84 Garofalo, R. A., Wolf, R. C., Kessel, S., Palfrey, J., Du Rant, R. H.: The associations between health risk behaviors and sexual orientation among a school-based sample of adolescents. Pediatrics 101 (1998), S. 895–902
85 Remafedi, G., French, S., Story, M., Resnick, M. D., Blum, R.: The Relationship between Suicide Risk and Sexual Orientation: Results of a Population-Based Study. American Journal of Public Health 88 (1998), S. 57–60
86 Fergusson, D. M. et al.: Siehe 31
87 Fergusson, D. M. et al.: Siehe 31
88 Sandfort, T. G. M., de Graaf, R., Bijl, R. V., Schnabel, P.: Siehe 32
89 Garofalo, R. A., Wolf, R. C., Kessel, S., Palfrey, J., Du Rant, R. H.: S. 84
90 Remafedi, G. et al.: Siehe 85
91 Fergusson, D. M. et al.: Siehe 31
92 Herrell, R., Goldberg, J., True, W. R., Ramakrishnan, V., Lyons, M., Eisen, S., Tsuang, M. T.: Sexual orientation and suicidality: a co-twin control study in adult men. Arch Gen Psychiatry 56 (1999), S. 867–874

18. Steuere Dein Lebensschiff

Der Wert an sich

Gibt es im Menschen Maßstäbe, die für alle gelten? Wer in die Tiefe seiner Seele und die anderer geschaut hat, stellt fest, daß alle Seelen Ähnliches mögen, damit es ihnen gut geht: Der Säugling wie auch das Kind und der Jugendliche brauchen Vater und Mutter. Ein behagliches, fürsorgliches, die Selbständigkeit früh achtendes Elternhaus, in dem mütterliches und väterliches Prinzip nebeneinander vertreten sind, sorgt für ein stabiles Selbstwertgefühl des Zöglings. Die Treue seiner Eltern legt den Grundstein in ihm für eine lebenslange Ehe.

Du sollst Vater und Mutter ehren, auf daß es Dir wohl ergehe.

Vater und Mutter bedeuten uns viel. Sie haben uns geprägt und großgezogen. Wenn sie fehlen, entstehen entstellende Narben in unserer Seele. Wo es ein Gebot gibt, daß wir Vater und Mutter ehren sollen, auf daß es uns wohl ergehe, müssen starke Kräfte in uns vorhanden sein, die gegen dieses Gebot stoßen. Beginnen wir bei den Impulsen, die Vater und Mutter niedermachen wollen. Zunächst steht der Säugling in einem durchschnittlichen Haushalt nach seiner Geburt im Mittelpunkt des elterlichen Erlebens. Der Mensch sieht sich von Natur aus im Mittelpunkt. Werden ihm seine Ich-Betonungen allzusehr oder zu wenig beschnitten, so nimmt seine Seele Schaden. Durch Vernachlässigung oder Verwöhnung wird er zum gefräßigen Ungeheuer, das vor seinen Eltern steht und über sie befiehlt. Hier möchte das 5. Gebot Einhalt gebieten. Der narzißtische Trieb muß, wie alle anderen Triebe auch, sich um eine Mitte herum bewegen.

Ein Kind ist bereits früh darauf bedacht, selbständig zu sein. Um dieses Ziel zu erreichen, setzt es seine aggressiven Impulse ein. Im Ablösungskampf vom Elternhaus, der mit der Pubertät massiv einsetzt, kommt es zu Herabsetzungen der Eltern, seltener zu tätlichen Angriffen gegen sie oder zur völligen Ablehnung ihrer Person.

Ehre wird dem erbracht, der ihrer würdig ist. Hast Du Vater und Mutter, die Dich liebevoll, aufmerksam als Geschenk Gottes umsorgt und erzogen haben, so wirst Du allen Grund finden, diese zu ehren. Selbst, wenn sie Dir Unrecht getan haben, ein Gefängnis um Dich aufgebaut haben, einen Fluch über Dich gelegt haben, ihnen ein Leben lang treu zu bleiben, so achte darauf, daß Du sie nicht in Bausch und Bogen verdammst. Sie haben Dir auch Gutes getan, obwohl ihr Schicksa und ihre unbewußte Erziehung Dir Schaden zugefügt haben. Indem Du die – im Einzelfall auch geringen – Dich nährenden und stützenden Anteile Deiner Eltern annimmst, achtest Du Dich selber, denn Deine Eltern sind als Niederschlag ihrer selbst in Deiner Seele. Lerne verzeihen, lerne, sie auch mit ihren Fehlern und Mißhandlungen zu achten, damit das, was sie Dir Gutes getan haben, in Dir wachsen und walten kann. **Achte Vater und Mutter auch als seelische Figur in Dir, damit es Dir wohlergehe.** Wenn Du Vater und Mutter ein Leben lang und nicht nur im Ablösungskampf in der Jugend oder auch später in der Psychotherapie ablehnst, verachtest oder gar verteufelst, so machst Du in Dir selber elterliche Funktionen klein und schlecht. Ehre Vater und Mutter in Dir und außer Dir, auf daß es Dir wohlergehe. Bleibst Du im Haß und in der Ablehnung gegen Deine Eltern stecken, so bist Du ein Kind geblieben im Trotz und in der Ablehnung Deiner selbst. Überwinde Dich und den Haß, löse das Treueband zu ihnen, finde zu Dir selbst, damit Du – *mit Abstand* – Vater und Mutter ehren kannst. Wer den Ablösungskampf vom Elternhaus nicht führt und beendet, wird mit Scheidung bestraft, mit Sucht, mit seelischer oder körperlicher Erkrankung, kurz: Er wird sein symbiotisches Verhalten beibehalten. Führe den Kampf in der Ablösung vom Elternhaus ehrlich, wahrheitsliebend, aber auch liebevoll und versöhnend. So kannst Du Deinen Eltern, die Deine Grenzen achten und denen Du Grenzen setzt, offen und ehrenvoll begegnen.

Sag nicht Papa, sag nicht Mama

Vielen fällt es schwer, ihre Eltern mit Vornamen anzureden. Warum es schlecht ist, Papa oder Mama zu sagen, leuchtet manchem nicht ein. Er sagt: „Die Eltern bleiben die Eltern."

Eine 30jährige Studentin der Sonderschulpädagogik spricht: „Ich bin mit meiner Mutter einkaufen gegangen. Wir haben einander verloren. Ich habe in der Abteilung ganz laut ‚Mama' gerufen. Da kam meine Mutter zu mir und sagte: ‚Das kannst Du doch nicht machen, so laut Mama rufen.' Wie recht sie hat! Uns beiden war es vorher nie bewußt geworden. Ich rede sie immer noch mit Mama an."

Mama ist eines der ersten Worte, welche ein Säugling spricht. Aus dem Mund einer Dreißigjährigen offenbart „Mama" mangelnden Abstand zur Mutter. Nomen est Omen. Name ist Zeichen, Bedeutung, Schicksal. Ändere Dein Schicksal. Wir sind aufgefordert, selbständig zu sein und uns aus der Kindhaltung zu lösen. Rede Deine Eltern mit Vornamen an. So zeigst Du, daß Du bewußt an Deiner Selbständigkeit arbeitest.

Vergessen

Wer kann nicht vergessen? Derjenige, der sich von seinen Eltern nicht befreit hat, der seinen Schuldgefühlen folgt, hält oft an der Vergangenheit fest. Vergessen können heißt: die Orte seines Lebens, die zu Angst, Kränkungen, Hemmungen und charakterlichen Verbiegungen geführt haben, aufzusuchen. Vergessen heißt erinnern. Das Vergessen gehört zu einem erfolgreichen und gesunden Umgang mit seinen Seelenkräften. Indem Du aufschreibst, was Du bisher nicht vergessen konntest, befreist Du Dich. Der Akt des schriftlichen Niederlegens läßt Dich vergessen. Wachse, werde ebenbürtig, versöhne Dich, löse Dich. Deine Träume helfen Dir zu erinnern. Lerne lieben und vergeben. So kannst Du vergessen.

Verbunden mit Kampf und Liebe ist das Vergessen auf fruchtbare Beine gestellt. Das Leben will sich ausbreiten. Die Vergangenheit verblaßt für den, der die Gegenwart genießt.

Ich gehe zur Therapie

Therapie bedeutet, täglich hart an sich zu arbeiten. Therapie ist eine wichtige, oft einmalige Zeit in einem Leben. Beeindruckend ist die Zeit der Therapie deswegen, weil sie eine neue, innere Erfahrung ist. Große, faszinierende Träume schälen den Charakter heraus, den Kern der Persönlichkeit.

Das Sich-Öffnen in der Gruppe, das Sich-Erfahren außerhalb der eigenen Familie in zwischenmenschlichen Beziehungen, das Beschreiten neuer innerer und äußerer Wege ist bewegend, weckt Neugier und Schuldgefühle. Die Therapie ermöglicht bislang verschüttete Stimmungen, indem sie Schuldgefühle abbaut, Struktur schafft, Gefühle fördert und Erlaubnis gibt.

Bann des Schweigens

Familienmitglieder schweigen, damit die Familie zusammenhält. Hierbei spielt es keine Rolle, welchem Tabu das Schweigen gilt: Du schweigst, obwohl Dein Vater Deine Mutter schlägt. Du schweigst, obwohl Dein Vater fremdgeht. Du schweigst, obwohl Dein Vater Alkohol trinkt. Du schweigst, weil es nicht gut ist, in der Familie Ärger zu erzeugen. Du schweigst, weil Mutti schweigt, wenn Du ihr Deine Meinung sagst. Du schweigst, obwohl Dein Vater Inzest begangen hat. Du schweigst, damit die Familie zusammenbleibt. So wollen es Deine Eltern und auch Du. Du schweigst, weil Du bedroht wirst mit Schlägen, Rückzug, Liebesentzug, Bruch der Familie. Du schweigst, weil Du Schuldgefühle hast. Du wünschst

Dir, daß Deine Familie erhalten bleibe. Später tust Du gut daran, Dich zu erinnern und Dein Schweigen *in Dir* zu brechen.

Scheidung – ein Sieg der Eltern

Oft heißt es: „Wir haben uns auseinandergelebt. Er war nicht meine Kragenweite. Er ging fremd, er hat mich geschlagen, er hat nur noch gearbeitet." Gesiegt hat der elterliche Fluch. Ehescheidung, Süchte, körperliche Symptome und Angstzustände tut man sich nicht freiwillig an. Das erfolgt nur, wenn man verzaubert ist.

Die Scheidung ist zumeist eine unbewußte Selbstbestrafung der Eheleute. Der durch eine Scheidung entstandene Schaden ist materieller und seelischer Art. Gesiegt hat die Elternbindung oder die durch *fehlende* Erziehung entstandene Haltlosigkeit. Diese zerstören die Ehe. Die Lebenspartner konnten sich nicht vertragen, weil sie sich ihrer Verzauberung nicht bewußt waren. Scheidung ist Trennung im Auftrag elterlicher Fehl-Erziehung. Erst nach der Scheidung fangen viele an nachzudenken.

Reisesucht

Der Mensch sollte sich dessen bewußt sein, daß Reisen zur Sucht werden kann, zur Poriomanie*. Suchtverhalten ist schädigend. An einem Adventssonntag: Flugzeuge überziehen den Himmel von Blankenese mit dreiminütlichem Lärm. Reisen bildet. Reisen in die Ferne läßt einen Sorgen und Alltag vergessen. Das Über-Ich, das Gewissen verliert an Macht. Die Freiheit von Schuldgefühlen empfindet der Reisende als angenehm. Er fühlt Glück. Er möchte diesen Zustand wiederholen.

Doch macht der Mensch sich ebenso massenhaft auf die Reise zu sich selbst? Der Mensch flieht in die Ferne. Er meidet Bindung und Seßhaftigkeit. Der innere Kosmos bietet viel

* Reisesucht

an Unbekanntem, an Unentwickeltem, an brachliegenden Begabungen. Eine Reise in die Inner-, Unter- und Oberwelt der Seele führt zu dauerhafter Zufriedenheit in sich selbst. So bleibt einem die Reisesucht erspart.

Masse und Vorbild

Der Mensch taucht unter. Er ordnet sich ein. Er schreibt nach der neuen Rechtschreibung, weil Bürokraten es anordnen. Er ändert eine Lebensgewohnheit, weil es die anderen tun. Nur wenigen ist es vorbehalten, aus Einsicht gegen den Strom zu schwimmen. Menschen machen mit, auch wenn sie sich am Rande des Abgrunds bewegen. Deswegen benötigt der Mensch Vor- und Leitbilder.

Der Mensch ohne Gesicht

Der Mensch bezieht sein Selbst aus den Wurzeln seiner Gene, seiner Familie, seiner Bildung und seiner Kultur. Ein Mensch mit Identitätsstörungen hat nicht zu sich selbst gefunden. Er läßt sich manipulieren, sein Gesicht ist nicht scharf. Er ist Maske, in Schminke getüncht. Er sieht unklar. Er träumt vor sich hin. Er zeigt den symbiotisch-versunkenen Blick. Dieser Mensch ist wie eine verschlossene Fruchtkapsel – ungeöffnet, nicht an das Ziel seiner Möglichkeiten gelangt. Oft leidet er unter Angst, Depression, Sucht, Impotenz oder anderen Störungen[1].

Lieben kann man lernen

Manch einer sagt, daß er nicht liebe, weil er nicht verliebt sei. Liebe und Verliebtsein haben miteinander wenig zu tun. Das Verliebtsein führt lediglich dazu, daß man aufeinander wild ist. Wenn Du mit jemandem gern zusammen bist, Dich bei ihm wohlfühlst, auch Sex machst und zwar nur mit diesem Menschen und für geraume Zeit trotz mancher Schwierigkeiten, könntest Du sehr wohl von Liebe sprechen. Du darfst es aber nicht so nennen. Lieben kann man lernen.

Aufklärung

Die Unbewußtheit der Menschen erfordert Aufklärung. Die Ablösung von den Eltern, aus der Infantilität ist das zentrale Thema eines heranwachsenden Menschen. Jeder Einzelne wird sich zu befreien haben von den elterlichen Ketten, den inneren Verpflichtungen denen gegenüber, die ihn schädigen, krankmachen oder in die narzißtische Einsamkeit treiben. Die Träume des Einzelnen sind der Wegweiser neben einer Wertegemeinschaft, die seinen Selbstwerdungsprozeß fördert.

Prüfe Deinen Zukünftigen

Wenn Du ernsthaft einen Partner suchst, sei Dir darüber im Klaren, was Du von ihm erwartest. Scheue Dich nicht, aus ihm herauszuhören, was Du von ihm wissen möchtest.

Frage Deinen Zukünftigen, wie viele Frauen er gehabt hat. Wie lange eine Beziehung bei ihm gedauert hat. Ob er mit Dir eine Familie gründen will. Wie viele Kinder will er mit Dir haben? Achte darauf, ob er trinkt, raucht oder Drogen nimmt. Habt ihr gemeinsame Interessen? Wie oft ruft er zu Hause an?

Liebe macht blind, zum Glück. Denn es gibt keine Rosen ohne Stacheln. Fehler hat jeder. Die Liebe lebt mit ihnen und hilft, sie zu überwinden. Arbeiten müssen viele an sich: in Richtung Selbständigkeit, Ablösung, Liebesfähigkeit. Ist er dazu bereit? Horche in Deinen Zukünftigen und in Dich hinein. Mach Dir Dein Bild von ihm und Euren Möglichkeiten.

Mühselig ist Erziehung

Mühselig heißt, selig zu sein durch Mühe. Welche Mühe könnte besser entlohnt werden, als wenn Eltern eines Tages körperlich und seelisch gesunde Menschen vor sich haben, die einmal ihre Kinder waren? Sozialpädagoginnen, Erzieherinnen, Ärztinnen, Psychologinnen und Psychoanalytikerinnen reiben sich auf in schlecht bezahlter Arbeit, um die Zerstörung der Kinderseelen durch schlechte Pflege zu lindern. Was hält sie davon ab, eigene Kinder zu haben und sich für diese so einzusetzen, daß sie glücklich und gesund werden? Was hindert die Eltern der zu behandelnden Kinder, ihre erzieherischen Aufgaben so wahrzunehmen, daß ihre Kinder gedeihen? Wenn der Mensch meint, er könnte sich der Sorge um Kinder, der Arbeit mit ihnen, des Hinwendens zu ihnen entschlagen, um sich zu „verwirklichen", so hat er sich aus unbewußtem Straf- und Schuldbedürfnis des **Kinderglücks** und der **Reifung** beraubt.

Unterrichtsfach Partnerschaftskunde

Ein Unterrichtsfach Partnerschaftskunde ist von großem Nutzen. Hier lernen Schüler, sich auf ihre Ablösungsprobleme vom Elternhaus, auf Konfliktfelder in der Zweierbeziehung und auf das Familienleben vorzubereiten.

Ein Leben lang

Mutter oder Vater können Dein Leben körperlich und seelisch vergiften. Sie behindern Deine Selbstwerdung im Beruf, in der Ehe, als Vater oder als Mutter. Befreie Dich und sei Dir der Fesseln bewußt.

Der Ablösungsvorgang von den verinnerlichten Botschaften und Geboten dauert. Hast Du Dich von der Schuld befreit, lauert schon die nächste Falle, in die Du hineintappst. Um jeden Schritt, der neu für Dich ist, mußt Du Dich bemühen:

Ihr mißgönnt Euch ein friedliches Weihnachtsfest, da es Euer erstes ist. Du vermiest Dir und Deiner Frau den Urlaub, weil er in einem neuen Land stattfindet. Ihr streitet, ohne den Anlaß zu kennen. Ihr seid fremdgesteuert. Das Sexuelle verkümmert. Du umgehst die Mutter- oder die Vaterschaft. Das sumpfigste, zäheste und steinigste Land, das ein Mensch zu durchschreiten hat, nennt sich für manchen Ehe. Sie verkörpert Glanz und Abgrund zugleich. Die Wanderung zwischen den Elternhäusern und Deiner Ehe kann durch Liebe und Wissen glücken. Das innere Ausziehen aus dem Elternhaus, das Hineinwachsen in eine tiefe, reife Beziehungswelt – in eine zufriedene Ehe sind Herausforderungen – für manche ein Leben lang.

Anleitung zum Lernen

Für den Studenten gilt: Stehe werktags um 6.30 Uhr auf. Setze Dich spätestens um 8.30 Uhr an das Pult. Arbeite in Prüfungssituationen Deine 6 bis 8 Stunden. Meide langweilige Vorlesungen, denn es steht alles in den Büchern. Sei selbständig. Lerne Deine Dinge auswendig. Der Stoff wird ein Teil von Dir. Sei stolz darauf und lobe Dich: „Ich kann es. Ich schaffe es. Ich bin fleißig." Hüte Dich vor schädlicher Ablenkung. Lerne in der Bibliothek. Hier findest Du Ruhe und Gleichgesinnte. Sie spornen Dich an zu lernen.

Manche Studenten haben die Angewohnheit, das zu Lernende aus Büchern abzuschreiben. So verschwenden sie ihre Zeit. Es steht alles in den Büchern. Unterstreiche das, was Dir wichtig ist. Wiederhole es in Dir, bis es sitzt. Arbeite Dich Stück für Stück vorwärts. Erst verschaffe Dir einen Überblick über das Kapitel, dann erobere die Einzelheiten des Textes, Stück für Stück.

Wechsle die äußere Haltung beim Lernen, damit Dein Körper nicht erstarrt. Lerne auch liegend. Schöpfe Kraft aus dem Liegen. Dessen sei Dir gewiß: Das ganz helle und aufmerksame Lernen geschieht in der aufrechten Körperhaltung, stehend oder gerade über dem Buch sitzend. Nur so zeigst Du, daß Du innerlich und äußerlich mit wachem Verstand und Deinem Willen zielgerichtet den Stoff eroberst.

Sich mehr als 8 Stunden über die Bücher zu setzen, ist nicht sinnvoll. Es droht die Erschöpfung. Der Student muß sich auch erholen: Er legt kurze Pausen ein, mittags eine große. Er geht unter Menschen in die Mensa und abends in die Kneipen, auch wenn es bis 21.30 ist.

Die Nacht gehört den unruhigen Geistern. Meide sie. Nachts sollst Du schlafen. Bereite Deinen Körper und Deine Seele auf den Schlaf vor. Fordere Deinem Verstand keine Höchstleistungen ab, wenn die innere Uhr die nächtliche Erholung eingeläutet hat. Meide das Fernsehen und den Rechner. Lies ein Buch. Mach Sex. Folge der Natur, indem Du um vor 23 Uhr das Licht löschst. Gönne Dir 8 Stunden Schlaf. Gib Dich den Träumen und der Ruhe hin.

In der Prüfung

Sei überzeugt: „Ich schaffe es!“ Benutze Deinen Verstand. Verhalte Dich wie ein Erwachsener, indem Du ohne Schnörkel und klar die Prüfungsfragen beantwortest. Das Suchen nach Worten, das Stammeln, das Hilflosspielen und „Weiß ich nicht“ gehören in die Welt der Erfolglosen. Prüfe Dich, ob Du fähig bist, die Frage „Wozu dient die Hand des Menschen?“ klar und umfassend zu beantworten. Sei erwachsen und gönne Dir Deinen Erfolg.

Küsse auf den Mund der Kinder

Küsse Dein Kind zu keiner Zeit auf den Mund. Elterliche Küsse auf den Mund werden Folgen für die seelische Gesundheit Deines Kindes haben; denn Küsse auf den Mund Deines Kindes sind nicht Deine einzige Grenzüberschreitung.

Das Haften im Vergangenen

Vernichte die Bindung an das Vergangene. Stoße von Dir die Fesseln klebrig-trüber, sehnsüchtiger, rückwärts gerichteter Gedanken. Knote die Knebel tränenerfüllter Träume auf. Richte Dich hoch, sprieße empor. Erfülle Deine tägliche Pflicht. Dort wo Du lebst, lerne, Dich wohlzufühlen.

Männlichkeit

Ein Student

- Ich werde energischer auftreten.
- Mich Problemen stellen.
- Mich Frauen gegenüber nicht zurückhalten.
- Etwas für den Körper tun.
- Ich sage, was ich will.

Im Traum würgt die Männlichkeit, sie vergewaltigt, sie kneift in die Schenkel, sie verführt, sie dringt in den jungen Mann von hinten ein. Lebt man das Männliche zu stark aus, wirkt es unangenehm und abstoßend. Wird Männlichkeit niedergedrückt, so erscheint der Mensch nett, lieb und weich. Der ewige Jüngling – 40 Jahre alt – spricht oft mit hoher Stimme.

Viele Menschen haben es nötig, ihre Männlichkeit zu entwickeln, Frauen wie Männer. Sie haben ihre weibliche Seite zu stark herausgekehrt. Was ist Männlichkeit? Härte, Stärke, Konsequenz, Durchsetzungsvermögen, klares Denken.

Eine Lehrerin

Unter Männlichkeit verstehe ich positive Eigenschaften wie:
- Stärke
- Durchsetzungsvermögen
- Egoismus
- Tatkraft, Dynamik

- Aggressivität
- Zulassen von Wut
- Erfolgsorientiertheit
- Selbstbewußtsein
- Konfliktbereitschaft
- Verantwortungsgefühl für die Familie
- Ausleben sexueller Bedürfnisse
- Mut

Eine Sekretärin

Wo und wie sich meine Männlichkeit entwickelt?

Ich bin aggressiver geworden gegenüber meiner Familie. Ich grenze mich mehr ab. Ich nehme Kritik nicht mehr wortlos hin, sondern verteidige Dinge, die ich tue, z. B. die Therapie.

Ich denke nicht mehr soviel über die Vergangenheit nach. Statt in Erinnerungen zu schwelgen, unternehme ich mehr. Ich gehe auf Konzerte, veranstalte Spieleabende mit meinen Freunden. Ich fahre mit ihnen an den Strand. Ich konzentriere mich auf den Augenblick.

Ich erledige unangenehme Dinge sofort. Ich stelle mich meiner Angst. Ich überwinde sie, indem ich mich nicht hineinsteigere. Ich bringe meine Gefühle unter Kontrolle. Ich dramatisiere nicht mehr.

Unbewußtes werde bewußt. Frau und Mann, erlebe und lebe Deine Männlichkeit so, wie es Deinen Anlagen entspricht. Zügle oder stärke sie. Sei entscheidungsfreudig. Verfolge Deine Ziele. Kämpfe Dich frei. Sei sexuell mit Deinem Partner. Sei fest in Deiner Meinung.

Fernsehen hält mich ab

Ich führe keine Gespräche. Ich lese kein Buch. Ich höre keine gute Musik. Ich besuche keine Freunde. Ich werde bequem, lege die Füße hoch und widme meine Lebenskraft dem Fernseher. Ich unternehme keine Spaziergänge. Ich hänge träge vor dem Flimmerkasten, anstatt zu leben. Fernsehen macht mich unzufrieden. Fernsehen hinterläßt Leere. Seitdem ich nicht mehr Fernsehen gucke, spreche ich wieder mit meiner Frau.

Ohne Murren vorgeschrieben schreiben

Die sog. Rechtschreibreform hat tief in die Wurzeln der deutschen Sprache eingegriffen. Das Willkürwerk ist umfassend. Es verändert das Schriftbild – auf einer Buchseite wird vierzehnmal das ß durch ss ersetzt. Es wird ein Bruch zum bisherigen deutschen Schrifttum geschaffen.

So hat die deutsche Schriftsprache mit einem Schlag ihre Identität verändert auf Geheiß der Bürokraten. Es ist erstaunlich, wie viele Menschen sich ohne Murren anpassen, wie unbewußt und oberflächlich sie mit der Sprache umgehen. Sie bedeutet ihnen wenig. Daß sie mit der neuen Schlechtschreibung einen Identitätsabbau ihrer Sprache herbeiführen, ist ihnen einerlei. Die Anglizismen in Medien und Werbung bestätigen die Auffassung, daß das Deutsche einem Identitätsverlust unterliegt. Viele rechtfertigen ihr Schreiben mit dem Rechtschreibprogramm ihres Rechners. Dieses nimmt Korrekturen vor, bestimmt, was richtig oder falsch ist. Der Mensch beraubt sich seiner Selbstbestimmung, indem er sich dem Rechner und einer Kommission von sog. Sprachforschern fügt.

Viele wollen sich nicht dem Vorwurf der Deutschtümelei, des Unmodernen, des Altmodischen aussetzen. Sie passen sich willfährig an. Es bleibt dem Sprachbewußten überlassen, so zu schreiben, wie er es für richtig hält.

Im Himmelbett

Morgenstund hat Gold im Mund. Dieses Sprichwort zählt auch im 21. Jahrhundert. Der strukturierte Mensch steht an den Wochentagen um sieben Uhr oder früher auf. Das Himmelbett steht im Paradies, welches jedoch schon lange hinter einem liegen sollte. Hierzu der Traum einer Pharmaziestudentin: „Ich schlafe in einem schwebenden Himmelbett, das aus einem goldenen Gestell besteht. Meine Bettdecke ist weiß wie Schnee, mit Gold bestickt. Ich liege tief eingekuschelt und fühle mich wohl. Plötzlich falle ich durch irgendwelche Umstände aus dem Bett heraus. Ich habe Angst und wache vor Schreck auf."

Die Studentin sagt: „Das Himmelbett ist schlecht für mich. Es packt mich in Watte und hält alle realen, unangenehmen Dinge von mir fern. Ich bin enttäuscht darüber, daß mich niemand vor dem plötzlichen Fall warnt." Menschen, die wenig innere Struktur haben, die noch psychologisch gesehen im Mutterleib, im Paradies leben, neigen oft zu langem Schlafen. Anstatt morgens frisch aufzuspringen, pflegt sie ihre Passivität. Später wundert sie sich, warum eine Angstneurose sie überfällt. Diese hat die Studentin wachgerüttelt.

Vom Recht, den Kontakt zum Elternhaus abzubrechen

Wenn Deine Eltern Dich mehrmals in der Woche anrufen und Du das nicht möchtest, dann sage Nein. Wenn Deine Eltern Dir nicht guttun, weil sie zuviel an Dir herummeckern, dann verbitte Dir das. Die Richtschnur des Kontaktes ist Dein Wohlbefinden. Wenn Du merkst, es wird Dir zuviel oder Deine Eltern benehmen sich daneben, setze ihnen Grenzen. Auf Dauer wirst Du erfolgreich sein. Wenn sie nicht folgen, schränke die Besuche ein. Zweimal im Jahr besuchen, alle sechs Wochen telefonieren. Es dient dem Selbstschutz.

Unreif

Die Medien feiern die Unreife. Sie ergießen sich über den Fehltritt Boris Beckers, als ob er eine Heldentat begangen hätte. Der unreife Mensch ist geschieden, er raucht, er trinkt, er geistert führerlos umher. Klaus Kinskis Eskapaden, Udo Jürgens Frauenaffären, Harald Juhnkes Besäufnisse, die Reihe der öffentlichen Infantilen, der unreifen Jünglinge und Fräuleins ist endlos. Niederlagen, welche Unreife im Kampf gegen die Versuchung erleiden, werden wie Siege besungen. Erst, wenn die verheerenden Folgen der Selbstliebe nicht mehr zu verbergen sind und der Leidensweg beginnt, ist der Infantile zuweilen bereit, den Kampf gegen seine schädlichen Verhaltensweisen aufzunehmen.

Der unreife Mensch stellt Fragen, die er auch selber beantworten könnte. Er spielt dumm und hilflos. Er hält den Finger vor den Mund, stützt den Kopf im Gespräch ab, faltet die Hände auf dem Bauch zusammen und ist zufrieden wie ein Buddha. Er lächelt verklärt und schwebt in den Gefilden eines Kindes. Übertrieben? Mitnichten.

Teilweise – zumeist im Beruf – gebärden sie sich erwachsen. Doch wenn es um das Private, das Innen- und Gefühlsleben geht, geraten die Infantilen ins Trudeln.

Das Nichtstun, das Nichterkennen von Problemen, das Nichtlösen der Probleme, das Ausweichen in Haschisch, Kokain, Zigaretten oder Alkohol sind Fluchtwege des Infantilen. Er darf nicht erwachsen werden. Eine 38jährige Frau sagt: „Ich weiß gar nicht, was ich habe. Ich fühle mich oft wie ein Kind.“ Ihr kindisches Verhalten besteht darin, aus Treue an der Mutter festzuhalten, liebesunfähig zu sein. Sie wehrt sich störrisch gegen jede Äußerung des Doktors. Sie wertet ihren Ehemann ab, nachdem sie ihn in den ersten Jahren abgöttisch – infantil – geliebt hat. Hinter ihrer Verherrlichung und Ablehnung steckt der böse, sie infantilisierende Fluch der bindenden Mutter.

Die Unreife des Mannes veranlaßt ihn dazu, sich ein Mannweib auszusuchen. Der Junge sucht die dominante Mutter, die zeigt, wo es längs geht. Bei bestimmten Themen sprechen manche Männer wie Kinder: Mit Fistelstimme. Sie haben durch und durch ihre Jünglingsrolle verinnerlicht. Sie sind im mütterlichen Sumpf versackt.

Eifersucht

Eifersucht heißt Geiselnahme. Der eine ist besessen von eifersüchtigen Gedanken. Der andere wird eingesponnen, gefangen in der Welt des Eifersüchtigen. Der Eifersüchtige quält sich und den Partner. Er will ihn besitzen. In der Tiefe seiner Seele ist der Eifersüchtige infantil. Er kann nicht loslassen, er klammert. Er will alles. Er will besitzen. Er steckt im Käfig der Eifersucht. Hier setzt die Behandlung an: Loslösung von Mutter oder Vater. Erwachsen werden. Frei werden von kindischen Gedanken nach Allmacht und ständiger Kontrolle über den Partner.

Wer krankhaft eifersüchtig ist, liebt seinen Partner nicht, sondern zerstört die Liebe. Zumindest im Moment der Eifersucht. Ein Postbeamter leidet unter Angst und Eifersuchtsgedanken. Er klagt: „Ich habe immer gedacht, daß ich meine Frau liebe. Erst jetzt, wo ich darüber nachdenke, stelle ich fest, daß ich an meiner Frau klammere. Ich verfolge sie überallhin in meinen Gedanken." Eifersucht fesselt, Liebe in der Bindung macht frei.

Neckisch vorgetragene Eifersucht, die spielerische Züge trägt, nicht tierisch ernsthaft erlebt wird, erfrischt eine Partnerschaft. Ein bißchen Eifersucht zeigt dem Partner, daß man ihn mag, daß man ihn nicht einfach ziehen läßt, daß er Ziel der Liebe ist.

Die Welt der Perversen

Internet und Medien verstärken die kranke Welt der Kinderschänder, Sado-Masochisten und anderer Deviationen. In Einzelheiten offengelegte, ausgelebte, abartige Gedanken regen den Unruhigen, Entlastung Suchenden an. Sie zerstochern seine brüchige Abwehr und sein flaches Gewissen. Die veröffentlichten Phantasien zerwühlen die dünne Decke der Scham, um in der grauenhaften Tat zu enden. Gewalt steigert sich zuerst im Kopf. Schwachen Menschen entgleiten die Grenzen, die gesunde Welt entschwindet, zwanghaft gezogen von pervertierter Lust. Die Gestörten erfahren, daß es Genossen gibt. Sie werden gleichfalls von krankhaften Phantasien beherrscht. Gemeinsam delektieren sie sich an der Triebabfuhr, in der Zeitung, im Fernsehen und im Internet. Das Vorgestellte gerät zur Wirklichkeit. Es besteht ein Zusammenhang zwischen Veröffentlichung, Darstellung, Wiederholung und späterer Ausführung einer Triebtat bei krankhaft veranlagten Menschen. Aus diesem Grund sind perverse Sex- und Gewaltfilme, Schilderungen über Gewaltverbrechen, Internetzugang zu Kinderpornos und zu Selbsttötungen zu unterbinden.

Schlechte Nachricht

Wer beim Waschen, Frühstücken oder auf dem Weg zur Arbeit Nachrichten hört, vergiftet seine Seele am frühen Morgen. Das Geschwätz der Moderatoren, der einfältige Wetterbericht und die halbstündlichen Neuigkeiten beeindrucken das Unbewußte. Der empfindsame Mensch spürt, daß Nachrichten die Stimmung drücken. Das Schlechte herrscht in ihnen vor. Diese Sendungen in Radio und Fernsehen rauben Deiner Seele die Kräfte. Halte Dich fern davon.

Entwicklung und Wohlbefinden

Entwicklung heißt: es sind depressive Stimmungen, Ängste oder andere Symptome auszuhalten. Doch allzu lange ertrage das schlechte Gefühl nicht. Jeder sollte wissen, was er tun muß, um sich wohl zu fühlen, wenn es ihm schlecht geht. Wisse um die Orte der Ruhe, der Selbstversenkung, des Lebens, des Feierns, der Fröhlichkeit, die in Dir eine zufriedene und gute Stimmung entstehen lassen. Suche diese Stimmungswandler auf, damit es Dir wohl ergehe.

Christusmenschen

Die Christen stellen Christus in das Zentrum ihrer Religion. Gott hat sich in Christus auf der Erde verwirklicht. Was unterscheidet die christliche Religion von allen anderen? Vor allem die Entstehungs- und Leidensgeschichte von Jesus Christus. Auch hier zeugt die Bibel von einer tiefen Ausdruckskraft: Entstanden, geboren und geworden ist der leidende, der suchende Mensch ganz aus der Mutter, dem mütterlichen Prinzip. Geschlagen wird er in seinem Hang zur Selbstverleugnung, seiner Neigung, sich dem bürgerlichen Leben zu verweigern, an das Kreuz. Er ist der Mutter treu. Unbewußt, das Wahre über alles stellend, vernichtet er wissentlich sein Leben. So tat es auch Sokrates. Die Erkenntnis der Wahrheit und das Stehen zu ihr bilden das höchste Prinzip für diese philosophischen, aufrüttelnden, tief blickenden Menschen. Christus rief am Kreuz: „Vater, mein Vater, warum hast du mich verlassen?“ Das männliche Prinzip hat im irdischen Leben nicht die Oberhand gewonnen, sondern er blieb an das Kreuz, die Mutter verhaftet.

Christus steht für viele Menschen: Sie haben sich nicht aus dem mütterlichen Sumpf befreit, sondern sie befinden sich in einer tiefen Unbewußtheit. Aufklärung tut not. Bewußtwerdung, das Finden zu sich selbst mittels der Tiefenpsychologie und der Träume sind die Wegweiser zusammen mit der wissenschaftlichen Erkenntnis vom Wesen des Menschen. Die Leidensgeschichte Christi ergreift uns alle, weil sie auch unsere Leidensgeschichte ist. Doch nicht der Glaube allein verhilft zum Heil, sondern die Suche nach der inneren Wahrheit sollte hinzutreten. Sie führt zu Gott, zum Prinzip des Guten, des Lebens, welches das Böse einschließt. Gott ist das Gute für unsere Seele, ein Spiegelbild der guten, sich wohl anfühlenden Seiten in uns. Süchte, Lügen, Neid, Haß und andere Boshaftigkeiten verkörpern für uns die seelischen Seiten des Bösen. Man kann es durch die Liebe zur Wahrheit überwinden. Aus dem sogenannten Bösen möge sich das Gute verdichten.

Wahrheitsliebe

Liebe ist die Fähigkeit des Menschen, jemanden dauerhaft zu mögen, obwohl es Gründe gäbe, sich von ihm abzuwenden. Liebe ist ein in sich ruhendes, stilles, wohliges Gefühl der Zuneigung zu sich, zum anderen, zum gesamten Kosmos. Liebe ist Wohlgesonnensein, Offenheit, Respekt, Vertrauen zu einem Menschen. Wer die Wahrheit liebt, kann mit ihr umgehen. Er verleugnet sie nicht, sondern er nimmt Unbequemes an. Der Wahrheitsliebende duldet andere Meinungen, der Fanatiker ist verbohrt in seine Wahrheit.

Die Liebe zur Wahrheit richtet sich auf Eigenschaften, Ideale und auf Träume. Der Wahrheitsliebende ist ehrlich gegenüber dem zu untersuchenden Gegenstand. Er beleuchtet ihn mit allen Mitteln, die ihm zur Verfügung stehen. Er nimmt seine Träume ernst, weil sie eine Wahrheit enthalten.

Freunde

Freundschaft beginnt da, wo sich zwei Menschen innerlich begegnen. Bediene Dich ihrer, indem Du sie mit Deinen Gaben beglückst. Freunde wechseln im Laufe der Zeit. Einige bleiben. Mit dem einen führst Du philosophische Gespräche, mit dem anderen unterhältst Du Dich über Bootsbau und schnelle Autos.

Der dritte wiederum tut Dir einfach gut, wenn er über sein Leben erzählt. Der vierte fällt gerne über die Politiker her. Mit dem fünften gehst Du durch die Natur, fährst Fahrrad oder segelst über die Kieler Förde. Mit einigen können Dich mehrere Interessensgebiete verbinden. Die gegenseitige Achtung, die Wertschätzung, die Sympathie und das Verständnis füreinander tragen eine Freundschaft. In ihr fühlt man sich die meiste Zeit über wohl. Klammere Dich nicht an Freunde, halte Abstand. Pflege Freundschaften, aber laufe nicht hinterher. Das symbiotische Tauchen ineinander fängt an, wenn Du wöchentlich mehrmals telefonierst oder Dich triffst mit Deinem Freund. Habe viele Freunde. Trefft Euch zum gegenseitigen Nutzen. Laß sie wieder los.

Einer sagt: „Freunde habe ich, aber die sind alle blöd, die melden sich nicht. Ich muß immer die Termine ausmachen, damit wir uns sehen. Davon habe ich nun die Nase voll." Was ist die Folge? Er bleibt allein. Es gibt Freunde, die haben ein geringeres Kontaktbedürfnis als Du. Werde Du aktiv und melde Dich bei ihnen. Wahre den zeitlichen Abstand.

Tiefe Begegnungen sind der Lohn und der Grund der Freundschaften, weniger das Treueband, das Dir manch ein Freund durchschneiden wird gegen Deinen Willen. Achte die Grenzen Deiner Freunde. Also: Hüte Dich in einer Freundschaft vor zu großer Nähe, die allein der Kindheit und in Maßen der Ehe vorbehalten bleibt. Halte Abstand – auch zu Deinem besten Freund. Die Freundschaft wird es Dir danken, indem sie ein Leben lang währt. Schmerzhaft ist der Bruch einer Freundschaft. Lerne aus der Trennung. Vielleicht hast Du die Bedürfnisse Deines Freundes mißachtet, ihn gekränkt oder Du bist ihm zu nahe gekommen. In seiner Not und aus seiner Angst vor Nähe hat er die Freundschaft gekündigt.

Menschen, die Du näher an Dich heranläßt, mit denen Du Dich gut verstehst, sind Deine Freunde. Manche verstehen unter Freundschaft zuviel. Sie packen ewige Treue, Immer-Füreinander-Dasein, Alles-Verstehen in eine Freundschaft hinein. So halten sie den Kreis der Freunde gering. Sie sagen: „Ich habe keine Freunde, aber viele Bekannte." Es zeigt sich, daß diese

Menschen in der Regel eine sehr feste innerfamiliäre Bindung aufweisen. Sie sind nicht in der Lage, außerfamiliäre Kontakte zu pflegen und aufzubauen, ohne gleich zu werten: „Hält der jetzt für immer zu mir oder ist das nur ein flüchtiger Bekannter?" Diese feine Art zu hinterfragen, zerstört. Mäßige Deinen Anspruch. Pflege die Freundschaften.

Die vollkommene Beziehung

Die narzißtische Suche nach einer vollkommenen Beziehung gebiert deren Bruch. Der Anspruch nach Vollkommenheit läßt sie aus nichtigem Anlaß zerschellen. Beide, der Verlassene und der Zerstörer der Beziehung, haben nach höchster Vertrautheit zueinander gestrebt. Überfrachtet und geleitet vom Fluch der Symbiose zerfällt sie zu Asche und macht traurig wie der Tod eines nahen Menschen.

Erst die federnde Ferne schafft in uns einen Raum der Achtung und der Freiheit.

Die Rolle des Therapeuten bei Trennungsabsicht

Von großer Bedeutung sind bei Partnerschaftsproblemen die Fragen: „Wie steht mein Psychiater zur Unauflösbarkeit der Ehe? Ist er selbst geschieden? Wird er meine Eheschwierigkeiten verstehen? Wird er mich darin unterstützen, daß ich meine Trennungsgedanken bekämpfe? Wie wird die Therapie ausgehen? Bleib ich treu? Oder trenne ich mich?" Die Haltung des Psychiaters zu diesen Fragen kann von großer Bedeutung sein. Ein Psychotherapeut wird dazu neigen, eine Ehe aufrechtzuerhalten, wenn er selbst an seinen Zweifeln gewachsen ist. Wenn er weiß, mit welcher Macht und List es die Elternhäuser schaffen, Ehen zu zermürben. Er fördert den Fluß der Liebe und der Treue.

Abgott Selbstverwirklichung

Sich selbst verwirklichen heißt, nicht nur seine Persönlichkeit bereichern, sondern diese in ihrer Gesamtheit zu entfalten. Hör in Dich rein, schau Deine Träume an. Dort erfährst Du Deine unerfüllten Kinderwünsche. Hinter einem versagten Kinderwunsch steht oft der elterliche Fluch: Bleib mir treu! Werde keine glückliche Mutter, kein zufriedener Vater! Verbirg Deinen Wunsch nach Kind und Familie. Strafe Dich, indem Du arbeiten gehst und Dich überforderst. Sei selbst ein Kind, überlaß die Erziehung Deines Kindes den Fremdbetreuern! Wachse nicht an den Kindern. Übernimm keine Verantwortung für Deine Reifung als Vater oder Mutter.

Die Vereinzelung unserer Kinder, das Sich-Absondern vor dem Bildschirm, das Beschäftigtsein in künstlichen Welten, diese Formen der Vereinsamung nehmen zu. Die Kinder lernen unzureichend, auf ihresgleichen zuzugehen, zu streiten und sich zu vertragen. Viele Eltern erziehen Kinder nur noch feierabends oder am Wochenende. Mütter organisieren Kinder weg, um Ziele zu erreichen, die falsche Propheten Selbstverwirklichung heißen.

Während die durchschnittliche Frau sich in der abgewerteten Rolle als Mutter, Haus- und Ehefrau minderwertig fühlt, tritt sie in der Rolle als emanzipierte Bürokauffrau, Betriebsfachwirtin, Ärztin oder Rechtsanwältin selbstsicher auf. Der öffentlichen Zustimmung kann sie gewiß sein. Schwankend, zaudernd, zögernd, gewährenlassend, verwöhnend verhalten sie sich aber gegenüber ihrem Nachwuchs – wenn vorhanden. Wert und Selbstwertgefühl findet die Frau allein in aushäusiger Arbeit, das Erziehen von Kindern gilt als dumm, antiquiert, überflüssig und vor allem als lästig und hinderlich. Die wichtige Beziehungsarbeit mit Kindern tritt sie an staatliche Einrichtungen ab.

In Kindergärten und Schulen häufen sich Verhaltensstörungen und Verwahrlosung. Delikte unter Jugendlichen, Schwächen der Aufmerksamkeit und der Sprache mehren sich. Vielen Kindern geht es schlecht.

Den Abgott ihrer Eltern formulierte erstmals Nietzsche: „Ein Recht auf Glück“[2]. Doch was ist das Glück? „Jeder möge nach seiner Fasson selig werden.“ – dieser Ausspruch des Alten Fritz ist so richtig wie falsch, wenn das Ganze auseinanderläuft, zerfasert und sich verfranst. Der religiöse Glaube ist dem Abgott Selbstverwirklichung gewichen. Das tief angelegte religiöse Empfinden darbt – verschlossen, verhöhnt und verspottet. Auch hier gilt es, dem christlichen Glauben in der Seele Raum zu geben, damit sie sich voll entfalten kann.

Ein Held stirbt heldenhaft

Der alte und weise Mensch hütet sich, seinen Kindern zur Last zu fallen. Selbständigkeit bis zum letzten Atemzug ist das Ziel. Droht es zu scheitern, möge er sich seinem Schicksal fügen.

Der Klammernde, ängstlich am Leben Hängende fürchtet den Tod. Er tut alles, um sein Leben, das des Ehemannes, des Vaters und der Mutter zu verlängern. Leben? Oft nicht mehr Leiden? Kann und darf er denn nicht in Ruhe und zügig sterben, sich dem Tode, dem Erlöser und Gott hingebend?

Streß im Beruf

Viele klagen: „Ich habe Streß im Beruf. Es muß sein. Es ist wichtig, nur noch bis Weihnachten, dann ist es vorüber.“ Daß bis Weihnachten die angespannten Muskeln der Halswirbelsäule einen Bandscheibenvorfall herbeiführen können, nehmen sie in Kauf. Diese Menschen, die sich knechten, die sich aufopfern für das große Ganze, sind nicht in der Lage, für ihre Gesundheit zu sorgen. Der Streß kommt weniger von körperlicher Arbeit, sondern von der inneren Stimme, welche antreibt und die Muskeln verspannt. Der strenge Chef ist vor allem in ihm.

Lerne, Dich wichtig zu nehmen. Sei König und Untertan. Opfere Dich nicht auf. Nimm keine gebückte Haltung an, sondern gehe aufrecht. Knechte Dich nicht, sondern schaffe freudig und viel. Sag nein, wo es Not tut. Der andere Weg, sich einer übermäßigen Arbeitsbelastung zu entziehen, ist der, daß man die Dinge liegenläßt. Der dritte Weg besteht in der Wahl einer neuen Arbeit. Niemand zwingt Dich, Sklave zu sein. Lerne, Dich zu wehren, setze klare Grenzen – Dir, Deiner Mitarbeiterin und Deinem Chef. Zum Leben genügt wenig. Das wollen die meisten nicht sehen. Sie rasen dem Haus, dem dritten Urlaub im Jahr hinterher. War es das gewesen? Nimm Dich und Deine brachliegenden Wünsche ernst. Schaffe Dir täglich Freude und Pause. Achte Deine Grenzen. Hör auf die Zeichen Deines Körpers und Deiner Seele. Überwinde die Schuldgefühle, die ein Nein-Sagen verbieten. So wirst Du zufrieden.

Das Vaterunser vor dem Schlaf

Das Vaterunser vermittelt Kraft, Ruhe und Gelassenheit. Das Vaterunser ist ein Gebet, das uns in schwierigen Situationen hilft. Das Aufsagen des Vaterunsers sorgt in unruhigen Zeiten für tiefe Entspannung und Schlaf. Der zuweilen scheue, machtvolle und notwendige Schlaf gewinnt sanft die Überhand.

Die Worte im Vaterunser stärken Deine Zuversicht, Dein Selbstvertrauen, die Ruhe und Dein Einssein mit Gott und seiner Welt. Sage das Vaterunser solange und so oft auf, bis Du schläfst.

Sie liebt Dich heftig

Manch einer hat Angst, geliebt zu werden. Er fürchtet die Liebe. Also sucht der Mann sich eine Frau, die zurückhaltend ist. Dennoch ist er nicht zufrieden. Er klagt über einen Mangel an Liebe. Deswegen gilt für diese Menschen: Lasse Dich lieben, lerne Liebe genießen. Gönne Dir eine Frau, die Dich heftig liebt, sie reißt Dich aus Deiner narzißtisch-schizoiden Eiseskälte. Eine Frau, die Dich abgrundtief liebt, erträgt Deine

Abwertungen und Deine Kälte. Hart und fordernd wird sie sein müssen zuweilen, weil sie Dich liebt und weil Liebe allein wenig ausrichtet gegen Deine Abwehr. Unter ihrer Liebe und Zähigkeit wirst Du zu einem liebesfähigen Manne reifen, sofern Du ehrlich an Dir arbeitest. Desgleichen gilt für die liebesunfähige Frau.

Glück

Was ist Glück? Glück ist ein konfliktfreier Zustand gesteigerten Zufriedenseins. Der Mensch fühlt sich eins mit sich und dem augenblicklich Erlebten. *Schicksal, Schuldgefühle oder fehlendes Können trüben Dein Glück.*

Sei hungrig auf das Leben. Gönne es Dir wie den Erfolg. Glücklich wirst Du sein, wenn Du Dich von den Schuldgefühlen befreit hast, die Dich an die Eltern heften, Deine Schaffenskraft, Deine Liebe zu Dir und dem Anderen niederdrücken. Frage Dich: „Habe ich genug getan, um das Glück zu erreichen?“ Die Antwort lautet zuweilen: „Dir fehlt der Zugang zu Deiner Seele und zu Deinen Waffen. Erst wenn Du Dich mit den Tiefen Deiner Seele beschäftigst, sie durchlebst, Dich bremst oder auslebst, wirst Du als Gereifter Dich glücklich fühlen.“ Glücklich bist Du, wenn Du das eine tust, das andere in Selbstsicherheit läßt.

Meinst Du, Du hättest allen Grund zufrieden und glücklic zu sein, so kommt ein Nachbar daher, der Dein Glück stört. Nimm das Tun des Nachbarn wichtig, aber nicht zu sehr. Genieße das, was Du gerade ißt, schaust, spürst, riechst und hörst mit ganzem Sinn. Lese nicht, während Du ißt. Genieße die Liebe, den Kuß, das Streicheln, den Augenblick. So wirst Du glücklich.

Denke zuversichtlich und aufbauend: „Ich bin voller Vertrauen in mich und Gott. Ich bin wichtig, ruhig und gelassen.“ Laß das Glück wieder los. Klebe nicht am Glück. Sei treu, trotze den Versuchungen, damit Du auf Dauer zufrieden bist.

Süchtig

Der Süchtige stellt sich den Zwiespälten des Lebens nicht. Er versucht, diese mit Zigaretten, Alkohol, Drogen oder anderen Süchten zu überbrücken. Er drückt sich vor der Welt der Erwachsenen, in der es hart und konfliktträchtig zugeht. Die Sucht ist eine Sehnsucht nach dem Paradies, ein Ausweichen vor Konflikten. Der ewige Jüngling, der Unreife, der Feige flüchtet sich in die Drogen, um seine Infantilität zu wahren.

Der verhexte Mann

Führungskraft entwickeln gegen einen richtungslosen Lebensstil der Ehefrau fällt verweichlichten Männern schwer. Sie verhalten sich wie entmannte, verweiblichte Männchen, sobald es um Beziehung geht: angepaßt, richtungs- und willenlos, sprunghaft. Ein Polizist läßt sich regelmäßig von seiner Freundin verprügeln. Sie ist 23 Jahre jünger als er. Er sagt: „Ich kann mich nicht gegen ihre Schläge wehren. Im Kampfsport bin ich erfahren. Aber nicht gegen sie. Die Frau tut mir gut. Sie hilft mir weiter. Sie zeigt mir, wo ich mich nicht verantwortungsvoll verhalte. Wenn ich flüchte, fährt sie mir hinterher. Sie macht mich körperlich und seelisch fertig. Das tut mir nicht gut. Doch ich liebe sie und ihren Sex."

Ein Anderer erduldet fünf Jahre lang eine Ehe ohne Sex. Er weiß nicht, zu seinem Ziel zu kommen, denn seine Frau ist wie er verhext. Von ihren Eltern. Erst in einer Psychotherapie lernt sie, ihre Sexualverneinung zu überwinden.

Ein Weiterer mag nur kuscheln. Er läßt allein zärtliche Nähe zu. Bis es seiner Frau zuviel wird. In Wut, gemischt mit Ohnmacht, bricht sie jegliche Beziehung zu ihm ab. Beide wissen nicht, was sie falsch machen und wie sie erwachsen werden können. Er spricht mit hoher Jungenstimme. Er trägt Ohrring. Lange Haare und Schmucktändelein unterstreichen das weibische Auftreten dieses Mannes.

Urteilsfindung

Meinungen wurzeln in der Tiefe der Seele, fast immer unbewußt. Sie haben mit Reifung zu tun, weniger mit Intelligenz. Selbst der Klügste blendet aus, was er aus inneren Verboten nicht verwenden darf. Sein Kulturkreis, seine Komplexe, seine Neurose beeinflussen seine politische Haltung. Sein Reifungsgrad lenkt sein Urteil. Hat er sich vom Elternhaus noch nicht gelöst, steckt er noch in seinem inneren Familiengefängnis, so neigt er dazu, sich einer politischen Richtung zuzuwenden, welche die Revolution, die Befreiung von Parasiten, Unterdrückern und Feinden auf ihre grünen, roten, lila, schwarzen oder religiös verfärbten Fahnen geschrieben hat.

Die Scham des Schuldigen

Fragst Du jemanden, ob er einen guten Zahnarzt kennt, erhältst Du prompt eine Antwort. Die meisten, die zum Zahnarzt gehen, sind der Überzeugung, daß ihrer besonders gut sei. So ist es mit vielen Arztberufen, seltener aber beim Psychiater oder Psychotherapeuten. Auch nach einem Neurologen kannst Du fragen, ohne daß der andere einen roten Kopf bekommt. Hier nähern wir uns schon der Schamzone, der Seelenheilkunde. Denn Neurologen sind von der Ausbildung her oft Psychiater. Deswegen werden manche Patienten unter einem Vorwand an den Neurologen überwiesen, damit das Wort Psychiater nicht auftaucht. Der Gang zum Psychiater oder zum Psychologen ist bei vielen tabuisiert. Das Ausmaß der Scham, gestört zu sein, es nötig zu haben, sich für seinen Lebensweg Rat zu holen, ist eine Frage der Aufklärung, aber auch der tief sitzenden Schuldgefühle. Es kam einmal ein Pastor, der den Hintereingang zur Praxis nutzte, damit die Leute ihn nicht sehen. Trifft ein Psychiater jemanden auf der Reise oder in der Stadt, so gibt es wenige, die ihn herzlich begrüßen. Sie haben keine Scham, sich zu ihrer psychotherapeutischen Behandlung zu bekennen. Die meisten ersteifen jedoch plötzlich. Sie grüßen zurückhaltend oder gar nicht. Die Selbstfindung ist mit Abwehr, Angst, Scham und Schuldgefühlen behaftet. Doch der Leidensdruck, die Wahrheitsliebe, die Offenheit überwinden die Scham, sich in psychotherapeutische Hände zu begeben.

Die Ehe – eine Waage

Ein Mann, der Frauen vernascht und meint, das würde ihm Spaß machen, kann nicht Nein sagen gegenüber der Verführung. Kein erwachsener Mann möchte dauerhaft Frauen verführen. Keine Frau will immer wieder die Freunde wechseln. Frauen und Männer, die Geliebte haben, die ihre Ehen zerstören, suchen nach trügerischem Glück, anstatt zufrieden in sich selbst zu sein. Oft führt erst die zweite oder vierte Ehescheidung den Scheidungssucher zur Einsicht oder zum Leiden. Wenige sehen ein, daß der Partner sich verändert, sobald man innerlich wächst. Jede Beziehung ist wie eine Waage, die sich neu einstellt. Der Gestörte sucht einen Gestörten, der Gesunde den Gesunden, der Schwergestörte den Schwergestörten. Das Ausmaß der Störung ist auf beiden Seiten gleich groß. Nimmt bei dem einen der Grad der Störung ab, so muß und wird der andere sich ändern, solange sich beide lieben.

Für den Außenstehenden erscheint oft der eine Partner als völlig daneben, solange man dem Glauben schenkt, der einem gerade sein Herz ausschüttet. „Wie kannst Du mit dem nur zusammensein?“ So fragt sich der Zuhörer. „Von dem würde ich mich auch trennen.“ So denkt die Freundin. Daß sich aber die Klägerin in ihr Schicksal fügt, anstatt zu kämpfen, daß sie ihren Ehemann auf ihre Art kränkt und verletzt, daß sie selber keine Erlaubnis hat zu einem glücklichen Leben mit ihrem Mann, das alles fällt schwer zu erkennen.

Familie, Stätte des Un-Glücks

Die Familie ist ein Ort, an dem Vater, Mutter und Kinder Gutes, aber auch Schlechtes erfahren können. Schicksal und Leid kann man lindern durch Aufklärung, Vorbeugung und Psychotherapie. In meinem Buch „Angst – Ursprung und Überwindung“[3] habe ich die Familie als Ort der Angst, des Hasses oder der Ideologiebildung untersucht. Viele haben eine gesunde Familie nicht kennengelernt. Entweder haben sie zuviel Zuwendung, Aufmerksamkeit, Vergötterung erfahren oder sie wurden vernachlässigt. Wie strukturlos es in den Familien inzwischen zugeht, zeigt eine Realschulklasse aus Kiel: Eine Hauswirtschaftslehrerin einer Kieler Schule fragt ihre Klasse von 30 Schülern, wer von den Anwesenden vor der Schule frühstücke. Zwei Mädchen bejahen. Breitflächig beginnen die Kinder den Tag ohne Ansprache, ohne Zuwendung, ohne Liebe. Welch karstiges Leben. **Die Zerbrechlichkeit der Familie ist kein Argument dafür, diese von Staats wegen aufzulösen und deren Bruchstücke als gleichwertig hinzustellen. Erstrebenswert bleibt die Familie, eingebettet in Ehe und Treue.**

Zwangsgedanken

Gedanken können einen beherrschen: „Ich werde verrückt.“ „Habe ich einen Hirntumor?“ „Ich liebe meinen Freund nicht mehr.“ Oder: „Er hat eine andere.“ „Der Fahrstuhl ist zu eng.“ „Alle wollen mir was.“ Gedanken können einen besitzen und steuern. Sie gewinnen so starke Hand und Gewißheit über einen, daß er ihren Handlungsaufforderungen nachgibt. Dann bleibt er zu Hause oder meidet Fahrstühle. Höhenängste verbieten das Besteigen einer Brücke. Diese Gedanken sind krankhaft. Sie engen ein. Doch was ist mit den anderen fixen Ideen, die manche Menschen quälen, verunsichern und übertölpeln? Ist es richtig, wenn der Mensch, der an Geschlechtsumwandlung denkt, einen Arzt findet, der alles in die Wege leitet, damit er sich eines operativen Zugriffs unterziehen kann? Neurotische, aus Konflikten gespeiste Gedanken können sich im Hirn festzurren und am Selbstwertgefühl, an der Identität des Einzelnen zerren und diese zerstören. Der krankhafte Gedanke, sich zu schneiden, zu ritzen, die Brüste zu verkleinern, sollte jeden Außenstehenden zur Hilfe verpflichten. Was ist mit den Perversen, den Sadisten und Masochisten, die andere quälen, die sich quälen lassen, weil sie nach Entladung suchende Phantasien haben? Sollte man diese Menschen auch unterstützen, ihren krankhaften Vorstellungen nachzugeben? Eine Gesellschaft ist sehr wohl aufgerufen, sich hierüber Gedanken zu machen, weil die Moral Struktur setzt und diese auch für alle erforderlich ist. Strukturlos leben bedeutet Haltlosigkeit, Auflösung, Verlust der inneren Ordnung, der Orientierung. Alles ist möglich, alles ist erlaubt. Hier werden Träume ausgelebt, das Unbewußte des Menschen. Der Betroffene spürt nicht, was gut oder schlecht für ihn ist. Es sei denn, er richtet den Blick auf seine Träume und auf die Worte der Bibel.

Berufswechsel

Mehrfache Berufswechsel sprechen dafür, daß hier jemand noch nicht zu sich selbst gefunden hat. Jeglicher Weg zur Befreiung führt aber über die Bewußtwerdung unbewußter Konflikte.

Ich bin wichtig, ruhig und gelassen

Einige Menschen huschen durchs Leben. Sie machen sich klein und niedrig. Sie opfern sich für andere auf. Sie sind Sklaven eines zu strengen Gewissens, in dem das eigene Ich wenig gilt. Hier hilft der Satz: „Ich bin wichtig, ruhig und gelassen.“ Sage ihn immer wieder auf. Schau, daß Du ihn täglich erfüllst.

Ich kann doch meinen Mann nicht ändern

Wie oft bekomme ich zu hören: „Ich kann doch meinen Mann nicht ändern!" Wenn er Dich und sich einen Funken liebt, wird er Einsicht zeigen. Sage: „Das schaffe ich." Vor allem ändere Dich selbst! Dann ändert Dein Mann sich gezwungenermaßen, solange Eure Ehe lebendig ist. Vertraue Deiner Änderungskraft! Wenn Du über Deinen Mann sagst: „Das schafft er nie" nimmst Du Dir und ihm die Chance dazu. Du kannst ihn ändern, wenn Du die richtigen Mittel wählst!

Liebe, das Wissen um die Hintergründe der Ehekonflikte und ein fester Wille stärken Dein Vermögen, Dich und den Partner zu ändern.

Morgenstund hat Gold im Mund

Veranstaltungen beginnen nach Mitternacht. Erst dann lohnt es sich für Schüler und Studenten, auf die Piste zu gehen. Schüler und Studenten stehen nachts auf der Tanzfläche. Sie stemmen sich gegen die innere Lebensuhr. Morgenstund hat Gold im Mund. Dieser Spruch der Alten gilt auch heute.

Trennungskinder

Kinder leiden unter der Trennung ihrer Eltern. Sie entwickel Symptome. Sie wollen, daß Vater und Mutter sich vertragen und zusammenbleiben. Diese Wünsche sind in der Seele eines Kindes angelegt. Einige empfehlen aus eigenen unbewältigten Schwierigkeiten heraus die Trennung entfremdeter Eheleute. Die meisten Paare suchen erst gar nicht den Pastor oder den Psychologen auf, so sehr sind sie vom Trennungswillen getrieben. Auf Kinder nehmen sie keine Rücksicht, wenn sie sich trennen. Die Propheten der Selbstverwirklichung verdunkeln das Glück der Kinder. Im Gegenteil, es wird verkündet, daß Scheidungskinder über die Trennung der Eltern schadlos hinwegkämen – wenn man sie „kindgerecht" vollziehe.

Scheidungskinder werden nicht selten über die Maßen aus Schuldgefühlen verwöhnt oder als Stiefkinder gering geachtet. Eine Scheidungsfolge ist der oft grausame Kampf um die Kinder. Diese sollen nicht darunter leiden, daß die Mutter ihren Vater schlechtmacht? Der Vater ihre Mutter verteufelt? Selbst, wo dies nicht geschieht, bleibt der Trennungsschmerz, der Verlust. **Kinder haben keinen Anwalt. Die Trennung hat eine krankmachende Wirkung. Sie zeigt sich oft erst *später* im Erwachsenenalter – zumeist in Gestalt von Ängsten und Depression.**

Scheidungskinder scheuen die Ehe

In den letzten Jahren mehren sich diejenigen, die keine Orientierung in sich tragen, die vernachlässigt wurden. Sie sind zumeist Scheidungskinder. Sie scheuen die Ehe. Sie wissen nicht, wie eine Partnerschaft zu gestalten ist im Spannungsfeld zwischen Selbständigkeit und Abhängigkeit, zwischen Gekränktsein und Erwachsensein. Auch sie können und sollten ihre infantile Haltung aufgeben und sich zu einem reifen Menschen entwickeln.

Kein Mensch muß müssen

Einige Menschen sagen: „Ich muß lernen, mehr auszugehen." Sie müssen gar nicht. Es heißt: „Ich will mehr ausgehen."

Klammern

Wer (Worte in) Klammern setzt, zeigt, daß er unklar denkt. Klammern gehören in die Mathematik.

Mit jemandem klarkommen

Mir kommt oft zu Ohren: „Herr Doktor, ich muß erstmal mit mir selber klarkommen!“ Der Suchende übersieht, daß dieses erstrebte Ziel Jahre in Anspruch nehmen kann. Nach dem Alles oder Nichts-Gesetz begibt er sich in die Gefahr der Einsiedelei. Jeder Einzelgänger macht sich was vor und entwickelt Symptome. Das Erstmal-Mit-Sich-Selber-Klarkommen stammt aus der weiblichen Selbstfindungsszene. **Nicht ohne einen Mann klarkommen, sondern mit einem Mann klarkommen, lautet der Leitsatz.**

Lohnt sich der Kampf?

Schuldgefühle lassen in Dir Zweifel aufkommen, ob Du weiter kämpfen sollst für Dich. Lobe Dich für jeden erreichten Schritt. Gib nicht auf, an Dir zu arbeiten. Sei Dir der zermürbenden und verführerischen Schuldgefühle bewußt. Gönne Dir Deine Reifung. So geht es Dir auf Jahre gesehen, Stück für Stück besser.

Telefonitis

Telefoniert nicht miteinander zum Zeitvertreib. Meide die elektronische Trennwand. Wie das Fernsehen enthöhlt das ausgiebige Telefonat das Gemüt. Trefft Euch von Angesicht zu Angesicht. Die Nähe des anderen erfrischt die Seele. Das Telefon dient allein der Terminabsprache.

Schlachtfeld Ehe

Viele wissen nicht, daß Partnerschaft immer dann einzufordern ist, wenn etwas in ihr fehlt: „Du hast zuwenig Zeit für mich! Du zeigst mir Deine Liebe nicht! Du bemühst Dich nicht um uns beide! Du nimmst meine Bedenken nicht an! Du siehst nur Deinen Beruf! Beim Sex könntest Du aktiver sein!"

Kann man den Partner zu seinem Glück zwingen? Ja und nein. Vor allem: Zwinge Dich wie Deinen Partner. Oft heißt es: „Ich habe alles versucht. Ja, aber er wollte nicht mitkommen zum Radeln." Oder: „Mein Mann wollte keinen Sex." Die Enttäuschungsgründe sind echt und doch vorgeschoben. Eine *beidseitige* unbewußte Trennungsabsicht treibt das Paar auseinander. Es herrscht hier wie dort der zerstörerische Fluch der Eltern. Es sollte solange gekämpft werden, bis der Partner ins Konzert mitkommt oder ins Bett. Oder aufhört zu trinken. Kurz- oder langfristig. Wem nützt es, wenn ein Gestörter, der keine Erlaubnis hat zu einem partnerschaftlichen Leben, sich immer weiter zurückzieht? Es erfüllt sich der Trennungsfluch. Es ist wahrlich besser, in der Ehe zu kämpfen als nach der Ehe. Denn dann ist der Kampf auf Zerstörung, Haß und Erniedrigung ausgerichtet – jahrelang. Ist es da nicht vorteilhaft, diese Kampfenergie schon dann auszuleben, wenn die Ehe mißlich wird? **Zeige jede Enttäuschung und ist sie noch so klein! In einer Partnerschaft ist es oft der Eine, der die Partnerschaft nach vorne bringt.** Streitet und liebt Euch! Und wenn Du richtig kämpfst, dann wird eine Ehe zwar zum zeitweisen Schlachtfeld, aber die Belohnung ist groß: Es fallen die reifen Früchte der Kriege, der Liebe und der Lebensfreude vom elterlichen Baum. **Jeder erfolgreiche Kampf am anderen ist ein Sieg über sich selbst.** Wie oft nimmt der Eine sich bei gescheiterter Ehe später eine Freundin, die ähnlich aufgebaut, gefördert oder erzogen werden sollte, je nachdem, wie man diese gemeinschaftliche Arbeit nennt. Anstatt eine vordergründige Streitehe zu führen, sollten die Eheleute für die Liebe, die Ehe und für die eigene Reifung kämpfen.

Die Eltern haben manchen tief hineingedrückt in die Infantilneurose. Er jammert über den anderen. Er wünscht, daß der andere sich ändere. Das Gefängnis steckt auch in Dir. Dein Partner ist Dein Spiegelbild. Beschimpfst Du ihn, trifft es Dich, oft auf einem anderen Gebiet. Forderst Du, daß er sich ändert, so bist auch Du gefordert!

Viele Menschen opfern ihre Ehe auf dem Altar des Zeitgeistes. Dieser verspricht Glück, Spaß, Sich-Nahe-Fühlen, Sich-Vergöttern, ewiges Jungsein, Plastikbusen und dauernde Harmonie. Streit gibt es nur am Ende der Ehe, wenn es um deren Auflösung geht. Das Tabu des Streites für die Liebe und Treue stammt aus der Kindheit. Füreinanderdasein, Ineinanderverschlungensein, Überfürsorge und sinnloser Streit zermürben die Ehe. Täglich zieht sich der Partner, der es nicht wagt, Enttäuschungen laut und deutlich zu äußern, der seine Liebe versteckt, in sein Inneres zurück. Das Feuer der Verliebtheit, der Trieb, das Gefühl der Liebe und des strömenden Glücksgefühls verblassen unter der wachsenden Schutzmauer, die beide Partner höher und höher ziehen. Streitet, wohl wissend, daß Liebe und Haß – eingebettet in das Wissen um Symbiose und infantiles Verhalten – zur Reife führen.

Grübeln

Schlechte Gedanken ziehen die Stimmung herunter. Hör auf mit den zermürbenden Gedanken. Sobald Du ihrer gewahr wirst, halte sie an. Du lenkst Deine trüben Gedanken ab, indem Du hoffnungsvoll denkst oder mit ganzem Herzen handelst. Durchschreitest Du einen dunklen Abschnitt Deines Lebens, nimm die Bibel zu Hilfe: „Und da ich schon wanderte durchs finstere Tal, fürcht ich kein Unglück, denn dein Stecken und Stab trösteten mich“ (Psalm 23).

Sich kennenlernen

Wer verhindert, daß Du Dich kennenlernst? Es sind zuforderst die elterlichen Stimmen, welche Dir Schuldgefühle einjagen, sobald Du Dich auf dem Weg der Wahrheit zu Dir befindest.

Soll ich meine Depression ertragen?

Ja und Nein. Wenn Du vor Deinen Depressionen flüchtest und Dich ins Getriebe stürzt, arbeitest Du nicht an Dir selbst. Du läufst vor Dir weg. Auf der anderen Seite ist es nicht gut, ausschließlich eine depressive Stimmung zu pflegen und auszuhalten. Das Tief geht zumeist von selber weg. Der Wechsel zwischen Ablenkung, Lebensfreude und mönchischem Alleinsein fördert seelisches Wachstum.

Töte den Zweifel

Der Zweifel zersetzt Geist und Gemüt. Er vergiftet die Seele. Der Zweifel zermürbt, er zerstört Werte, Glauben und Hoffnung. Der Zweifel tötet die Liebe. Ein krankhafter, ins Bodenlose ziehender Zweifel ist zu bekämpfen. Töte den Zweifel heißt: Vertreibe das Gift, das Deinen Geist und Deine Seele durchzieht. Das Gift stammt von Mutter oder Vater. Ungelöste Elternbindung z. B. geht mit Zweifeln am Leben einher, mit übermäßiger Kritik an vielem. Dem Zweifel ist nichts heilig. Er vernichtet die Lebensfreude. Also heißt der Aufruf: Töte den Zweifel, töte Mutter und Vater im Traum, auf daß es Dir wohlergehe. Zerstöre ihre Gewalt, auf daß Deine Liebe Gestalt annehme. Löse Dich von ihnen, von Deinem Zweifel an Dir als Frau, als Mutter, als Vater. Gib Dir Erlaubnis zu einer echten partnerschaftlichen Liebe, auch einer Liebe zu Dir selbst. Dann kannst Du Vater und Mutter ehren.

Zweifel am Therapeuten ist Gift. Der Zweifel zerstört die Beziehung zwischen Arzt und Patient im Auftrag der Eltern.

Die Eltern in ihrer zerstörerischen Gewalt haben außerhalb des Therapiezimmers zu bleiben. Das hat der Arzt mit dem Patienten zu erörtern, falls die elterlichen Stimmen das therapeutische Bündnis gefährden.

Träume in der Not

Wenn Du belastet bist, wenn Du Probleme hast, wenn Dich die Kindheit nicht in Ruhe läßt, so betrachte Deine Träume und handle. Lerne, die Botschaft Deiner Träume zu entschlüsseln. Du wirst erfahren, daß Träume Dir ein guter Wegweiser auf dem Weg zur inneren Wahrheit und seelischen Gesundheit sind.

Lispeln

Lispeln ist bei einigen Kindern im Laufe ihrer Sprachentwicklung normal. Wer jedoch im Schulalter noch lispelt, hat schlechte Chancen, diesen Sprachfehler zu überwinden. Seine Eltern haben keinen Wert darauf gelegt, daß ihr Kind auch in der Sprache erwachsen wird.

Alles zu seiner Zeit

Menschen haben Hemmungen, Schuldgefühle. Sie dürfen über lange Zeit nicht erkennen, daß sie sich fehlverhalten. Auch in psychotherapeutischer Behandlung bringt der Patient Fehlhaltungen erst dann zur Sprache, wenn er dazu bereit ist, sie zu ändern.

Körperliche Ertüchtigung

Sport macht munter. Bewegung fördert die geistige und körperliche Wachheit. Körperliche Ertüchtigung stärkt das Selbstbewußtsein. Sport hebt die Stimmung. Also treibe Sport.

Die Kränkung

Kränkungsgründe gibt es viele. Der Gekränkte gibt dem Kränker einerseits viel Macht über sich, andererseits übt er durch sein Schweigen Macht aus. Ursprünglich hatten seine Eltern einen sein Selbst kränkenden Einfluß auf ihn. Gekränktsein heißt Einssein-Wollen mit Vater und Mutter aus Mangel oder Zuviel an Zuwendung. Gekränktsein heißt, aus diesem Zustand des Einsseins herauszufallen, weil man sich selber nicht als eigenständig und mächtig erlebt. In der Tiefe der Seele fragt der Gekränkte Vater und Mutter, ob sie mit ihm übereinstimmen; oder er sieht in seinem heutigen Gegenüber seine ihn herabsetzenden Eltern. Im Falle des häufigen Gekränktseins behalten seine zerstörerischen Elternfiguren die Oberhand und trüben die Liebe zum Partner. Er bleibt den Eltern verbunden, indem er sich gekränkt trennt. Hierauf reiben sich die verinnerlichten Eltern die Hände.

Wer die Hintergründe des Gekränktseins erkennt, löst sich schneller aus ihnen.

Die Dauer einer Kränkung

Lerne es, das Gefühl der Kränkung in Dir nicht aufkommen zu lassen. Lerne es, eine Kränkung rasch zu vergessen, damit in Dir wieder Einklang herrscht.

Auf Dich verletzende, herabwürdigende Worte eines Dir nahestehenden Menschen lautet die richtige Antwort: „Nimm das bitte zurück!“ Ist er hierzu bereit, zeigt er, daß er Dich achtet. Nun bist Du fähig, die Beziehung weiterzuführen, ohne gekränkt zu sein.

Dein Partner hat Dich beleidigt. Du ziehst Dich eingeschnappt zurück. Du bist wütend. Am Anfang Deiner Entwicklung magst Du für einen Tag beleidigt spielen. Extrem wird es, wenn Du länger als einen Tag den Kontakt abbrichst oder gar für Wochen. Das Ziel ist, zwei oder fünf Sekunden lang beleidigt zu sein. Zähme Dich, zügle Deine narzißtische Wut. Bändige Deinen Weltschmerz. Werde vernünftig und finde auf den Teppich zurück. Lege die Kränkung um wie einen elektrischen Kippschalter. Steige schnell und ganz aus Deiner symbiotischen Haltung, dem Gekränktsein, aus. Werde erwachsen. Vertragt Euch wieder. Denn alles andere ist kindliche Allmacht und böse List der Eltern.

Zuversicht

Zuversicht bedeutet, mit Freude und Hoffnung in die Zukunft zu schauen. Die Zuversicht bildet den Gegenpol zur Grübelei, zum Wühlen in schlechten Gedanken. Wer zuversichtlich ist, meistert das Leben, er baut auf seine eigene und Gottes Kraft: „Ich bin zuversichtlich. Ich schaffe es."

Vieles erledigt sich von allein

Bist Du der Meinung, ein großes Problem baut sich vor Dir auf, so laß Geduld aufkommen. Häufig entscheidet das Leben in Deinem Sinn.

Alt und reif

Derjenige, der an seinem Verhalten, seiner Seele und an seiner Beziehungsfähigkeit gearbeitet hat, zieht im Alter einen Nutzen daraus. Er nimmt viele Dinge nicht mehr so schwer, er kann auch kleine Dinge des Lebens genießen, weil er zuvor aus dem Vollen geschöpft hat. Er hat die großen Themen des Lebens durchgearbeitet und zu seinem Selbst gefunden. Das Alter bringt so ungeahnte Vorteile und Freuden. Der reife, ältere Mensch ist frei von schuldbeladenen, neurotischen Konflikten, so daß er ohne diese Last jeden Morgen begrüßen kann. Die Liebe und der Sex werden im Alter tiefer und schöner. Die Bürde der schrumpfenden Gesundheit im Alter faßt er – weise geworden – gelassen auf.

Freiwillig

Die Eltern zu besuchen, ist für viele eine Pflicht. Das schlechte Gewissen treibt sie hin. Auch Ältere fühlen sich ihren Eltern ausgeliefert. Ein 60jähriger Lehrer sagt: „Ich habe ein schlechtes Gewissen, weil ich als Sohn die Verpflichtung fühle, meine Eltern zu besuchen, um mich nach ihrem Befinden zu erkundigen. Ich habe Angst, sie könnten meine Hilfe brauchen. Ich habe auch Angst davor, daß sie krank werden oder sterben. Unter diesen Schuldgefühlen leide ich immer schon. Ich habe meine Eltern bis vor einem halben Jahr dreimal in der Woche besucht. Jetzt fahre ich nur noch alle zwei Wochen hin. Ich habe deswegen ein schlechtes Gewissen. Vor allem meine Mutter erwartet, daß ich sie öfter besuche."

Die Richtlinie lautet für Empfindsame und Elterngebundene: Zweimal im Jahr besuchen, alle sechs Wochen telefonieren. Keine Hinnahme von Grenzverletzungen oder von Äußerungen, die in einem Schuldgefühle verursachen. Vater und Mutter sind zu achten und zu ehren, wie sie Deine Grenzen achten sollen. Wenn Du das Bedürfnis hast, sie zu sehen, so ist das in Ordnung. Beuge Dich nicht Deinen Gewissensängsten. Freie Menschen kommen freiwillig.

Einklang

Wir ersehnen den Einklang. Ist er zu erreichen? Für einige ja, für andere nein. Vieles hängt ab vom Stand der Reifung: Derjenige, der alles haben will, den die Fliege an der Wand stört, wird selten in Einklang leben. Er hat allmächtige Ansprüche nach Vollkommenheit und tiefstem, lang andauernden Frieden. So bleibt er unzufrieden.

Erwachsenwerden

Wer will gerne erwachsen werden? Jeder. Der Kern der Seele möchte erwachsen sein. Das Erwachsensein wird gefördert, solange ein Volk weiß, was es bedeutet, erwachsen zu sein. Manchmal zwingt das Schicksal den Menschen dazu, erwachsen zu werden.

Das süße Gift des Fremdgehens

Manch einer verliebte sich in Koka und kam von ihr nicht los. Koka ist die Pflanze, aus der Kokain gewonnen wird. Die südamerikanische Sage teilt mit, daß Koka ursprünglich eine verführerische Frau gewesen ist, die ihr Unwesen in der Bevölkerung trieb. Damit sie endlich Ruhe gibt, wurde sie in die Erde gesteckt. Sie verwandelte sich in eine Pflanze: Koka. Die Sage spiegelt, wieviel Unruhe, Unglück und süchtiges Sehnen Frauen und Männer verbreiten, wenn der Freier ungefestigt und willensschwach sie umflattert. Die Schuld beim anderen zu suchen, ist zwecklos. Er möge lernen, Nein zu sagen gegenüber dem trügerischen Glückszustand.

Verliebtheit verbreitet für kurze Zeit ein Stimmungshoch. Doch Suchtzeichen können beim Bindungsschwachen heraufziehen: Sehnsucht nach wiederholtem Verliebtsein. Entzugserscheinungen wie Unruhe, Depression fordern zur erneuten Tat auf. Die innere Einsamkeit nimmt zu.

Ehekultur

Wenn sich der Fluch der Eltern erfüllt, infantil zu bleiben, sind Zwist, sexuelle Langeweile, Angst, Einsamkeit, Enttäuschung, Kränkung oder Untreue angesagt. Fremdgehen zerstört Vertrauen und die Beziehung.

Eine Scheidung ist ein großes Unglück – im Gegensatz zur öffentlichen Meinung. Es ist eine Ehekultur zu fördern, die ihren Reichtum aus der Bibel, den Träumen und den Erkenntnissen der Wissenschaft schöpft.

Untreue ist ein Grund zur Einkehr

Fremdgehen ist kein Trennungsgrund. Verzeihe Untreue. Die Eheleute müssen Einsicht, Liebe, Vergebung und einen hohen Willen zur Treue aufbringen, um die Ehe trotz des Ehebruchs fortzuführen. Erziehe Dich und Deinen Partner zur Treue.

Der verliebte Greis

Eine weitverbreitete, oft verherrlichte Haltung ist die des ewigen Jünglings. Er trägt gern Schnurrbart, ist in sich selbst verliebt, liebt seine Frau halbherzig. Als Senex amans, als verliebter Greis, ist der ewige Jüngling ein armer, einsamer Mensch, der nicht den Mut gehabt hat, Abschied zu nehmen von seiner Jugend. Er hat sich nicht entschieden für *eine* Frau. Der verliebte Greis hat es versäumt, zu reifen, sein Alter anzunehmen. Der ewige Knabe hält am Vergangenen fest. Er klammert sich mit allen Fasern seiner Seele an die Mutter, ans Elternhaus, an seine erste Liebe. Er verklärt frühere Zeiten. Er ist so unreif, unbeschwert, kindisch wie damals in seiner Jugend. Doch es paßt nicht mehr.

Auf ihre Problematik angesprochen, meinen die ewigen Jünglinge, man könne seelische Entwicklung nicht erzwingen. Vor allem könnten sie nicht davon ablassen, Frauen zu erobern.

Sie verharren in der Jugend, obwohl die Zeit sie kennzeichnet. Den Widerspruch ihrer mangelhaften Entwicklung spiegeln ihr alternder Körper, ihr ewig junges Gehabe und Reden. Verliebt sich der ewige Jüngling in eine junge Frau, fließt verflossene Kinderzeit ihm zu. Seine Mutter schaute ihm damals so frisch und verführerisch entgegen, wie die faltenlose Verliebte von heute. Das Schicksal des ewigen Knaben, die Verführbarkeit durch die Macht des Sexus erlitten viele Dichter. Meisterhaft in Worte gefaßt haben Casanova[4] und der norwegische Dramatiker Ibsen das Drama des Ewigen Jünglings[5, 6, 7].

Der ewige Knabe hat Schuldgefühle, seine Mutter zu verlassen. Der alternde Jüngling ruft häufig bei seiner Mutter an. Er besucht sie täglich oder wöchentlich. Er denkt in Liebe an sie, unwissend, daß es eine von ihr aufgetragene Knechtung ist. Wie Peer Gynt reist er um die Welt, landet am Ende einsam und unglücklich in den Armen seiner Mutter. Der ewige Jüngling hat Kopfschmerzen, er trägt Zeichen der Angst in sich. Er ist auf der Flucht. Er darf sich nicht binden. Zu einer dauerhaften Liebe reichen seine Kräfte nicht. Er, der unruhig Reisende, bleibt bis zum Tode gefangen in seiner Mutter Schoß. Er glaubt, das Glück bei der Nächsten zu greifen. Die Liebe begreift er als Wechselspiel.

Viele meinen, das Fremdgehen gehöre als Erbe des Tierreichs zur Natur des Menschen. Die Befürworter der Untreue würden hinter ihre Ausflüchte schauen, die tausendfache Aussaat der Elternbindung und des Gefangenseins in der Vergangenheit erkennen, wenn sie sich ihren Träumen und ihrem Inneren öffneten. Sie verachten die Wahrheit, wie die Treue und ihre Frau.

Es ist ein Trugschluß zu glauben, diese Verhaltensweise würde eine Seele in ihrer Tiefe als spaßig empfinden. Der Untreue kann gegenüber der Verführung nicht Nein sagen. Er ist Täter und Opfer. Wenn der Verführer ein schlechtes Gewissen hätte, seine eigene Frau so lieben würde, wie er es könnte, dann würde er sein Verhalten abgeschmackt und widerlich finden. Es fehlt ihm an echter, wahrhaftiger Liebe. Der flüchtige Eroberungsdrang ist umfassend. Sobald er aber eine Frau auf seine Seite gezogen hat, taucht seine Angst vor Nähe auf. Es kriechen Schuldgefühle empor, wenn er sich einer Frau in Liebe nähert. „Lieben geht aber doch nicht auf Krampf, Herr Doktor." So lautet die gängige Antwort von ewigen Jünglingen oder Frauen. Oder: „Dazu kann man sich doch nicht zwingen!"

Wird die Untreue eines Tages von den Völkern tiefenpsychologisch verstanden und aufgearbeitet werden? Werden sie sich dessen bewußt, daß ein unbewußter Fluch einen reitet, die Liebe zerstört? Daß allein düstere Mächte des Bösen ein verführerisches Werk anrühren? Daß Trennungs- und Fremdgehgedanken auftauchen mit dem Ziel, die Ehe zu zerstören? Meine Antwort lautet: Ja, die Mehrheit wird diesen Weg der Wahrheit finden und sich weiterentwickeln. Die dauerhafte Liebe ist nicht ein Gespinst, sondern lohnende Wirklichkeit – für den, der sich ringend, leidend und auch genießend um die Liebe bemüht, indem er sich die Kräfte des Unbewußten bewußt macht.

Die Macht der Eltern

Die Sonne scheint. Das Paar ist verliebt. Der Himmel hängt voller Geigen. Frau und Mann lieben sich, gehen füreinander auf. Sie heiraten. Welch ein Segen, welch ein Glück! Die Schwiegermutter umarmt den Schwiegersohn. Sie hat ihre Tochter endlich und gut verheiratet. Wenn sie nur wüßten. Ist das junge Ehepaar auch bereit, alle schweren Zeiten miteinander durchzustehen? Sind sie fähig, nicht nur zu lieben, sondern auch miteinander offen zu kämpfen? Wenn sie wüßten, wodurch viele Ehen zerbrechen.

Auf vielen Füßen, mit samtweichen Pfoten, mit Versprechungen, Ängsten, Zwängen und Zweifeln, mit Streit und Kränkung erschleicht, erringt, erzaubert sich die elterliche Macht den Sieg. Wenn sich der fluchbeladene Sprößling nicht mit diesem Thema beschäftigt, reicht er die Scheidung ein. Er hat mit dem Partner nicht geredet. Er ist fremdgegangen oder süchtig. Die Ausbruchsschuld führt den unbewußten Menschen auf Abwege.

Unbewußte Konflikte drängen danach, gelöst zu werden. Gegen die Eltern gerichteter Haß sucht Umwege, wenn er nicht offen gezeigt werden darf. Der Mensch handelt gesteuert von tiefen, ihm zumeist unbekannten Kräften. Treuebruch wird nicht aus freien Stücken begangen, sondern aus seelischer Not und Fremdbestimmung. Die Zerstörung der Ehe fußt nahezu ausschließlich auf zerstörerischen Botschaften, die aus der Kindheit, dem Elternhaus, stammen.

Eine Eheauflösung geschieht nicht infolge von bewußter Böswilligkeit des Partners, wie viele Betroffene meinen. Nein, sie geschieht aus Unfähigkeit, aus Unwissenheit und aus der Verzauberung heraus, der beide Partner unterliegen. Der eine erscheint als Opfer, während der andere als Täter vorgestellt wird. Unter familienpsychologischen Gesichtspunkten sind jedoch beide unter gleichem Krafteinsatz daran beteiligt, sich oder den anderen zu schädigen. Werde Dir der zerstörerischen Elternmächte bewußt.

Ein 38jähriger Ehemann, Vater von zwei Kindern, antwortet auf meine Frage, ob er eine typische Situation in seiner Ehe schildern wolle: „Das Wochenende war enttäuschend. Ich hatte von meiner Frau Schmusen und Zärtlichkeit erwartet. Von ihr kam aber nichts. Ich fühlte mich von ihr abgewiesen. Ich habe geschmollt. Ich bin zu ihr näher gerückt, habe sie gestreichelt, bin auf Tuchfühlung gegangen. Ich habe sie zärtlich von hinten umarmt, aber sie zeigte keine Reaktion. Das Umarmen ließ sie sich erst gefallen, sie entwand sich dann. Dann bügelte sie. Mit meiner Stimmung ging es bergab. Abends im

Bett kam es zu keinerlei Zärtlichkeiten, wir haben nämlich vorher lange Krimi geguckt. Direkt mit Worten oder Taten habe ich meinen Wunsch nach Sex nicht geäußert."

Hier läuft eine typische Szene zwischen Elterngebundenen ab. Sie haben keine Erlaubnis, zueinander zu finden. Mann und Frau verhalten sich passiv. Beide sollten ihre Gefühle zeigen. Ein derartig abweisendes Verhalten findet sich auch bei Männern, die eine zärtlichkeitsbedürftige Frau von sich stoßen. Die Folge ist Trennung, wenn der Topf der Enttäuschungen gefüllt ist. Das wenig ernsthafte Vorgehen der Paare gegen die zerstörerische Macht der Eltern führt zum Kontaktverlust und zum allmählichen Untergang der Ehe. Leidtragende sind die sich selbst schädigenden Eheleute und ihre Kinder.

Das Bewußtwerden über Hintergründe der schlechten Launen, der Lieblosigkeiten und der zahlreichen Streitsituationen ist der erste Weg, sich von der elterlichen Bindungsmacht zu befreien. Dann müssen die Taten folgen: Rufe weniger zu Hause an. Verbitte Dir das wöchentliche Telefonieren der Eltern. Fahre nicht mehr so oft zu Deinen Eltern. Sind Vater oder Mutter uneinsichtig, grenze Dich härter ab. Mache Sex, auch gegen Deine Schuldgefühle – die elterlichen, verinnerlichten Stimmen.

Viele sagen: „Ich habe alles versucht. Ich habe alles getan, aber mein Partner will sich nicht ändern." Hier hat oft nur ein halbherziger Kampf stattgefunden, nicht ein Streit bis aufs Äußerste. Denn der ist vonnöten, damit beide sich weiterentwickeln. Das Wachrütteln des Partners, das gegenseitige Sich-Nach-Vorne-Treiben gehören dazu, damit die Ehe der Elterngebundenen oder der Infantilen gelingt. Doch die Liebe soll jeden Streit überstrahlen und überdauern. Dieser Kampf zwischen Liebe und Haß, Anziehen und Von-Sich-Stoßen, dauert Jahre und für manche Jahrzehnte. Die Liebe darf nicht versiegen, will sie siegen.

Ehe und Führerschaft

In einer Ehe leiden zumeist die Frauen. So sind es die Frauen, welche die Partnerschaft nach vorne treiben, weniger die Männer.

Des Friedens willen

Wenn Du zu den Eltern fährst, schlucke um des lieben Friedens willen nicht alles herunter. Jede Kränkung oder Grenzüberschreitung, die Du einsteckst, ohne Dich zu wehren, schadet Dir – auch am Heiligabend.

Kopfabstützen

Fast alle ratsuchenden Patienten stützen ihren Kopf auf. Ich sage: „Sie können Ihren Kopf selber halten. Sie brauchen keine Stütze."

Der träumerische Blick

Ein 19jähriger Abiturient mit Angstzuständen hat einen verträumten Blick. Er sagt von sich in der zweiten Sitzung: „Seitdem Sie mir gesagt haben, daß ich so glasig gucke, bin ich bewußter geworden. Ich träume viel vor mich hin. Ich konzentriere mich nicht auf das, was vor mir liegt. Ich träume vom Reisen, von guten Zensuren oder ich denke gern an mein Austauschjahr zurück. Anstatt etwas zu lernen, flüchte ich mich in meine Träume. Ich sollte mein Leben selber in die Hand zu nehmen."

Manche, die unter Angst leiden, sind Träumer, ohne es zu wissen. Ihre Augen verschwimmen, sie haben den Glanz eines träumenden Kindes in sich. Diese Augen schauen durch einen hindurch. Sie blicken ins Leere. In der Therapie geht es darum, Klarheit in die Augen zu bringen. Der leere, romantische, träumerische Blick zeugt vom Haften in versunkenen schönen Tagen. Der glasige Augenausdruck verrät uns, daß die Welt des Erwachsenen, des Wach- und Helleseins in weiter Ferne liegt. Der Symbiotiker lebt innerlich mit seiner Mama oder seinem Papa zu einem Ganzen verschmolzen. Er hat sich noch nicht von ihnen getrennt. Er kann keine Grenzen setzen. Von Menschen mit einem glasigen Blick geht eine eigentümliche Ausstrahlung aus. Das Gegenüber versinkt in ihnen, es wird in den Strudel der mangelnden Abgrenzung und Klarheit hineingezogen. Die Anwesenheit eines Menschen mit verklärtem Blick ist auf Dauer anstrengend, da es Kraft und Mühe kostet, sich von den anziehenden, zu sehr nach innen gerichteten Strebungen des Symbiotikers fernzuhalten.

Wenn die Reifung erfolgt, klären sich die Augen. Sie strahlen Wachheit und Leben aus.

Entwicklungstief

Wenn man sich entwickelt, tauchen oft Beschwerden auf. Du fühlst Dich fremd in Deiner Haut, leer und niedergedrückt. Manchmal hast Du verstärkt Ängste. Das Symptom sagt: Hier tut sich was zu Deinen Gunsten. Du verabschiedest Dich, reifst und wächst innerlich. Deswegen geht es Dir schlecht. Schuldgefühle steigen auf, weil Du bewußt wirst.

Es fällt schwer, das im Moment der Beschwerden zu glauben. Sage Dir immer wieder: „Meine Beschwerden sind ein Zeichen dafür, daß ich mich entwickle.“

Bücher helfen heilen

Eine Bürokauffrau berichtet: „Gestern ging es mir ganz schlecht. Da habe ich mir gedacht, ich nehme mir Ihr Buch über die Angst* zur Hand. Dann wird es mir besser gehen. Und so war es auch. Ich lese und es dringt so in mich ein. Ich schalte völlig ab. Um mich herum sehe und höre ich nichts mehr und lese nur noch und merke, wie es mir besser geht. Ich könnte nicht irgendein Buch lesen, das ist dieses Angstbuch, an dem mich alles interessiert. Ich konzentriere mich auf dieses Buch, weil es mein Thema ist. Weil es ja meine Krankheit ist, die ich kennenlernen will und bekämpfen will. Und das führt mich innerlich zur Beruhigung. Die Spannung löst sich in meinem Körper, sobald ich mich ganz dem Buch widme. Früher habe ich immer gedacht, hinter meiner Angst steht etwas Organisches. Jetzt stelle ich fest, daß es seelisch sein muß, weil es sich schnell wieder legt. Das Buch macht mir klar, daß es Gründe gibt, warum ich die Ängste habe und was ich dagegen tun kann."

Jeden Tag etwas Urlaub

Urlaub macht frei. Frei vom Alltag, von der Unruhe, von dem Jagen nach Geld und Ansehen. Viele machen im Urlaub Ferien vom Über-Ich. Der Urlaub ermöglicht es, in die Tiefe der Seele zu schauen, die Ehe zu verschönern, Schuldgefühle abzubauen, zu entspannen. Lerne, *jeden Tag* etwas *Urlaub* zu machen.

---

* Flöttmann, H. B.: Angst – Ursprung und Überwindung. Kohlhammer Verlag, Stuttgart, 5. Aufl. (2005)

Religiöse Träume

Träume führen den Träumer zuweilen in religiöse Tiefen seiner Seele. Sie sind mit einem Glücksgefühl und Wohlbefinden gekoppelt. Das Staunen vor der Schöpfung Gottes, vor dem Universum, das Bewundern von Makro- und Mikrokosmos, die Entdeckung der mystischen Dimension der Seele spiegeln sich auch in Träumen. Die religiöse Erfahrung in ihnen zeigt, daß auch diese Seite unserer Seele entdeckt und gelebt werden möchte.

Leiden bedingt Rückzug

Der leidende, sich entwickelnde Mensch zieht sich zurück. Er geht durch das Dunkle hindurch, damit er es hinter sich lassen kann. Habe Geduld. Zumeist geht es vorbei. Früher oder später, nach Stunden, Tagen, Wochen. Wenn nicht, beanspruche ärztliche Hilfe.

Krieg der Stellvertreter

Der Krieg der Beziehungen in einer Ehe ist ein Kampf der Elternhäuser. Es sind nicht Eure Kämpfe. Seid Euch dessen bewußt. Und doch seid Ihr gezwungen, an Euch zu zweifeln, die Köpfe zu raufen und mit den Füßen zu stampfen. Zweigleisig läuft der Kampf: gegen den Fluch Eurer Elternhäuser und gegen Euer beidseits giftiges Verhalten. Die Bindungen an das eigene Elternhaus sind so stark, daß Ihr immer wieder Streit sucht. Meidet den nutzlosen Streit. Liebt einander.

Das Leben besteht aus Kleinigkeiten

Schritt für Schritt erreicht der Mensch seine Ziele. Es hat wenig Sinn zu sagen: „Ich will das Examen", ohne diesen Willen täglich in harter Arbeit zu verwirklichen. Führe die kleinen Dinge des Lebens aus, auf daß es Dir wohlergehe.

Das Leben besteht aus Kleinigkeiten heißt auch: Viele kleine Gutmütigkeiten, Kränkungen und Selbstabwertungen füllen das Faß der Depression und der Angst. Grenze Dich ab auch bei geringen Anlässen.

Angst als Gewinn

Es ist besser, unter Angst zu leiden als unter einer geschiedenen Ehe. *Angst ist Zeichen einer falschen Lebensführung*, die der Angstträger in Gestalt der Angst wahrnimmt. Also geht er zum Seelenarzt. Er wird sehen, daß Du Dich mangelhaft durchsetzt, daß Du von Deinen Eltern abhängig bist und ein eingeschränktes Leben führst.

Die Angst als rettendes Zeichen hat Dich zu einem Psychotherapeuten geführt. Unglücklich sind die Menschen, die keine Symptome entwickeln, sondern maskenhaft und äußerlich gefestigt ein ungelebtes Leben führen. Es ist vorteilhaft, zu Beginn der inneren Entwicklung Angst und Symptome zu haben. Die Angst führt auf den inneren Weg, wenn Du sie und Deine Träume ernstnimmst.

Beruf stammt von Berufung

Tue das, wozu Du Dich berufen fühlst. Beruf stammt von Berufung. Schaue, welche Begabungen in Dir schlummern. Wecke sie. Bringe Deine Begabungen im Beruf zum Erklingen.

Entscheiden ist Abschied

Eine Entscheidungsschwäche liegt vor allem darin begründet, daß einer nicht erwachsen ist. Ent-scheiden heißt: voneinander trennen. Trennen ist ein aggressiver Akt, den der Friedenssüchtige, der Symbiotiker meidet. Schluß ist Schluß. „Eine Entscheidung ist gefällt“ bedeutet den Verlust einer Möglichkeit. Der Infantile träumt und möchte alles haben. So kommt er zu wenig. Der Erwachsene erreicht seine Ziele durch Entscheidungsfreude und beharrliches Tun.

Benutze für die großen Entscheidungen auf Deinem Lebensweg Deinen Verstand, Deine Vorlieben und Begabungen. Frage Dich, ob Du Dich durch diese Entscheidung verbesserst. Schätze Dich und Deine Kräfte richtig ein, trau es Dir zu. Achte darauf, daß Träume Wirklichkeit werden; aber befolge die Träume nicht wörtlich, denn das Unbewußte verkleidet sich, ist wendig. Es will verstanden sein.

Das Scheiden aus dem Leben ist die letzte große Entscheidung, auf die Du Dich vorbereiten kannst, indem Du im Alter Stück für Stück Abschied nimmst von Deinen Lebensmöglichkeiten, die Dir einmal zustanden. Hier sollte der Lebensbaum gefällt werden, wie man eine reife Entscheidung trifft – ruhig und gelassen.

Heimat und Fremde

Heimat lernt der Mensch schätzen, indem er in die Fremde geht. Doch manche kennen ihre Heimat kaum, weil sie viel in der Welt herumreisen. Sie müssen Neues sehen und erleben, damit sie sich fühlen und zufrieden sind. Der Reiz des Neuen treibt sie in die Lüfte, gelenkt von unbewußten Kräften. Sie folgen der inneren Unruhe oder der Neu-Gier. Die Heimat lieben, schätzen, ihren täglichen Wandel erfahren – das bleibt ihnen fremd. Der Birnenbaum von nebenan, die Falken des Kirchturms, die blühenden Orchideen in der Böschung – sie üben einen starken Reiz aus auf den, der seine Heimat liebt.

Die Bibel für das 21. Jahrhundert

Die Beliebigkeit kultureller Werte führt zu einer verstärkten Unsicherheit vieler Menschen. Auf dem Gebiet der Lebensführung tummeln sich viele. Der Urmensch hat seine Kinder und sich selbst weitgehend unbewußt erzogen. Der zivilisierte Mensch des 21. Jahrhunderts hat es verlernt, wie er die Kinder- und Schulerziehung zu gestalten hat. Die Kindererziehung hat der Mensch abgetreten an staatliche Einrichtungen, an das Fernsehen und an die Video-Industrie. Wo sind die Richtlinien, die Werte, die Ideale, die unglücklichen Menschen Halt und Richtung geben? Die Bibel gibt die Antwort.

Flucht in die Sekte

Sekte heißt Abgeschnittenes. Sekten haben sich abgesondert von der Gemeinschaft. Sie ziehen Suchende, Schwache, Geknechtete, Schwankende an. Sie jochen diese unter ihr strenges, Gehorsam erzwingendes Glaubensgebäude. Der Haltlose nutzt die Mauern der Sekte, um sein löchriges Selbst zu schützen. Er flüchtet vor sich selbst.

Verbrämter Haß

Einige Menschen versprechen, der Menschheit zu helfen. Sie begründen Sekten und Ideologien. Hierzu zählen viele Ismen, die ein unterschiedliches Zerstörungspotential aufweisen. Den fanatischen Eiferern zu eigen ist der verdrängte Haß aus der Kindheit. Er läßt sie andere verachten und verfolgen.

Der richtige Augenblick

Ich höre oft: „Ich habe den Richtigen noch nicht gefunden." Doch den Richtigen gibt es nicht. Denn Vater und Mutter – die Verinnerlichten – sagen: „Das ist nicht der Richtige für Dich. Bleib bei uns!" Von den Richtigen gibt es viele. Die einzig Richtige gibt es so wenig, wie die einzig richtige Erdbeere existiert. Du findest in dem Augenblick Deinen Partner fürs Leben, sobald Du Dein Herz für die Treue und Liebe geöffnet hast.

Das Zipperlein

Willst Du Dir etwas gönnen, einen schönen Urlaub mit dem Freund, schlägt das Blasenleiden zu. Mit Sex ist wohl nichts. Schuldgefühle haben den Sex verhindert.

In Entwicklungssituationen, die mit Schuldgefühlen, vermehrter Herztätigkeit und Angstsymptomen einhergehen, taucht das Zipperlein auf wie ein Plagegeist. Nimm es hin, es gehört zu Deiner Entwicklung. Mach Deinen Sex trotzdem, auch wenn er nicht so schön ist. Gönn den Eltern keinen Sieg! *Findet zu Euch, damit ihr Euch nicht bei den Eltern wiederfindet.*

Abschied vom Elternhaus

Während des Ablösungsprozesses vom Elternhaus tauchen Traumbilder auf, in denen die Eltern krank sind oder sterben. Sie haben einen Unfall, sie werden erschossen, sie liegen in Leichenhäusern oder sind zerstückelt. Diese Bilder zeugen von Deinem unerbittlichen und gewaltsamen Reifungsvorgang. Tränen der Trauer, des Abschiednehmens von der Welt des Kindes vermischen sich mit der Angst, die Eltern zu verlassen. Selbständigkeit, Eigenverantwortung sind von Dir gefordert. Die Angst, Mutter oder Vater zu verletzen, ihnen die Meinung zu sagen, wenn sie klammern und Schuldgefühle erzeugen, zeigt sich in Deinen Träumen: Die Tochter wendet sich von den Eltern ab, obwohl sie krank oder verletzt sind. Schuldgefühle, den Eltern nicht bei ihrem tödlichen Unglück geholfen zu haben, begleiten den Abschied von ihnen. Tränen der Trauer, Angst, Symptome und Depression tauchen empor und knechten einen, wenn man auf dem Weg zu sich selber ist[8]. Es sind viele kleine und große Schritte zu gehen, damit der Abschied von der Ursprungsfamilie gelingt.

Innere Reifung – die Auflösung der Symbiose – dauert oft Jahre, wenn nicht Jahrzehnte.

Verröhrter Blick

Schleswig-Holstein ist nicht mehr mein Urlaubsland. Wanderst Du oder fährst Du Rad, so vergällen Windkrafträder Dir den Genuß der Landschaft. Die Natur ist durch riesige Industrieanlagen in Deinem Auge gebrandmarkt. Ein Windkraftrad ist vor allem Symbol für Fehlentwicklung und Energiegefräßigkeit des Volkes. Die Angabe, Windkraftenergie sei sauber, ist für Auge und Seele eine glatte Lüge. Es ist kaum möglich, den Lebensraum als Erholungs- und Ruheraum zu genießen, zu oft richtet sich der Blick auf Windkrafträder. Nicht einmal angemalt sind sie, diese Ungeheuer aus Stahlbeton und Glasfaser, gewollt, genehmigt und erbaut von unempfindsamen, stumpfen Seelen. Sie geben vor, die Natur zu schützen, zerstört sie jedoch weitläufig und durchschlagend.

Mit den Windkrafträdern ist ein Höhepunkt der Landschaftsvernichtung erreicht. Jeder sensible Mensch schöpft aus der ursprünglichen Natur, auch aus der Kulturlandschaft Kraft, Freude und Erholung. „Mache jeden Tag Urlaub“ beinhaltet, Dich in Deiner Heimat, in dem Dich umgebenden Land erfreuen zu können.

Die gigantische Verröhrung beraubt die Landschaft ihrer Weiblichkeit. Was das Auto nicht geschafft hat, vollbringen die

Windräder. Jeglicher Charme und lieblicher Charakter dieser Landschaften sind hinüber. Eine verröhrte Landschaft nötigt zum röhrenartigen Blick. Wer das nicht spürt, ist ideologisch verblendet oder ein roher, kalter Geselle. Das Bild der Unruhe, der Technisierung und des süchtigen Energiefraßes drückt sich in das Innere des lebendigen Menschen. Das Ausmaß der Landschaftszerstörung steht in keinem Verhältnis zu dem Beitrag, den die Windräder zur Primärenergie in Deutschland leisten: Es sind 0,63 %[9]. Die Landschaft geht solange zu Bruch, bis auch der Mensch zerbricht.

Zucke nicht mit den Schultern

Zucken der Schulter heißt: „Ich weiß nicht. Vielleicht. Ist mir egal. Ich kann nichts dafür. Ich will, aber ich darf nicht. Ich habe Schuldgefühle. Ich stehe nicht zu meinem Wort." Viele unbewußte Menschen heben die Schultern, wenn sie sagen: „Ich gehe gegen meine Ängste an". Sie zucken die Schultern, ohne es zu bemerken. Zucke nicht mit den Schultern. Stehe zu Deinem Wort. Schränke es nicht ein, indem Du mit den Schultern zuckst. Kämpfe mit ganzem Herzen.

Abhängig

Wenn ich meine Studenten frage, warum sie jedes Wochenende nach Hause fahren, antworten sie: „Das tun doch alle!" Sie lassen Wäsche waschen, nehmen Essen mit, heimsen Kuchen und Geld ein. Sie folgen der Bequemlichkeit, den Schuldgefühlen und der Elternbindung, anstatt eigenständig zu leben.

Suche Gemeinschaft

Das Leben ereignet sich nicht in Büchern. Erst recht nicht im Fernseher. Gehe hin zu den Menschen und vertreibe Dir mit ihnen Deine Zeit. Vermeide das überflüssige Reden. Suche Gemeinsamkeiten, die außerhalb der Welt der Worte stehen: Singen, Spielen, Segeln, Sport. Angle mit einem Freund. Fahre Rad zu zweit. Suche die Kirche auf als Ort der Begegnung. Den Gesangverein. Spiele Schach oder Doppelkopf. Überwinde Deine Einsamkeit. Schließe Dich den Menschen an. Deine Lebensfreude wächst. Pflege jeden Tag ein erfreuliches Beisammensein. Anschließend genieße Dein Alleinsein.

Der Bürokrat

Der Bürokrat sieht nicht, er verwaltet. Er ist abgehoben, in seinem Hirn existiert eine scharf bewachte Grenze. Tabu ist ihm das Netzwerk der Gefühle, das limbische System. Er plant, er schmiedet Nägel, die er dem Menschen in das Fleisch treibt. In den Gremien ergießt er sich wort- und hülsenreich. Den Gefühlen ist er entfremdet. Er trägt Maske. Die Bürokraten hält kein Mensch aus. Deswegen sind sie unter sich. Niemand will in derartig geschwätzige und entmenschlichte Gremien, deren Ziel es ist, anderen das Leben zu erschweren.

Tabus

Es ist in Deutschland tabu:

- Gegen Promiskuität und gegen Beliebigkeit der Geschlechterrollen zu sein.
- Das Hausfrauen- und Mutterdasein als Arbeit und Aufgabe anzuerkennen.
- Eine fünfköpfige Familie zu haben.
- Das Nationalbewußtsein zu fördern und gutzuheißen.

Fremdkörper

Wer sich die Nase durchbohren läßt, dort Ringe oder Glitzersteine anbringt, zerstört die angeborene Harmonie des Gesichts. Funkelnde Gesichtssterne lenken ab, sie ziehen den Blick und die Aufmerksamkeit auf sich. Metallringe im Gesicht maskieren das Gesicht. Piercing ist der moderne Schleier der Nähe– und Beziehungsgestörten. Sie wollen sich nicht so zeigen, wie sie sind. Sie tragen einen Fremdkörper in sich, eingepflanzt aus Trotz und unbewußten Schuldgefühlen.

Umgang mit der Angst

„Heute morgen hatte ich einen Angstanfall bei Plaza. Der dauerte ungefähr dreißig Meter. Ich dachte, ich sacke zusammen, die Welt geht unter. Das Herz fing an zu klopfen. Mir wurde heiß. Ich betrachtete mich dann von außen. Ich nahm das Ganze nicht so ernst. Ich fand das Ganze faszinierend, wie die Angst sich äußerte. So verlor sie ihre Macht."

Ausschließlichkeit

Die Angst vor Liebe und Nähe, die fehlende Erlaubnis, einen Partner ganz zu lieben, treibt manchen dazu, sich selbst zu befriedigen, Pornos beim Sex zu schauen oder mit seiner Partnerin den Swinger-Club aufzusuchen. Für Männer, die zum Fremdgehen neigen, mag dies ein Fortschritt sein, da sie äußerlich die Treue halten. Nähe und Liebe erfährst Du allein mit Deiner Frau. Alles andere ist Flucht und Untreue. Daher gehört die Sexualität ganz in die Ehe.

Bewahre das heilende Bündnis

Macht ein Patient während des therapeutischen Prozesses herabwürdigende Bemerkungen über den Therapeuten, so befleckt er hiermit dessen Werkzeug, seine Seele. Sie kann nicht mehr frei arbeiten. Um den therapeutischen Spiegel nicht erblinden zu lassen, ist es für den Arzt wichtig, daß er sich abgrenzt. Der Patient wird gebeten, die herabsetzende Bemerkung zurückzunehmen. Danach kann der Arzt unbehelligt seine Seele und seinen Geist wieder in den Dienst der Therapie stellen.

Der Arzt in Dir

Der Arzt ist eine Seelenfigur in einem selbst, welche die Gesundheit fördert. Sag ja zu Deinem Helfer in Dir. Erweise dem Arzt in Dir die Ehre.

Blut im Traum

„Leichen liegen im Schnee. Es fließt viel Blut. Ich fasse in eine Blutlache und zerreibe das Blut zwischen meinen Fingern." Blut aus Wunden steht im Traum für Verletzung, Gewalt, Abschied und Tod. Blut ist Zeichen der Wandlung. Blut fließt im Ablösungskampf vom Elternhaus. Blut tut gut. Blut als Symbol für Familienbande und Blutsverwandtschaft muß rinnen, damit der Träumer sich von der Bindungskraft – dem Familienblut – befreit.

Das Unbewußte versteht alles

Einige Menschen sagen: „Das verstehe ich nicht." Sie sträuben sich gegen die innere Einsicht. Das Unbewußte versteht alles.

Mit Würde begrüßen

Wenn sie „Guten Tag“ sagen oder „Auf Wiedersehen“, wischen sie die rechte Hand an ihrem Bein ab. Es geschieht unbewußt. Unsichere Menschen säubern die Hand, bevor sie sich begrüßen. Sie schämen sich. Wahre Deine Würde. Werde Dir bewußt, daß Du erwachsen bist. So wie Deine Hand ist, reiche sie. Stehe zu Deiner Hand. Strecke sie vertrauensvoll und sicher entgegen. So überwindest Du Deine Angst vor Dir selbst. Sei selbstbewußt.

Eins wie das Andere

Patienten kommen mit Kaugummi oder Bonbon zum Erstgespräch. Ich bitte sie, die Lutscher in den Papierkorb zu werfen. Es ist wichtig, Grenzen zu setzen, kindisches Verhalten zu konfrontieren. Wer das nicht verträgt, ist nicht bereit, andere infantile Verhaltensstörungen an sich zu bearbeiten.

Glauben

Einen Glauben hat der Mensch: an Gott, an Götter, an Technik – oder an das Nichts. Der Mensch ist von Geburt an gerüstet zum Glauben. Glaube versetzt Berge. Der christliche Glaube stiftet Sinn, er gibt Halt, er heilt.

*Σηεῦδε βραδεῶζ**

Menschen in Eile. Es allen recht machen. Sich verzetteln. Im Ziel erschöpft ankommen. Hastige Menschen geben gegenüber inneren und äußeren Bitten nach. Hier gilt es: Grenze Dich ab. Baue Schuldgefühle ab. Eile mit Weile.

* Eile mit Weile.

Gegen alle Schuld

Als Reifungsschritt ist der Auszug aus dem Elternhaus unabdingbar. Er hat zu erfolgen mit dem Ende der Lehre oder mit dem Abitur. Alles andere macht krank. Zu Hause bei den Eltern bleiben heißt Stillstand. Lasse den Familientopf zerspringen gegen alle Schuldgefühle.

Widerstand

Eine 22jährige Deutsch-Türkin liebt ihren Freund. Sie ist glücklich mit ihm. Plötzlich lehnt sie Sex mit ihm ab. In der Therapie sagt sie: „Ich mag nicht mehr mit meinem Freund schlafen. Wenn er mir nahe kommt, schiebe ich seine Hand weg. Dann versucht er es nochmal, dann schiebe ich sie wieder weg. Er schmollt und zieht sich zurück. Wenn er es ein drittes Mal versuchen würde, weiß ich genau, daß ich nicht Nein sagen würde. Ich verschweige das. Ich weiß, daß das von mir alles nicht in Ordnung ist. Es zerstört meine Partnerschaft." Ihr türkischer Vater hat sie streng und sexualverneinend erzogen. Aus Liebe ist sie bereit, sich nachzuerziehen. Sie bricht ihren Widerstand. Sie streift ihre strenge Erziehung ab, Stück für Stück. Sie wendet sich ab von dem strengen inneren Vaterbild, hin zu sich selbst und zu ihrem Freund.

Streit wird Liebe

Streit ist normal. Halte ihn aus. Streit ist kein Trennungsgrund. Einige erzählen: „Zu Beginn unserer Ehe haben wir fast täglich gestritten." Der Streit geschieht im Auftrag der Infantilität. Die Streitehe kann bis zu zehn Jahren dauern oder länger. Partnerschaft fordert heraus. Sie ist Arbeit an sich und am anderen. Überwinde die Infantilneurose. Streit wandelt sich um in dauernde Liebe.

Wenn Träume Schäume sind

Selbstverliebt ergötzt sich mancher an seinen Träumen. Es reicht nicht, Träume zu verstehen. Der Mensch ändert sich nicht durch Träume allein. Ändere Dein Verhalten. Hier sind Druck, Leiden, Dein Wille, Einsichts- und Änderungsfähigkeit vonnöten. Halte Schuldgefühle aus. Der Weg, den die Träume zeigen, ist mühsam. Der Selbsterkenntnis aus den Träumen folge die Tat.

Geld borgen bringt Sorgen

Verleihe kein Geld. Denn wer mit Geld nicht umgehen kann, über seine Verhältnisse lebt, Geld nicht zielgerecht und überlegt einsetzt, wird auch geliehenes Geld in den Teich setzen. Geborgtes Geld fördert den Mangel an innerer Ordnung.

Hör auf zu rauchen

Rauchen zerstört. Dein falscher Freund und Seelentröster ist die Zigarette. Du bist nicht fähig, offen und ehrlich zu Dir zu sein. Die Sucht verdeckt Ängste. Wer raucht, umgibt sich nicht nur mit blauem Nebel, sondern er steckt tief unter der elterlichen Dunstglocke. Wer raucht, vermeidet die Reifung. Rauchen bindet Kräfte. Sie werden frei, sobald das Rauchen beendet ist. Nimm Abschied. Beende die Sucht. Sei Du selbst.

Zerstreutheit ist Konzentration auf das Nächstliegende

Der Zerstreute ist innerlich mit seinen ungelösten, ihn störenden Konflikten beschäftigt. Seine ungelöste, elterliche Bindung z. B. hindert ihn daran, sich auf eine Sache zu konzentrieren. Er ist voller Unruhe und ungelebten Lebens. Dieses drängende Problem sorgt dafür, daß er sich schlecht konzentrieren kann. Auch eine unbefriedigte Sexualität lenkt vom Lernen ab. Das Nächstliegende – die Elternbindung oder das gehemmte Sexualleben – sollte als Erstes in Angriff genommen werden, dann ist der Zerstreute frei für andere Gedanken.

Ehevertrag

Einen Ehevertrag schließen vom giftigen Zweifel getriebene Menschen ab. Geld geht hier vor Liebe. Bereits vor der Ehe säen die verinnerlichten Eltern Zwietracht.

Falsche Vorbilder

Die Ehe wurde in 100 Jahren Medienkultur angenagt wie die blanke Hand im ätzenden Laugenbad. Als Vor- und Zerrbilder wirken Idole, Größen des öffentlichen Lebens und Schauspieler. Wie der Name ihres Berufes sagt, schauspielern sie – aber nicht nur auf der Filmbühne. Eine feste Bindung ist ihnen oft versagt geblieben. Millionen umschwärmen sie. Sie identifizieren sich mit ihren Idolen und eifern ihrem oft liederlichen Lebensstil nach.

Mit Geschick den Berg erobern

Im Kampf gehe auch listige Wege, damit Du zu Deinem Ziel kommst. Dies gilt besonders für partnerschaftliche Konflikte. Manchmal lohnt sich eher das Versteckspiel als ein offener Kampf. Durch eine List kommt dem Partner ein Lächeln von den Lippen oder er ist anderswie überrascht. Überraschung löst Blockaden. Verwirrung fördert die Einsicht. Geduld, Schläue und Zielstrebigkeit sind neben Tränen, Ärger, Haß und Liebe geeignete Mittel, Veränderungen beim Anderen herbeizuführen.

Nur wer hat, kann auch geben

Der sich Aufopfernde ist eines Tages am Ende seiner Kräfte. Der Reiche kann verteilen, solange er reich ist. Er hat schnell Hab und Gut verschenkt, wenn er nicht Nein sagen kann. Nur wer sich selbst liebt, kann auf Dauer auch andere lieben.

Zügellose Schläge

Kinder schlagen. Sie beißen und kratzen. Das Schlagen Erwachsener bricht Knochen, Nasenbein, verletzt das Auge. Das kann die Liebe nicht wollen. Das Schlagen unter Erwachsenen ist ein schlagartiger Rückfall in die Allmacht und Zügellosigkeit des Kindes.

Träume des Infantilen

Der Infantile träumt vom Kindergarten, von einem Kind, das krank oder tot geboren wird. Manchmal verunglückt es, manchmal geht es verloren. Das Kind ist er.

Genuß und Essen

Genieße Dein Essen. Laß dir Zeit. Richte Deine Sinne auf das Mahl. Je mehr Du Dich vom Essen ablenkst, desto weniger stillst Du Deinen Hunger. Das Auge ißt mit. Hör auf nachzudenken. Richte Deine Geschmackssinne ganz auf das Essen. Spüre, wie der Strauß des Geschmacks sich in Deinem Mund entfaltet.

Streit ums Erbe

Der Tod der Eltern bricht alte Wunden auf. Die Erben streiten um den Nachlaß. Sie kramen in alten Rechnungen. Diese wenden sich gegen die Eltern oder gegen die Geschwister. Die Macht der Eltern hat wie ein Pflaster gewirkt, das die Kränkungen und Anspruchshaltungen zugedeckt hat. Mit der Urgewalt des Todes brechen in den Geschwistern Konflikte auf, die sich im Laufe der Zeit beruhigen oder der Lösung harren.

Abschied

Das Gefühl des Abschieds ist schmerzlich. Du hast alles erlebt. Es ist alles gesagt. Die Trennung kommt. Das Bleiben zerrt an Deinen Kräften. Schluß ist Schluß. Der Symbiotiker schiebt den Abschied hinaus. Er setzt keine Grenze. Er fühlt sich verpflichtet. Er sagt: „Ich hasse das Endgültige." Er überläßt es der Müdigkeit, seinem Rausch oder anderen, den Schlußpunkt zu setzen.

Sachlich

Sachlichkeit ist das Totenkleid des Menschlichen. „Bleiben Sie sachlich!" heißt allzu oft: Töte das Leben in Dir. Der Bürokrat stirbt sachlich.

Rumpite libros, ne corda rumpantur!

Zerreißt die Bücher, damit die Herzen nicht zerbrechen. Menschen vergraben sich hinter Büchern oder vor dem Rechner. Sie spüren nicht, daß einseitiger Genuß von Büchern, Internet und Flimmerkasten Ersatz ist für ungelebtes Leben. Bücher sind dafür gut, sich Anregungen zu holen für das Leben. Das Leben findet draußen statt.

Selbsterkenntnis

„Erkenne Dich selbst" ist der erste Schritt zur Besserung. Doch Wandlung bedingt Handlung. Übe täglich das neue Verhalten. Erst dann hebst Du Dich auf eine höhere Stufe der Entwicklung.

Literatur

1 Flöttmann, H. B.: Angst – Ursprung und Überwindung, Kohlhammer-Verlag, 5. Aufl. (2005)
2 Nietzsche, F.: Zur Genealogie der Moral. Eine Streitschrift. Goldmann Verlag, München (1999), S. 112
3 Flöttmann, H. B.: Siehe 1
4 Casanova, G. G.: Aus meinem Leben, Philipp Reclam Jun., Stuttgart (1989)
5 Ibsen, H.: Peer Gynt, Die Frau vom Meer, Philipp Reclam Jun., Stuttgart (1992)
6 Ibsen, H.: Baumeister Solness, Philipp Reclam Jun., Stuttgart (1966)
7 Ibsen, H.: Wenn wir Toten erwachen, Philipp Reclam Jun., Stuttgart (1965)
8 Flöttmann, H. B.: Siehe 1, S. 59–73
9 Die Welt: Nr. 73-13 (30.3.2005), S. 4

19. Gedichte und Sinnsprüche eines Psychiaters

Bestimmung

Bestimmt ist das Hirn,
sich zu wandeln.
Es wird ein funkelnd Gestirn
durch Gott- und selbstbestimmtes Handeln.

Aufruf

Träume ohne Verhaltensänderung sind
weggeworfene Heilmittel.

Widerspruch

Wie kann ein 25jähriges Kind sich wohlfühlen in der Welt
der Erwachsenen?

Vorsicht

Das Leben nimmt keine Rücksicht.

Überfall

Angst und Depression fallen über Dich her,
wenn Du Dich entwickelst.

Hinweis

Innere Unruhe ist ungelebtes Leben.

Spott

Der Spötter liebt, sich abzuschotten.
Er läßt um sich manches verrotten.
Der Spötter stirbt in Einsamkeit.
Angst vor Nähe heißt sein Nadelkleid.

Schicksal

Das Leiden der Eltern ist das Leiden der Kinder.

Steuerbar

Die Liebe ist wie ein Wasserhahn.
Man kann sie auf- und zudrehen.

Eins kommt zum anderen

Irgendwo nicht Nein gesagt,
mag nicht so schlimm sein.
Irgendwo falsch gelebt,
mag gerade noch gehen.
Doch an vielen Tagen und Ecken
gegen das eigene Wohl gehandelt,
ergibt eine pralle Beule,
die sich eitrig entleert.
Heraus quellen Angst und Depression.

Los des Seelenarztes

Ich wünscht, ich wäre Chirurgus,
denn der besitzt schnellen Luxus:
Sein Kranker ist erfreut,
das Messer er selten reut.
Der Eingriff in die Schuld
erfordert jedoch Geduld.

Lohnenswert

Arbeite an Deiner Neurose – auch wenn Du alt bist.

Erbauung

Der Kampf als Erlebnis der inneren Reifung.

Bis daß der Tod Euch scheide

Ehe ohne Reue
durch Streit und Treue,
Liebe und Sex.

Alt und neu

Das Uraltmittel, sich von den Eltern zu lösen,
heißt:
Familie gründen.

An den Schwätzer

Fasse Dich kurz.

Nachteil

Es lebt und stirbt sich so traurig allein.

Ruhe

Die Ruhe willst Du haben?
Vor der Ruhe kommt das Leben.
Die Ruhe hast Du mit dem Grab.

Entwicklung

Ich entwickle mich.
Also geht es mir schlecht.
Ich nehme meine Symptome hin.
Denn sie gehen vorbei.

Zwang

Entweder zwingt einen das Schicksal,
die Krankheit
oder Du Dich selbst.

Arbeit

Das Nichtstun viele Löcher bohrt.
Alle eine Arbeit brauchen,
weil sie sonst ins Chaos tauchen.
Mühe treibt den Trübsinn fort.

Gott ist in Dir

„Gott ist in Dir“ sprach das Gen.
Der Atheist ließ es unbeachtet stehn.
Er darbt verkümmernd vor sich hin,
weil sein Leben ist ohne religiösen Sinn.

Er spaltet Gott hart in sich ab,
auf Gläubige schaut er herab.
Er liebt den Spott und kalte Häme,
anstatt zu fühlen tiefe Wärme.

Wird Gottes Wort ihn je erreichen
Und sein hartes Herz erweichen?
Leid und Liebe wandeln den Spott.
Sie erwecken in Dir den lebendigen Gott.

Hannemann, geh Du voran

Wer ist die treibende Kraft in einer Ehe?
Einer von beiden.
Zumeist die Frau.

Das Alter

Der Held steigt heldenhaft herab
und öffnet in Würde sein Grab.
Alle wünschen, alt zu werden,
doch niemand will es sein auf Erden.

Das Alter naht mit leisen Pfoten,
zäher Abschied ist geboten.
Gott schuf das Stirb und Werde.
Das Alter ist ohn’ viel Beschwerde,

für den, der Zukunft hat gestaltet
und kinderreich sein Haus verwaltet.

Der Infantile darf nicht reifen,
läßt seinen Blick ins Leere greifen.

Der Tod tut uns erlösen,
denn er befreit vom Bösen.

Wer das Leben hat genossen,
dem kommt das Alter zugeflossen.

Für Spätentwickler

Die Liebe und das Sexuelle
vertiefen sich
mit zunehmender Reife.

Fließende Liebe

Die Einsicht, die Pflicht und die Vernunft
sprechen für die Liebe.
Folge dieser inneren Richtschnur,
lasse die Liebe stets fließen,
so kannst Du die Ehe genießen.

Treue

Ein Mann liebt eine Frau.
Eine Frau liebt einen Mann.

Zweierlei

Über die Äußerungen des Arztes
ist es gut nachzudenken.
Wichtiger noch:
Verhalten ist neu zu lenken.

Frage Nr. 1

Wollen Sie erwachsen werden?

Liebenswert

Lieben kann man jeden –
der die Wahrheit des Unbewußten liebt.

Erlaubnis

Gönn' Dir eine Freundin, aber nicht im Internet.

Folgen

Mit der ehelichen Untreue ziehst Du die Strafe herbei.

Heilquellen

Entwicklung ergibt sich aus aktuellen Konflikten,
Träumen und Verhalten.

Verlorene Liebe

Verläuft Verliebtheit oft im Sande,
wird als Sucht sie eine Schande.

Sinnvoll

Durch Leiden geschieht Wandlung.

Auswahl

Wer die Wahrheit liebt,
findet den Weg zu mir.

Umdenken

Psychotherapie ist kein Grund zur Scham,
sondern eine Chance.

Pflichtgemäß

Wenn Dir die treue Liebe das Höchste ist,
dann wirst Du sie Dir gern zur Pflicht machen.

Zwei Gründe

Du bist untreu,
weil Du Deinen Eltern treu bist –
oder weil Du es von ihnen nicht anders gelernt hast.

Treulose Drückeberger

Es halten deswegen immer weniger von der Ehe,
weil sie sich – infantil wie sie sind –
vor der Pflicht zur Treue und zum Kind
feige und unbewußt verdrücken.

Entwicklung

Was drin ist, muß raus.

Spiegelbild

Alles, was Du am anderen bekämpfst,
bekämpfst Du in Dir.

Systemisch

Alles, was Du vom Partner forderst,
forderst Du von Dir.

Sorgenfrei

Raus aus Deinem Elternhaus,
treibt die Sorgen aus.

Hasch mich

Dope macht dumm und müde.

Bekenntnis

Sag ja zur Therapie.
Sag ja zu Deiner Heilkraft in Dir.
Mach mit!

Folgen

Angst, Depression und andere Symptome machen sich breit,
wenn Deine Lebensführung nicht stimmt.

Heilmittel

Als Spiegel der Seele heilt der Seelenarzt.

Bazillus der Wahrheit

Die Gruppe ist wie ein Hefeteig.
Niemand kann sich entziehen,
durch sie zu lernen.

Geld stinkt nicht

Pecunia non olet,
auch wenn es von den Eltern ist.

Reifung

Töte das Infantile in Dir.

Für den Müden

Das Leben ist ein Kampf.
Manchmal dürfen wir uns erholen.

Eifriges Feuer

Tue das, was du tust, von ganzem Herzen.

Selbsterziehung

Zucht, Ordnung, Disziplin,
Gehorsam, Opferwilligkeit.
Wem gegenüber?
Sich selbst.

Selbst- und Fremdbestimmung

Der Wille führt ins Licht, die Schuld ins Dunkle.

Obacht

Hände weg vom Kopf.
Du brauchst keine Stütze.
Du kannst Deinen Kopf selber halten.

Singgebung

Der Sinn des Lebens ist das Leben.

Verbildet

Der Vorrang der Kopfbildung
zerstört
die Herzensbildung.

An den Infantilen

Das Leben besteht aus Kleinigkeiten.

Vermögen

Nur wer Nein sagen kann, kann auch Ja sagen.

Ursache

Ich höre: „Der Kontakt zu den Eltern ist jetzt enger,
weil ich Probleme im Freundeskreis habe."
Ich antworte: „Nein. Du hast Probleme im Freundeskreis,
weil der Kontakt zu den Eltern zu eng ist."

Richtlinie

Den Richtigen gibt es nicht.

Dialektik

Ordnung ist das halbe Leben.
Ordnung zerstört das halbe Leben.

Die Lage

Das Depressive ist nicht angelegt, sondern zugelegt.

Du

Werde,
der Du bist.

Ein Leib und eine Seele

Dein Partner ist ein Teil Deiner Seele.

Aufforderung

Befreie Dich, Sklave der Eilfertigkeit und Deiner Eltern.

Erziehe Dich selbst.

Erobere Dir Deine Räume.

Grundsatz

Ich bin wichtig, ruhig und gelassen.

Abfolge

Die Einsicht leitet ein.
Der Wille ist löblich.
Die Tat entscheidet.

Ersatz

Fernsehen klaut Dir die Zeit.
Fernsehen hinterläßt Leere.
Fernsehen macht einsam und unruhig.
Fernsehen ersetzt keine Menschen.
Das fühlt der lebendige Mensch.

Zwiespalt

Sei ehrlich und offen zu Deinem Partner.
Zeig Deine Seele.
Aber: Achte die Grenzen des anderen.

Selbsthilfe

Wenn sich einer ungezogen benimmt,
erzieh' ihn Dir.

Ziel

Streit muß fruchtbar werden.

Glücksschmied

Manchmal muß man das Glück erzwingen.

Unterschied der Geschlechter

Eine gute Frau ist auch eine ordentliche Zicke.
Ein guter Mann ist auch ein richtiger Macho.

Nähe

Ich darf nicht zu dicht aufeinander leben,
damit ich nicht dichtmachen muß.

Grund des Scheiterns

Scheitern in der Prüfung ist
Steckenbleiben im Geburtskanal.

Lehre

Aus Fehlern lernen.

Licht

Ich freue mich.

Entwicklungsbedingt

Wenn's mir schlecht geht, wird's mir gut gehen.

Genuß

Ein Brötchen.
Augen schließen und genießen.

Carpe diem

Pflücke den Tag.
Genieße des Lebens Früchte.
Lebe!

Mutterstolz

Der Feminismus schreibt sich auf die Fahne:
Frau geht und steht ihren Mann.
Verleugne Dein Frausein,
sei stark wie ein Mann.
Führe den Hammer und schwinge das Beil,
knüpfe das Seil,
schnüre Dich ein,
verneine Dein Weibsein,
lasse es sein, Kinder zu pflegen,
zu sorgen für sie,
dem Mann ergeben in Treue und Müh.

Was richtest Du an,
Du unbewußt Weib?
Wie Amazon züchtest Du
Zwietracht und Mißgunst.
Selbstfremd, einsam erziehend
stehst Du nun da.
Umklammernd den Hals Deines Kindes
aus Liebe und Schuld,
das hilflos erstickt,
suchend den Vater, den Du entzogst.
Blind gefolgt bist Du dem verstümmelnden Sog,
erlegen der Lüge, der verlockenden Lust,
Dein Selbst zu vergrößern
auf Kosten des Glücks im Schoß der Familie.

Wach auf, werd bewußt,
befrei Dich von Haß und von Schuld,
dem heimlichen Rufe bindender Ketten.
Du fragst, was ich meine?
Schaue Dich an
und frag Deine Träume.
Sie reden vom Schein,
von der Kraft Deiner Liebe,
Deinem Willen zur Heirat,
zu Kindern, nicht eins,
von Bindung an Eltern,
Zerstörung des Selbst
im Auftrag derselben.

Frau, sei stolz auf drei Kinder, auf Arbeit zu Haus.
Achte die Mutter in Dir und woanders.
Die Zeit des Berufes bestimmst allein Du,
nicht Deine Eltern,
nicht ihr Flehen und Fluch.
Nicht Feminismus und Kälte
herrschen zu Haus.

Laß siegen das Leben,
die Liebe zum Kind.
Der Kampf um Familie
mit Wort und mit Herz
sind der Arbeit wert.

Vorsicht

Ärger ist berechtigt, selten ein vernichtendes Urteil.

Sexträume

Sexualität im Traum spiegelt die Beziehung zu sich.

Entartung

Alles kann zur Sucht werden.

Kennzeichen

Ein Wort des Weichlings:
„eigentlich“.

Für Verwöhnte

Das Leben ist hart und grausam.
Das Leben nimmt keine Rücksicht.

Ich

Sage statt man: Ich.

Glück

Durch das Rauhe zu den Sternen.

Furchtbare Folge

Wer seine Kinder zuviel liebt, fördert ihr Hassen.

Elternregel

Eltern haben sich zu benehmen.

Eifer

An oberster Stelle steht für den Studenten das Studium.

Boshaft

Wie gut, daß Liebe blind macht.

Selbstvertrauen

Ich will, ich werde und ich kann.

Früchte der Arbeit

Dunklen Fluch erkennst.
Schau zu diesem Zweck zurück.
Wahrheit beim Namen nennst.
Erarbeite Dir Dein Glück.
Träume unterscheiden,
Was wahr und unwahr ist.
Durch dichter Nebel Leiden
Zu lieben ohne List.

Schnell, ein Arzt!

Der Arzt ist in Dir.

Spektral gesehen

Kinder sind dazu da, daß wir an ihnen reifen.

Kinderarmut

Wer studiert,
der nicht gebiert.

Kinderkrank

Kinderklappen sind der kälteste Ausdruck
eines kinderkranken Volkes.

Schlafmütze

Wer in sich selbst versenkt denkt,
daß er die Welt erkennt,
der pennt.

Zwang

Zwinge Dich selbst,
sonst zwingt Dich das Leben.

Teilhabe

Nimm teil am Leben.

Träume

Es gibt nur gute Träume.

Die Treue – Dein Freund

Für Manchen ist die lebenslange Treue ein Feind geworden,
auch wenn sie in der Tiefe sein Freund ist und bleibt.

Selbstzerstörung

Feminismus ist Haß gegen die Weiblichkeit.

Zeitgeist

Die vermännlichte Frau sucht
den verweiblichten Mann.

Ruhe

Viele sagen: Ich muß erstmal meine Ruhe finden.
Ich sage: Die Ruhe hast Du mit dem Grab.

Sinnvoll

Lieber ein Leben in Kürze
als ohne jede Würze.

Sieg des Willens

Kein Mensch nimmt Dir die Angst.
Du mußt sie selbst besiegen.
Du weißt, daß Du es kannst,
laß Dein peinliches Lügen.

Maloche

Zuviel zu arbeiten ist selbstverschuldete Sklaverei.

Gewissen

Bekämpfe Dein schlechtes Gewissen.
Übe, bis Du schuldfrei bist.
Es lohnt sich, Verborgenes zu wissen,
auch wenn es zermürbend ist.

Gewalt

Du kannst nicht in Kürze abschütteln,
was andere Dir einbleuten mit Knüppeln.

Selbsterkenntnis

Erkenne Dich selbst
ist der erste Schritt zur Besserung.
Doch Wandlung bedingt Handlung.
Übe täglich.
Erst dann hebst Du Dich
auf eine höhere Stufe der Entwicklung.

Änderungskunst

„Ich kann meinen Mann nicht ändern" heißt:
„Ich will mich nicht ändern."
Ich sage: „Ändere Dich.
Kämpfe mit ganzem Herzen und voller Zorn.
Dann ändert sich Dein Mann."

Bereitschaft

Alles, was man zum ersten Mal
in einer Sitzung dem Arzt berichtet,
möchte man an sich ändern.

Entwicklung

Dunkel und bedrohlich,
ich entwickle mich.
Symptome haben einen Sinn,
also nehme ich sie hin.

An den Faulen

Du willst vieles probieren.
Nur das eine nicht:
Zu erfüllen Deine Pflicht.
Die Neurose zieht Dir Kräfte ab.
Wie lange willst Du es noch tragen
das träge Kleid mit faulem Kragen?
Steh auf mit aller Schnelle.
Das Studium steht an oberster Stelle.

Freiheit

Die Freiheit von Gottes Gebot führt in die Kälte.

Weinen

Indem Du trauerst, verabschiedest Du Dich von der Kindheit.
Laß Deinen Tränen freien Lauf.
Tränen befreien von den Fesseln der Eltern.

Werdegang

Kleine Kinder schwanken
wie Wimpel im wogenden Wasser der Launen.
Töte Deine Launen.
Werde erwachsen.

Frauenheld

Zum Frauenheld wird man aus Leiden.
Er muß die Nähe meiden.
Der Frauenheld bleibt einsam.
Der Mutter zum Gehorsam.
Ein Heldenleben?

Diener

Das häßliche Urteil dient dem Kontaktabbruch –
Im Auftrag der Eltern.

Für den Haltlosen

Züchtige Deine Triebe.
Übe Deine Liebe.

Ratschlag

Besser eine erhaltene Ehe
als Trennung mit Ach und Wehe.

Verkleidet

Den Fehler, den ich beim Partner sehe,
trage ich selbst
in einem anderen Gewand.

Ein hohes Gebot

Unbewußtheit kann zum Feind des Menschen werden.
Daher ist es ein hohes Gebot,
sich seiner selbst bewußt zu sein.

Tagesmutter

Richtig: Ersatzfrau.

Änderungswillig

Alles, was Du an Dir als fehlerhaft einstufst,
möchtest Du an Dir ändern.
Der Rest schlummert im Hintergrund
und wartet darauf,
daß er zum Leben erweckt wird.

Steril

Der Sterilisierte hat sich selbst entmannt.

Hintergründig

Hinter Toleranz verbirgt sich nicht selten Ignoranz und faules,
unscharfes Denken.

Was macht die Liebe?

Auf die Frage: „Was macht die Liebe?“
antworten viele: „Das muß sich ergeben.
Das kann man nicht erzwingen.
Ich nehme doch keine X-Beliebige.“
Dahinter steht: Ich darf nicht.
Ich muß warten.
Ich sage: „Öffne Dich für die Liebe.“

Je – desto

Je besser Du Dich abgrenzen kannst
gegenüber Deinen Eltern,
desto eher kannst Du Deine Freundin
in Deine Seele lassen.
Lerne, Dich abzugrenzen!

Für den Treulosen

Zwinge Dich zur Treue.

Furcht vor der Wahrheit

Wer die Bibel nicht achtet, verachtet sie.
Wer die Wahrheit nicht fürchtet, der fürchtet sie.

Vorrangig

Es ist egal,
welche Frau Du nimmst,
welchen Mann Du hast,
solange Ihr auf dem Pfad
der Wahrheit und der Liebe seid.

Fünf Sekunden

Wenn Du zum Maulen neigst,
bitte nicht länger als fünf Sekunden.
Das ist das Ziel.

Teilwahrheit

Das ist gerecht:
Die Liebe ist ein Geschäft.
Wer nimmt,
soll auch geben.

Hilfe

Wenn das Kleben am Leben
ist das höchste Streben,
hilft nur eines:
Das Leben zu leben.